教育部人文社会科学研究青年项目资助
项目名称：内蒙古人口较少民族杂居区语言生态与语言传承研究
项目批准号：13YJC740116

内蒙古人口较少民族居住区

语言生态与语言传承研究

许晋◎著

中国社会科学出版社

图书在版编目（CIP）数据

内蒙古人口较少民族居住区语言生态与语言传承研究/
许晋著. —北京：中国社会科学出版社，2017.10
ISBN 978 - 7 - 5203 - 1089 - 5

Ⅰ.①内… Ⅱ.①许… Ⅲ.①少数民族—民族语—
研究—内蒙古 Ⅳ.①H2

中国版本图书馆 CIP 数据核字（2017）第 238544 号

出 版 人　赵剑英
责任编辑　郭晓鸿
特约编辑　席建海
责任校对　杨　林
责任印制　戴　宽

出　　　版　中国社会科学出版社
社　　　址　北京鼓楼西大街甲 158 号
邮　　　编　100720
网　　　址　http://www.csspw.cn
发 行 部　010 - 84083685
门 市 部　010 - 84029450
经　　　销　新华书店及其他书店

印　　　刷　北京明恒达印务有限公司
装　　　订　廊坊市广阳区广增装订厂
版　　　次　2017 年 10 月第 1 版
印　　　次　2017 年 10 月第 1 次印刷

开　　　本　710×1000　1/16
印　　　张　20.25
插　　　页　2
字　　　数　206 千字
定　　　价　89.00 元

目　　录

导　　论

第一节　本课题的研究缘起

中国自古就是一个多民族、多语言、多文字的国家，各民族都有自己的语言，许多民族还有自己的文字。我国 55 个少数民族中，除回族和满族通用汉语文外，其他 53 个民族都有本民族语言，从语言的系属来看，我国 56 个民族使用的语言分属汉藏语系、阿尔泰语系、南亚语系、南岛语系和印欧语系。按《中国的语言》最新的语言调查成果，我国境内现有的五大语系共包括 129 种语言，其中汉藏语系 76 种、阿尔泰语系 21 种、南岛语系 16 种、南亚语系 9 种、印欧语系 1 种、混合语系 5 种，此外还有 1 种朝鲜语，尚难界定合适的语系。目前我国少数民族约有 6000 万人使用本民族语言，占少数民族总人口的 60% 以上。由于社会、文化、历史以及语言自身等原因，我国各少数民族语言的使用情况很不一样，呈现出不同的特点，有的民族统一使用一种母语，有的民族则分别使用一种以上的母语；有的语言使用人口多，有的语言使用人口少；有的语言使用功能大，有的语言使用功能小；有的语言之间的差别大，甚至不能通话，有的语言之间内部差异很小；有少数汉族人也使用少数民族语言；有的民族的部分人还使用混合语。

我国少数民族使用的文字达 60 多种，约有 3000 万人使用本民族文字。从字母形式看，有拉丁字母、阿拉伯字母、回鹘文字母、梵文字母等，还有彝文音节文字和方块式拼音的朝鲜文；从书写格式看，有从上至下的蒙古文、锡伯文、满文，有从左至右的藏文、傣文、朝鲜文、彝文及拉丁字母形式的新创文字，有从右至左的维吾尔文、哈萨克文、柯尔克孜文等。[①] 有些少数民族有自己的文字，历史比较悠久，如藏文、彝文有上千年的历史，蒙古文、维吾尔文、哈萨克文、柯尔克孜文、朝鲜文、傣文等也都有几百年的历史，有些民族文字是新中国成立后民族语文工作和研究机构帮助创制或改进的，如壮、布依、苗等 12 个民族使用的 16 种文字是由政府帮助创制或改进的。

---

① 金星华主编：《中国民族语文工作》，民族出版社 2005 年版，第 129 页。

　　我国是当今世界上语言资源最丰富的国家之一，但随着现代化和城镇化进程的推进，我国少数民族语言和汉语方言正以前所未有的速度发生变化，一些少数民族语言使用领域逐渐被汉语取代，人口较少民族语言逐渐被人口较多民族语言取代，许多语言、方言趋于濒危或面临消亡，导致民族文化和地域文化走向衰微。从全球范围来看，我国虽然不在全球语言濒危的热点地带，但是仍有数十种语言处于濒危状态，目前联合国教科文组织已把东北地区、陕晋黄河中游地区和西南边境地区列为中国濒危语言最集中的地区。如满语已经被联合国下达"病危通知书"，列为世界极度濒临灭绝的语言。据《中国的语言》调查数据显示，我国 129 种语言中，有 117 种语言是已经濒危或正在走向濒危的，其中已经濒危的 21 种，迈入濒危的 64 种，临近濒危的 24 种，没有交际功能的 8 种。在这些语言中，有的使用人数已不足千人，有的更少。民族语言学家孙宏开认为，目前我国有几种少数民族语言已经处于完全失去交际功能的状态，如满语、畲语、赫哲语、塔塔尔语等，有 20% 的语言已经濒危，如怒语、仡佬语、普米语、基诺语等；40% 的语言已经显露濒危迹象或正在走向濒危。在我国现存的语言中，有 68 种语言使用人口在万人以下，其中 25 种语言使用人口在千人以下，像赫哲语、满语、苏龙语、仙岛语、普标语等少数民族语言，使用人口已不足百人，处于濒危状态。①

---

　　① 田立新：《中国语言资源保护工程的缘起及意义》，《语言文字应用》2015 年第 4 期。

不难发现，人口较少又无文字的民族或杂居程度很高的民族，其语言在现代化进程加快的历史条件下更容易出现衰变，甚至会濒危。因此有学者指出，21 世纪语言学应关注十大主要问题，居于首位的是关注濒危语言；其次是关注少数民族语言，包括那些尚未面临全球意义上危机的语言。

基于以上研究背景，本课题以内蒙古人口较少民族作为研究对象，力求对我国内蒙古人口较少民族语言发展现状与发展态势做出描述，并对存在的问题提出有针对性的对策。通过本课题所做的个案研究，旨在揭示我国人口较少民族语言生态存在的规律性问题，引起相关部门对我国人口较少民族语言传承问题和保护人类语言多样性的重视，使其在构建和谐社会中起到应有的作用。

第二节　本课题的核心概念

一　人口较少民族

（一）人口较少民族

中国是一个多民族国家，由 56 个民族共同组成，其中 55 个少数民族人口有 1.14 亿，仅占全国总人口的 8.49%，相对于拥有 12 亿多人口的汉族来说，他们是少数民族。而在少数民族中，有一些民族人口数量更少，有的只有几千人或几万人，他们是少数中的少数，因此被称为"人口较少民族""小民族""小小民族""弱小民族""少小民族"等。人口较少民族的共同特点是：第一，人口数量特别少，如我国人口数量在 1 万以下的有 6 个民族，人口在 5000 人以下的有 3 个民族。第二，人口较少民族大都居住在我国偏远地区，大多数聚居在以乡、行政村为单位的农村社区，交通闭塞，具有典型的封闭性。第三，人口较少民族大多"大杂居小聚居"，与其他民族长期处于混合杂居状态。第四，人口较少民族大都属于跨境民族，其中有很多民族的境外人口多于国内人口。第五，人口较少民族生产力水平相对较低，社会经济发展较为迟缓，社会发展总体水平相对落后。第六，人口较少民族在思想观念、文化生活、风俗习惯等方面具有显著的民族特性。

我国高度重视民族工作，尤其关注人口较少民族的发展。从 2000 年开始，我国开展了"中国人口较少民族经济和社会发展调查研究"，全面实施扶持人口较少民族发展的工作计划，并确定人口在 10 万以下的少数民族为"人口较少民族"。按照 1990 年全国第四次人口普查数据，我国 55 个少数民族中有 22 个少数民族人口在 10 万人以下，总人口 63 万人，这些民族包括高山族、布朗族、撒拉族、毛南族、阿昌族、普米族、塔吉克族、怒族、乌孜别克族、俄罗斯族、鄂温克族、德昂族、保安族、裕固族、京族、塔塔尔族、独龙族、鄂伦春族、赫哲族、门巴族、珞巴族、基诺族，他们主要分布于内蒙古、黑龙江、福建、广西、贵州、云南、西藏、甘肃、青海、新疆10个省（区）。其中，内蒙古有俄罗斯族、鄂温克族和鄂伦春族；黑龙江有俄罗斯族、鄂温克族、鄂伦春族和赫哲族；福建有高山族；广西有毛南族、京族；贵州有毛南族；云南有布朗族、阿昌族、普米族、怒族、德昂族、独龙族和基诺族；西藏有门巴族、珞巴族；甘肃有撒拉族、保安族和裕固族；青海有撒拉族；新疆有塔吉克族、乌孜别克族、俄罗斯族和塔塔尔族。

2010年国家扶持人口较少民族发展政策做了重大调整，重新划定了人口较少民族范围，将全国总人口在30万人以下的少数民族全部划入人口较少民族范畴。根据2000年全国第五次人口普查数据，总人口在30万人以下的人口较少民族共28个，总人口为169.5万人。这些民族包括珞巴族、高山族、赫哲族、塔塔尔族、独龙族、鄂伦春族、门巴族、乌孜别克族、裕固族、俄罗斯族、保安族、德昂族、基诺族、京族、怒族、鄂温克族、普米族、阿昌族、塔吉克族、布朗族、撒拉族、毛南族、景颇族、达斡尔族、柯尔克孜族、锡伯族、仫佬族、土族。他们主要分布在内蒙古、辽宁、吉林、黑龙江、福建、江西、广西、贵州、云南、西藏、甘肃、青海、新疆等13个省（区）和新疆生产建设兵团。

对比《扶持人口较少民族发展规划（2005—2010年）》与

《扶持人口较少民族发展规划（2011—2015 年）》可以看出，我国对人口较少民族政策做出的重大调整具体表现在两个方面：第一，扶持发展的民族增多。新规划将人口较少民族的人口基数由原来的"10 万以下"调整为"30 万以下"，按新规划的界定方法，景颇族、达斡尔族、柯尔克孜族、锡伯族、仫佬族和土族 6 个民族被划归到人口较少民族范畴之内，我国的人口较少民族总数由原来的 22 个增加到 28 个，人口总数由原来的 63 万人增加到 169.5 万人。第二，扶持发展的范围扩大。原规划覆盖的扶持范围限于我国 10 省（区），包括内蒙古、黑龙江、福建、广西、贵州、云南、西藏、甘肃、青海、新疆，囊括 86 个县、238 个乡镇、640 个行政村的人口较少民族聚居区。新规划范围更大，涉及内蒙古、辽宁、吉林、黑龙江、福建、江西、广西、贵州、云南、西藏、甘肃、青海、新疆等 13 个省（区）和新疆生产建设兵团的人口较少民族聚居区，包括 2119 个人口较少民族聚居的行政村、71 个人口较少民族的民族乡、16 个人口较少民族的自治县、2 个人口较少民族的自治州。（见表 0 - 1）

《扶持人口较少民族发展规划（2011—2015 年）》指出，2119 个聚居村总人口 272.7 万人，人口较少民族 136.0 万人，占 49.9%；71 个民族乡总人口 68.4 万人，人口较少民族 20.5 万人，占 30.0%；16 个自治县总人口 378.1 万人，人口较少民族 69.3 万人，占 18.3%；2 个自治州总人口 172.7 万人，人口较少民族 33.4 万人，占 19.3%。

表 0 - 1   两次扶持人口较少民族发展规划内容对比

	扶持人口较少民族发展规划 （2005—2010 年）	扶持人口较少民族发展规划 （2011—2015 年）
界定标准	10 万以下	30 万以下
民 族 数	22 个	28 个
人口总数	63 万	169.5 万
民族	高山族、布朗族、撒拉族、毛南族、阿昌族、普米族、塔吉克族、怒族、乌孜别克族、俄罗斯族、鄂温克族、德昂族、保安族、裕固族、京族、塔塔尔族、独龙族、鄂伦春族、赫哲族、门巴族、珞巴族、基诺族	珞巴族、高山族、赫哲族、塔塔尔族、独龙族、鄂伦春族、门巴族、乌孜别克族、裕固族、俄罗斯族、保安族、德昂族、基诺族、京族、怒族、鄂温克族、普米族、阿昌族、塔吉克族、布朗族、撒拉族、毛南族、景颇族、达斡尔族、柯尔克孜族、锡伯族、仫佬族、土族
覆盖省（区）	10 个省（区）：内蒙古、黑龙江、福建、广西、贵州、云南、西藏、甘肃、青海、新疆	13 省（区）：内蒙古、辽宁、吉林、黑龙江、福建、江西、广西、贵州、云南、西藏、甘肃、青海、新疆和新疆生产建设兵团
覆盖乡镇村落	10 省（区）中的 86 个县、238 个乡镇、640 个行政村	2119 个人口较少民族聚居的行政村、71 个人口较少民族的民族乡、16 个人口较少民族的自治县、2 个人口较少民族的自治州

为促进人口较少民族和民族地区的发展，加强民族团结，实现各民族共同繁荣，我国在实施西部大开发战略中采取特殊政策措施，开展了一系列针对人口较少民族的调查和研究，有针对性地对人口较少民族实施特殊扶持，帮助人口较少民族加快发展步伐。2005 年党中央、国务院明确了"人口较少民族"的人口数量标准，以 10 万作为人口基数，将全国 22 个总人口在 10 万人以下的民族作为重点扶持对象；2005—2010 年间，国家民委、国家发展改革委等多部门制定了一系列专项规划，扶持少数民族尤其是人口较少民族事业的发展，出台了《扶持人口较少民族发展规划（2005—2010 年)》，该规划提出，力争经过五年努力，使这些少数民族群众在国家的帮扶下达到当地中等和中等以上的生活水平，使这些民族从传统社会顺利进入现代化轨道。规划实施几年中共投入各项资金 37.51 亿元，实施项目 11168 个，我国总人口在 10 万以下的 22 个民族聚居的 640 个行政村得到重点扶持，这些民族居住区基本实现了"四通五有三达到"的规划目标，人口较少民族面貌发生了新的历史性变化：人口较少民族聚居区基础设施显著改善，产业结构调整步伐加快，人民生活明显改善，社会事业稳步推进，发展能力逐步增强，呈现出生产发展、生活提高、生态改善、民族团结、社会和谐的良好局面，为全面实现小康社会奠定了坚实基础。进入"十二五"期间，国家进一步加大了对人口较少民族的扶持力度。2011 年，国务院批准实施《扶持人口较少民族发展规划（2011—2015 年)》，将人口在 30 万以下的少数民族全部列为人口较少民族扶持范围，我国被扶持的人口较少民族由原来的 22 个增加到 28 个，扶持的人口较少民族聚居村由 640 个增加到 2119 个。国家相关部门对人口较少民族的关注和支持又达到了一个新高度：国家发展改革委大幅增加了支持人口较少民族发展的中央预算内投资总额，中央财政进一步加大对人口较少民族省（区）的转移支付力度；中国人民银行、交通运输部、水利部、教育部、文化部、新闻出版总署、国家卫生和计划生育委员会和其他成员单位均在本部门的专项规划中，注意体现对人口较少民族的倾斜扶持。21 世纪以来，中央和各地方实施的专门扶持人口较少民族发展的政策，使人口较少民族居住区呈现出经济发展、生活改善、民族团结、社会和谐、边防巩固、睦邻友好的大好局面，人口较少民族聚居地区的基础设施建设、生产发展、社会民生及教育、社保、医疗等各项社会事业得到全面发展和有效改善。

内蒙古是一个多民族杂居的地区，这里居住着我国 56 个民族中除珞巴族以外的 55 个民族的常住人口。2001 年我国开始实施扶持人口较少民族发展工作，当时国家把在全国总人口 10 万人以下的 22 个民族界定为人口较少民族，内蒙古自治区的鄂温克族、鄂伦春族、俄罗斯族被纳入国家扶持范围。进入"十二五"后，国家扩大了扶持范围，内蒙古自治区的达斡尔族也进入了扶持序列。内蒙古的达斡尔族、鄂温克族、鄂伦春族、俄罗斯族 4 个人口较少民族主要分布在内蒙古自治区呼伦贝尔市的扎兰屯市、根河市、额尔古纳市、阿荣旗、莫力达瓦达斡尔族自治旗（以下简称莫旗）、鄂伦春自治旗、鄂温克族自治旗、牙克石市、陈巴尔虎旗等 9 个旗（市）、49 个苏木（乡、镇）、192 个嘎查（村）。据 2014 年底统计，内蒙古自治区人口较少民族聚居的 9 个旗（市）总人口 219.33 万人，其中人口较少民族 13.80 万人，占比 6.29%；3 个人口较少民族自治旗总人口 66 万人，其中人口较少民族 11.26 万人，占比 17.06%；12 个人口较少民族聚居乡（苏木）总人口 10.97 万人，其中人口较少民族 2.5 万人，占比 22.79%；192 个聚居村总人口 130221 人，其中人口较少民族 63649 人，占总人口的 48.88%。内蒙古人口较少民族的主要特点包括：经济社会发展相对落后；人口数量呈上升趋势；人口流动加速，城市化进程加快；民族交往频繁，民族关系复杂化；民族文化处于内外文化碰撞、融汇、更新、发展的非常历史时期；大多居住在边境线上，鄂伦春族、鄂温克族、俄罗斯族均为跨境民族。

内蒙古为加快当地人口较少民族的发展步伐，结合自治区实际出台了一系列配套的扶持规划和政策，以此促进内蒙古 4 个人口较少民族的快速发展。"十一五"期间，内蒙古出台一系列专项规划措施促进鄂伦春族、鄂温克族、俄罗斯族 3 个人口较少民族的发展，制定和出台了《内蒙古自治区三个人口较少民族聚居地区经济社会发展规划》《内蒙古自治区扶持人口较少民族发展专项建设规划》《内蒙古自治区"十一五"期间扶持人口较少民族发展工作任务及投入计划》《内蒙古自治区"十一五"期间扶持人口较少民族发展考核验收标准》《内蒙古自治区"十一五"期间扶持人口较少民族发展实施意见》等，这些规划措施进一步明确了这一时期扶持人口较少民族发展的目标、工作任务和考核标准。"十一五"期间，内蒙古在人口较少民族聚居区投入发展资金12.1亿元，全面实现了《扶持人口较少民族发展"十一五"规划》"四通五有三达到"的基本目标。"十二五"期间，内蒙古自治区民族事务委员会、发展和改革委员会联合拟制了《内蒙古自治区扶持人口较少民族发展"十二五"规划》，该《规划》针对内蒙古人口较少民族发展的特殊性，制定了"十二五"期间内蒙古人口较少民族发展的目标和主要任务，全力推进扶持人口较少民族发展工作，经过五年的扶持建设，内蒙古地区达斡尔族、鄂温克族、鄂伦春族、俄罗斯族4个人口较少民族居住区的经济社会各项事业均发生了显著变化。

（二）人口较少民族语言状况

我国28个人口较少民族语言文字使用情况较为复杂。从语言系属来看，28个人口较少民族语言分别属于汉藏语系、阿尔泰语系、南岛语系、南亚语系和印欧语系五大语系。其中，门巴语、珞巴语、普米语、独龙语、景颇语、基诺语、怒苏语、阿昌语属于汉藏语系藏缅语族；仫佬语、毛南语属于汉藏语系壮侗语族；达斡尔语、土族语、保安语、东部裕固语属于阿尔泰语系蒙古语族；柯尔克孜语、乌孜别克语、塔塔尔语、撒拉语、西部裕固语属于阿尔泰语系突厥语族；锡伯语、赫哲语、鄂温克语、鄂伦春语属于阿尔泰语系满—通古斯语族；德昂语、布朗语属于南亚语系孟高棉语族；高山族诸语言属于南岛语系印度尼西亚语族；俄罗斯语属于印欧语系斯拉夫语族；塔吉克语属于印欧语系印度—伊朗语族；京语系属未定。这些人口较少民族大都没有本民族文字，兼用汉语或其他民族文字的现象较为普遍。（见表0-2）

表0-2　　　　中国人口较少民族语言文字状况

序号	民族	语言	语言系属	文　字
1	仫佬族	仫佬语	汉藏（壮侗）	无文字，通用汉文
2	达斡尔族	达斡尔语	阿尔泰（蒙古）	无文字，通用汉文
3	景颇族	载瓦语	汉藏（藏缅）	载瓦文
		景颇语	汉藏（藏缅）	景颇文
4	撒拉族	撒拉语	阿尔泰（满—通古斯）	无文字，通用汉文
5	布朗族	布朗语	南亚（孟高棉）	无文字，部分使用汉文、傣文
6	毛南族	毛南语	汉藏（壮侗）	无文字，通用汉文
7	锡伯族	锡伯语	阿尔泰（满—通古斯）	锡伯文
8	塔吉克族	塔吉克语	印欧（印度—伊朗）	无文字，使用维吾尔文
9	阿昌族	阿昌语	汉藏（藏缅）	无文字，使用汉文、傣文

续　表

序号	民族	语言	语言系属	文　字
10	鄂温克族	鄂温克语	阿尔泰（满—通古斯）	无文字,牧区通用蒙古文,农区和山区通用汉文
11	基诺族	基诺语	汉藏（藏缅）	无文字
12	德昂族	德昂语	南亚（孟高棉）	无文字,部分人使用傣文、汉文
13	怒族	怒苏语	汉藏（藏缅）	无文字
14	独龙族	独龙语	汉藏（藏缅）	无文字
15	保安族	保安语	阿尔泰（蒙古）	无文字,通用汉文
16	京族	京语	系属未定	无文字,通用汉文
17	门巴族	仓洛门巴语	汉藏（藏缅）	无文字,通用藏文
		错那门巴语	汉藏（藏缅）	
18	乌孜别克族	乌孜别克语	阿尔泰（突厥）	无文字,使用维吾尔文、哈萨克文
19	裕固族	西部裕固语	阿尔泰（突厥）	无文字,通用汉文
		东部裕固语	阿尔泰（蒙古）	
20	鄂伦春族	鄂伦春语	阿尔泰（满—通古斯）	无文字,通用汉文
21	珞巴族	珞巴语	汉藏（藏缅）	无文字,部分人使用藏文
22	塔塔尔族	塔塔尔语	阿尔泰（突厥）	通用维吾尔文、哈萨克文
23	赫哲族	赫哲语	阿尔泰（满—通古斯）	无文字,通用汉文

续　表

序号	民族	语言	语言系属	文　字
24	土族	土族语	阿尔泰(蒙古)	无文字,通用汉文、藏文
25	普米族	普米语	汉藏(藏缅)	通用汉文
26	柯尔克孜族	柯尔克孜语	阿尔泰(突厥)	柯尔克孜文
27	俄罗斯族	俄罗斯语	印欧(斯拉夫)	俄文
28	高山族	高山语	南岛 (印度尼西亚)	无文字,通用汉文

我国人口较少民族语言与族属之间存在三种对应关系:
(1) 一族一语:以本民族语作为母语,属于该类的人口较少民族包括土族、达斡尔族、仫佬族、布朗族、撒拉族、毛南族、阿昌族、普米族、塔吉克族、鄂温克族、德昂族、保安族、京族、独龙族、珞巴族、基诺族、俄罗斯族。(2) 一族多语:民族内部除使用本民族语外,还使用其他民族语言进行交际,怒族、裕固族、景颇族、门巴族、乌孜别克族、塔塔尔族、鄂伦春族、柯尔克孜族8个人口较少民族都属于这一类。(3) 多族一语:几个民族都放弃使用本民族语,转而使用汉语作为母语,包括锡伯族、赫哲族和高山族3个人口较少民族。

二　语言生态

"语言生态"这一观念借自自然生态学,早在1967年这一概念既已出现,但第一次明确指出"语言生态"概念的是挪威语言学家豪根。他在 1970 年的报告中用生态界动植物与环境的关系来比喻语言与其周围环境发生的相互作用，认为研究语言与环境之间的相互关系构成了语言生态。

20 世纪 80 年代后期，人类生态环境的恶化进一步推动了语言与生态的研究，很多语言学家开始探索语言在环境问题上所起的作用以及通过语言可找到的缓解和解决办法。1990 年著名语言学家韩礼德在《应用语言学杂志》发表了《新的定义方式对应用语言学的挑战》，该文提出语言应置于生态文化背景下去考察研究，这一观点引发更多学者关注语言生态问题。此后数十年间，生态语言学的概念、对象及研究方法得到进一步明确，如《语言与逻辑词典》中对"生态语言学"的解释是：在人种语言学、人类语言学和社会语言学这些领域中对语言和环境之间相互关系的研究。还有学者认为生态语言学主要研究语言在可能改善或解决生态环境问题中所起的作用，探讨语言和生物多样性之间的关系。生态语言学的目标是探讨语言在调整生态系统中可能产生的影响，以及在生态破坏或生态协调过程中所起的作用。

中国生态语言学的蓬勃发展始于 20 世纪 90 年代，李国正、范俊军、黄知常、舒解生、徐建忠、杨朝军、张东辉等一大批学者致力于介绍国外生态语言学的研究理论，明确指出语言是生态系统不可分割的一部分，它与生物生态系统具有类似的同构关系，因此主张重视从语言与外部环境相互作用的角度研究语言。如范俊军认为特定语言与所在族群、社会、文化及地理环境之间相互依存、相互作用，语言的生态环境是指以语言为中心，对语言的产生、存在、发展和消亡起着制约和调控作用的多元的空间环境体系。[①] 黄知常认为，生态语言学是以探究语言与环境的相互作用关系为中心，研究人类语言的生态性质，探究语言的生态伦理，揭示语言发展的生态规律的学科。[②] 这些理论的引进为生态语言学在我国的逐步壮大奠定了良好的理论基础。

　　语言生态的构成要素和影响因子多种多样，学界对这一问题的讨论较多。国外学者提出从人口、社会、政治、文化、心理、相互作用、语言自身等 7 个方面考察语言生态，还有人认为在研究少数族群语言的保持和消亡问题时，应该从人口、社会、语言、心理、历史、政治、法律、政府、地理、教育、宗教、经济、媒体等角度分析。我国学者也分析总结了语言生态系统的构成，肖自辉、范俊军提出用于语言生态监测的 12 个指标要素，包括人口、地理、文化、教育、经济、语域、语言态度、语言能力、语言格局、语言产品、语言标准化程度、语言结构。其中，人口、地理、文化、经济等要素属于压力系统，语言格局、语言产品、语域、语言标准化程度、语言结构等要素属于状态系统，教育、语言态

---

① 范俊军：《生态语言学研究述评》，《外语教学与研究》2005 年第 2 期。
② 黄知常、舒解生：《生态语言学：语言学研究的新视角》，《南华大学学报》（社会科学版）2004 年第 2 期。

度、语言能力等要素属于语言生态的响应系统。[①] 有学者认为语言生态环境是由外生态环境和内生态环境共同构成的，其中外生态环境包括自然环境、社会环境、文化环境和人群环境等，内生态环境是指语言的各构成要素（语音、语义、词汇、语法）以及它们之间的有机组合。还有学者将语言生态分为宏观语言生态和微观语言生态。宏观生态环境是指语言所置身的自然环境、社会环境及文化环境，微观生态环境主要涉及语言自身及其语言使用者的生理和心理等因素。这两大类环境因素相互联系，构成了某种语言特有的生态系统。语言生态还可以从个体语言生态和族群语言生态的角度分析。

语言生态环境应该包括语言存在的所有必备条件，这些因素涵盖了民族的人口数量、文化地位、教育素质、生活地域的封闭性、语言态度、语言政策、民族经济发达程度等多种因素。这些语言生态环境中，任何一个因素变化都会或多或少地影响该民族语言的生存和延续。

三 语言传承

语言传承是指语言财富在上下两代人之间的传递和承接过程。语言传承有广义和狭义之分，广义的语言传承是指一个国

[①] 肖自辉、范俊军：《语言生态的监测与评估指标体系——生态语言学应用研究》，《语言科学》2011 年第 3 期。

家的语言传承，例如中华民族的语言传承；狭义的语言传承是指某单一民族或某几个民族的语言传承，例如蒙古族或鄂伦春族的语言传承。

为什么要进行语言传承？语言是文化的载体，又是文化的组成部分，任何一种语言都蕴藏着丰厚的文化内涵，包括价值观、行为方式、礼仪习惯等。语言是一个民族存在的象征，是考察一个民族族属和社会历史交往的重要依据，是展现民族亲和力和民族认同感的主要载体。可以说，只有语言最灵活、最准确地表达了所有复杂的人类所能理解的敏锐、细微的东西。因此，语言更有利于人类文化习俗的传播。它作为手段和工具，无论是研究风俗，还是整理、搜集风俗资料，都有不可替代的作用，特别是习惯用语、俚语、方言、物名和语言禁忌中，均包含着丰富的风俗文化内容，所以语言本身也给风俗文化提供了最丰富、最生动的资料。① 简言之，语言是构成文化多样性的前提条件，是珍贵的非物质文化遗产和不可再生的宝贵资源，语言传承归根到底是文化传承和民族传承，语言传承的根本目的是保护人类文化的多样性。语言的这些重要功能决定了民族语言传承的必要性。

当前，我国少数民族语言正面临着严峻挑战。据统计，我国目前正在使用的少数民族语言有 120 种以上，但各语言

---

① 韩养民、韩小晶：《中国风俗文化导论》，陕西人民出版社 2002 年版，第 190 页。

的使用人口极不平衡，约90%的少数民族语言使用人口集中在壮语、维吾尔语、彝语、苗语、藏语、蒙古语、布依语、朝鲜语等15种语言中。使用人口在1万人以下的少数民族语言占少数民族语言总数的一半，其中20余种少数民族语言使用人口在千人以内，处于濒临消亡的边缘。比如如今能使用赫哲语进行交流的只有十几个60岁以上的老人；能听懂满语的只有100人左右；塔塔尔语的使用人口不足1000人；使用仙岛语的阿昌族也只有100人左右……①基于以上事实，少数民族语言的健康传承与和谐发展就显得尤为重要。

此外，少数民族语言传承不仅关乎我国各民族的沟通交际，也关乎少数民族语言权保障、民族文化传承及民族尊严维护等重大社会政治问题。特别是对于跨境少数民族而言，民族语言能力逐渐衰减乃至丧失，将会对境外文化交流带来不利影响。因此，少数民族语言传承是理性社会的必然选择，通过国家语言政策的调整与完善从而保障少数民族语言的传承，是关乎国家安全稳定和扩大对外交流的大事。②

---

① 黄小驹：《部分少数民族语言文字生存堪忧》，《西部时报》2007年第9期。
② 苏德：《全球化与本土化：多元文化教育研究》，中央民族大学出版社2013年版，第544页。

第三节　本课题的研究综述

一　语言生态的相关研究

20 世纪末，自然生态学、环境生态学等学科得到迅速发展，与此同时全球语言生态的丰富性和多样性正遭遇危机，在这种背景下，一门语言学与生态学交叉的学科——生态语言学应运而生。事实上，对语言生态的认识可以追溯到更早，早在 19 世纪德国历史语言学家施莱歇在《达尔文理论与语言学》中就提出，达尔文研究动物和植物的方法基本适合语言历史的研究。1970 年挪威语言学家豪根首次正式使用"语言生态"一词，并将"语言生态"看成是特定语言与所在族群社会、文化以及地理环境之间相互依存、相互作用的生存发展状态，强调语言和环境存在互动关系。我国最早从生态学视角研究语言的学者是李国正，1987 年他发表了《生态语言系统说略》一文，1991 年出版了《生态汉语学》一书，第一次将汉语置于生态系统之中进行研究。此后，我国很多学者都尝试运用生态学原理研究语言问题，如张公瑾《语言的生态环境》（2001）、黄知常、舒解生《生态语言学：语言学研究的新视角》（2004）、艾尔文·菲尔、范俊军、宫齐《当代生态语言

学的研究现状》（2004）、范俊军《生态语言学研究述评》
（2005）、范俊军《我国语言生态危机的若干问题》（2005）、
周瑞敏《自然选择与协同进化——生态语言学及语言生态认
知探微》（2006）、冯广艺《生态文明建设中的语言生态问题》
（2008）、单辉《生物学视角下的语言生态研究》（2008）等集
中探讨了生态语言学的研究对象、内涵、构成要素、影响因
素、研究方法、发展沿革等。还有一些学者着重讨论语言生态
伦理，如潘世松《语言生态伦理概念提出的实践必要与知识前
提》（2013）、潘世松《语言生态伦理的性质及原则》（2014）、
曾丹《论语言生态伦理视域下的领域语言》（2014）等。

运用生态语言学理论研究我国语言使用现状的成果较多，
研究对象多集中在某一地区或某一民族，如张永斌《黔西北
民族杂居区语言生态与语言保护研究》（2011）、宋伶俐《贵
琼语语言生态考察》（2012）、苏慧慧《广西少数民族语言生
态及其对文化软实力的意义》（2012）、陆晓云《广西语言生
态研究刍议》（2013）、孙华《民族杂居区瑶族的语言生态研
究》（2013）、周珊《生态语言学视野下的中国柯尔克孜族语
言生态发展——以新疆克孜勒苏柯尔克孜族自治州为例》
（2013）、许晋《内蒙古莫力达瓦旗达斡尔语言生态的变迁与
保护》（2015）、刘凤峨《新疆和谐语言生态建设刍议》
（2015）、赵淑梅《内蒙古地区俄罗斯族民族语言生态的历史
演变及现状》（2016）等。

生态语言学研究内容相当广泛，还涉及语言多样性、濒危

语言、语言进化、语言习得、语言批评、语言与生态危机、语言政策、语言人权等多个方面。探讨濒危语言生态问题的成果有普忠良《从全球的濒危语言现象看我国民族语言文化生态的保护和利用问题》(2001),徐佳《生态语言学视域下的中国濒危语言研究》(2010),李文平《生态语言学视角下的濒危语言研究》(2012),杨毅《从生态语言学的视角管窥中国濒危语言》(2014),曲丽玮、曲紫瑞《少数民族濒危语言保护与生态文明建设》(2015),寸红彬、张文娟《云南濒危少数民族语言的生态环境》(2016)等。侧重探讨语言政策与语言生态关系的成果有薄守生、董照辉《有关语言生态危机的研究对当前语言政策的影响》(2007)、蔡永良《语言规划与政策的语言文化生态观》(2014)、张洪莲《语言生态观对中国语言规划的启示》(2011)、王宇珍《论语言生态观对中国语言教育政策的影响》(2015)等。

语言活力是语言生态的重要体现。1998 年美国学者兰德尔提出了"语言活力"概念,他认为观察语言生态系统中某种语言的活力状况可以从 8 个方面进行考察。联合国教科文组织濒危语言问题专家组鉴定语言的活力制定了 9 条参考指标,包括代际间的语言传承、语言使用者的绝对数量、语言使用者占总人口的比例、现存语言使用范围的发展趋势、语言对新领域和媒体的反应、语言教育与读写材料、政府和机构的语言态度和语言政策、该语言族群成员对母语的态度、语言记录材料的数量与质量。我国学者孙宏开在《中国少数民族语言活力排序研究》一文中，在联合国教科文组织 9 个指标的基础上，结合我国少数民族语言实际补充了 3 条指标：语言的分布状况（聚居、杂居还是散居）、语言的内部差异程度、国境内外的分布状况，用此评估我国少数民族语言活力。① 学者黄行在《中国少数民族语言活力研究》一书中，依据语言产品、语言设施和语言人员三个要素，建立了一个包括社会各层次的语言活力指标系统，具体包括行政、立法、司法、教育、出版、媒体、文艺、宗教、经济、信息活力 10 个方面。② 此外，戴庆厦、张景霓《濒危语言与衰变语言——毛南语语言活力的类型分析》（2006），范俊军、李义祝《彝语阿扎话的语言活力评估》（2012），王丽娟《中国境内傣族的语言活力——以德宏傣族景颇族自治州拉怀乡为例》（2016），李汶璟《重庆市濒危语言活力研究——重庆市酉阳土家族苗族自治县个案分析》（2016）等针对某种语言进行了语言活力研究。

二 内蒙古人口较少民族的相关研究

2000 年以来，人口较少民族引起了国家的持续关注，对于人口较少民族的社会经济发展、文化精神面貌进行了不断深化的调查与研究，使得这一领域逐渐进入了各学科的视线，学

---

① 孙宏开：《中国少数民族语言活力排序研究》，《广西民族大学学报》（哲学社会科学版）2006 年第 5 期。
② 黄行：《中国少数民族语言活力研究》，中央民族大学出版社 2000 年版，第 7—9 页。

者们逐渐加深了对这一领域的拓展研究，研究成果日渐繁盛。
内蒙古居住着达斡尔族、鄂温克族、鄂伦春族、俄罗斯族 4 个
人口较少民族，这些民族有着悠久的历史，是中华民族重要的
组成部分，学界对内蒙古人口较少民族的研究主要涉及历史研
究、文化研究、经济研究、教育研究和语言文字研究等诸多
领域。

对内蒙古人口较少民族的发展历史、经济和文化进行综合
介绍的成果最多，如《莫力达瓦达斡尔族自治旗概况》
(1985)、《达斡尔族研究》(1989)、《中国达斡尔族史话》
(2005)、《达斡尔族简史》(2008)、《达斡尔族社会历史调
查》(2009)、《社会变迁与文化调适：游牧鄂温克社会调查研
究》(2006)、《鄂温克族社会历史》(2008)、《鄂温克族社会
历史调查》(2009)、《敖鲁古雅鄂温克族猎民新村调查》
(2009)、《"驯鹿之乡"敖鲁古雅鄂温克族猎民现状研究——
34 年后的追踪调查 1960—1994》(1994)、《鄂伦春族研究》
(1987)、《鄂伦春民族现代化研究》(1993)、《狩猎民族与发
展——鄂伦春族社会调查研究》(2002)、《鄂伦春族历史、文
化与发展》(2003)、《鄂伦春游猎生活》(2003)、《鄂伦春族
简史》(2008)、《鄂伦春族社会历史调查》(2009)、《俄罗斯
族》(1995)、《俄罗斯民族经济与改革》(1999)、《俄罗斯族
百年实录》(2007)、《俄罗斯族简史》(修订版)(2008)、
《中国俄罗斯族》(2012)、《内蒙古俄罗斯族》(2014) 等，
这些著作主要从民族历史、经济、文化、教育、宗教、语言等

多个方面对达斡尔族、鄂伦春族、鄂温克族、俄罗斯族这4个人口较少民族进行了详细介绍。

内蒙古人口较少民族具有独特的民族文化，如唐戈、陈伯霖《达斡尔、鄂温克、鄂伦春族文化保护漫谈》（2006），毅松、涂建军、白兰《达斡尔族、鄂温克族、鄂伦春族文化研究》（2007），滕绍箴、苏都尔·董瑛《达斡尔族文化研究》（2014），汪立珍《鄂温克族宗教信仰与文化》（2002），孔繁志《敖鲁古雅鄂温克人的文化变迁》（2002），孔繁志《驯鹿鄂温克人文化研究》（2006），《鄂温克民族传统社会与文化》（2007），阿拉腾《文化变迁的动力及方式——驯鹿鄂温克田野调查笔记》（2008），蒋楠楠《从回迁现象透视鄂温克族社会文化变迁及自我调适问题——以内蒙古根河市敖鲁古雅乡鄂温克族回迁现象为例》（2010），何群《定居化过程：文化碰撞的悲喜剧——1958年前后的鄂伦春社会》（2007），海日、方征《鄂伦春族非物质文化遗产的保护与传承——以摩苏昆为例》（2012），关金芳、李显国《鄂伦春民族文化传承与发展研究》（2013），邹莹《鄂伦春族文化遗产研究考述》（2014），邹莹《鄂伦春族非物质文化遗产保护与传承研究》（2014），李启华《中国俄罗斯族文化形态演化研究》（2013），银杰、张银花《我国人口较少民族俄罗斯族传统文化的保护与发展》（2013）等成果从物质文化、精神文化、社会文化等各个层面多视角地凸显了内蒙古人口较少民族特有的地域文化特性，从文化变迁、文化保护等视角详细展示了内蒙古人口较少民族文化发展的现状及存在的问题，很多文章还提出一系列有针对性、建设性的意见和建议。

随着经济社会的发展与国家有针对性的政策扶持，内蒙古人口较少民族正面临着生产方式的变革和转变，在经济发展过程中产生了许多矛盾与困惑，这些问题都引起了学者们的极大关注。陈烨《达斡尔族经济变迁略论》（1999），谷文双等《多元化：达斡尔族传统经济结构的特征与优势》（2000），薛子奇、于春梅《达斡尔族对我国边疆地区经济开发的贡献》（2003），郭洁《莫力达瓦达斡尔族自治旗达斡尔族发展研究》（2013），沈斌华等《鄂温克族经济简史》（1995），王俊敏《狩猎经济文化类型的当代变迁——以鄂伦春族、鄂温克族猎民生计调查》（2005），相华《现状·困惑·思考——关于敖鲁古雅鄂温克人经济生存与发展的调查与思考》（2008），涂利利《鄂伦春自治旗鄂伦春族猎民经济发展状况调查报告》（2005），王俊梅《鄂伦春族生产关系的变迁及其效应——鄂伦春族发展问题的生态经济人类学研究之二》（2005），张韬《中国人口较少民族问题发展研究——以鄂伦春民族为例》（2010），祁惠君《内蒙古额尔古纳市俄罗斯族经济和社会发展调查报告》（2003），时春丽《俄罗斯族生产与生活方式的变迁》（2005），普永生《当代中国人口较少民族经济发展研究》（2005）等成果从内蒙古人口较少民族生产关系与经济发展变迁这一角度入手，探讨在与现代文明的碰撞中，这些民族经济形态发生的变化及面临的问题。

民族教育是民族发展的根本之计，内蒙古人口较少民族都有重视教育的优良传统。新中国成立后，在国家与地方政府的共同帮扶下，内蒙古人口较少民族地区的教学条件有了明显改善，教育发展也呈上升水平，学界对这些民族教育问题的研究也更加深入，内容涉及内蒙古人口较少民族教育发展史、双语教育、文化教育传承等多个方面，代表性成果有赵复兴《鄂伦春教育史略》（1982），张雪娟《达斡尔民族文化传承及学校课程建设研究》（2009），宝瑞斌《鄂温克自治旗双语教育初探》（1995），海春《鄂温克旗民族义务教育现状与民族发展问题研究》（2011），何群《关于鄂伦春族教育事业的调查与思考》（1992），刘翠兰《民国时期鄂伦春族的学校教育》（1996），白兰、麻秀荣《民族教育与民族发展——以鄂伦春族为例》（2001），关志英《鄂伦春中学民族教育的现状》（2002），邵红、郭雪姣《鄂伦春族文化教育现状及未来发展刍议》（2012），疏松《鄂伦春族近代学校教育述略》（2012）等。教育是文化传承的重要方式，将传统的民族文化放置到学校教育之中，是继承传统文化的一种可行的方式，研究民族教育与内蒙古人口较少民族文化传承的成果有：张雪娟、张鹤龄《达斡尔族学校民族文化传承的选择》（2001），德纯《在达斡尔学校教育中传承民族传统文化》（2010），娜日苏《鄂温克族传统文化传承的教育策略研究——以内蒙古呼伦贝尔市鄂温克中学为个案》（2006），李春晖、黄岩《鄂伦春自治旗学校教育传承民族文化现状与对策研究》（2004），张元卉《人口较少民族文化传承的教育人类学研究——以鄂伦春族文化传承为个案》（2009）等。

　　语言是民族识别的基本要素之一，一个民族的文化、政治、经济等遗产的继承，生产和生活等方面宝贵经验的传播，都要依靠本民族的语言文字。内蒙古4个人口较少民族都有自己的民族语言，我国几次大规模的民族语言调查基本摸清了内蒙古人口较少民族的语言面貌，这方面的研究成果包括：《达斡尔语简志》（1982）、《鄂温克语简志》（1986）、《鄂温克语研究》（1995）、《鄂伦春语》（1989）、《鄂伦春语研究》（2001）、《楠木鄂伦春语研究》（2009）等。内蒙古4个人口较少民族的语言研究成果中，达斡尔语研究成果最为丰富，其次是鄂伦春语。达斡尔语调查研究涉及的地域范围包括黑龙江、内蒙古、新疆等地，丁石庆是这一领域的集大成者，著有《莫力达瓦达斡尔自治旗达斡尔族双语情况调查》（1991）、《莫旗达斡尔族语言使用现状与发展趋势》（2009）、《双语族群语言文化的调适与重构：达斡尔族个案研究》（2006）等著作和《达斡尔族语言文化结构与发展态势》（2001）、《莫旗达斡尔族聚居村落语言现状研究——哈力村语言调查实录》（2007）、《论语言保持——以北方人口较少民族语言调查材料为例》（2008）、《莫旗达斡尔族语言兼用现状的历史背景分析》（2008）、《莫旗达斡尔族母语保持的相关因素分析》（2009）、《锡伯族与达斡尔族语言保持模式对比分析》（2010）等一系列论文，在学界影响较大。丁石庆《内蒙古"四小民族"母语保持现状综析》第一次全面关注了内蒙古4个人口较少民族，具有开创意义。以达斡尔语言使用为内容的研究还包括洪苹《杂居区无文字少数民族语言转用原因试析——从一个达斡尔语家庭的语言转用说起》（1997）、何冰《聚居区达斡尔族的语言衍变》（2005）、孙东方《达斡尔族达汉双语教育现状及分析——对内蒙古呼伦贝尔盟莫力达瓦达斡尔族自治旗的调查分析》（2007）、白艳飞《莫旗多语岛——杜拉尔乡杜克塔尔村语言调查实录》（2008）、王秀娟《莫旗达斡尔族聚居村落语言现状》（2008）、陈微《从社会语言学的角度看达斡尔语的流失与保持》（2008）、郭洁《莫力达瓦达斡尔族自治旗达斡尔族发展研究》（2013）等。国内研究鄂伦春语的学术成果也较为丰富，如徐世璇、关红英《鄂伦春语使用现状分析》（2001），韩有峰《中国鄂伦春族语言的保护与发展述略》（2004），莫日根布库《鄂伦春民族语言使用现状与发展对策》（2005），朝克《鄂伦春语研究及其发展》（2006），文华《鄂伦春语语言使用现状调查》（2007），哈斯巴特尔《鄂伦春语濒危现象的探讨》（2008），朝克《楠木鄂伦春语研究》（2009），昭达《鄂伦春自治旗鄂伦春语使用现状调查研究——以阿里河镇和多布库尔、希日特奇、木奎三个猎民村为个案》（2010）等。我国以鄂温克语和俄罗斯语为对象的研究成果不多，包括杨虎嫩、严明《鄂温克语言的未来》（2002），申慧淑《鄂温克族家庭语言个案研究——访鄂温克旗辉苏木的布和吉日嘎拉一家》（2008），杜坚栋《鄂温克语言的保护与传承》（2012），白阿茹娜《鄂温克族青少年语言现状调查分析》（2015）等。张英姿《额尔古纳市俄罗斯族村落语言现状调查分析——以临江屯语言调查材料为例》（2010）、白萍《内蒙古额尔古纳俄罗斯语研究》（2011）、赵淑梅《内蒙古地区俄罗斯族民族语言生态的历史演变及现状》（2016）是内蒙古俄罗斯语研究方面仅有的代表性成果。

　　有关内蒙古人口较少民族的研究除了上述几个方面外，还包括人口研究、政治研究等，其中人口研究侧重分析内蒙古人口较少民族人口发展特点、人口分布及人口流动带来的城市化问题等，政治研究主要讨论民族政策的调整、民族关系等问题。

第四节　本课题的研究内容和方法

一　本课题的研究内容

　　我国少数民族现代化进程始终与文化变迁相伴，而文化变迁在人口不足 10 万人的小民族中表现得尤为突出。在我国各民族中，人口在 10 万以下的少数民族有 22 个(1990 年第四次全国人口普查数据)，这些民族大部分居住在我国西部边疆地区，也可称之为"小民族"。新中国成立以来，这些民族的经济和文化发展取得了辉煌成就，但由于历史和自然等多种原因，这些民族现在大多仍处于相对落后的状况。为了深入研究这些民族目前的实际发展状况和面临的困难与问题，争取在西部大开发过程中对这些民族给予扶持，2000 年，国家民委民族问题研究中心、北京大学、中央民族大学共同组成"中国人口较少民族经济社会发展研究课题组"，对内蒙古、黑龙江、新疆、甘肃、青海、云南、广西、西藏 8 省（区）的人口 10 万以下的 22 个少数民族开展实地调查，对这些民族的经济和社会发展问题进行了专题调查研究。其中，涉及北方草原牧业社区的有鄂温克族。课题组初步形成了《中国人口较少民族经济和社会发展调查报告》，为国家"十五"计划提供参考意见。

本课题主要以内蒙古人口较少民族语言生态作为研究对象，客观呈现内蒙古达斡尔族、鄂伦春族、鄂温克族和俄罗斯族 4 个人口较少民族语言生态的变迁，对相关语言的活力和生存状况做出评估，分析影响这些民族语言功能的外部因素，提炼出当前人口较少民族居住区语言生态面临的主要问题，为促进人口较少民族语言生态的良性发展、构建和谐民族语言生活、保持文化多样性提出对策和建议。

从体例上，本书共分为六章。第一章是对内蒙古人口较少民族总体情况的概述。主要从自然生态、社会生态和文化生态三个层面介绍内蒙古人口较少民族的基本情况。第二章重点梳理内蒙古人口较少民族语言生态的历史演变，分三个主要时段：新中国成立前（1949 年前）、新中国成立初期（1949—1978 年）和新时期（1978 年至今），重点讨论当前内蒙古人口较少民族语言生态现状及发展趋势。第三章、第四章和第五章主要探讨影响内蒙古人口较少民族语言生态格局和语言活力的因素，侧重从区域经济发展、民族语言教育、民族语言政策和民族语言广播电视等角度进行阐释。第六章针对目前内蒙古人口较少民族语言发展现状和问题，提出切实可行的传承策略，在此基础上探讨了内蒙古地区语言多样性问题，结合内蒙古实际，提出构建内蒙古和谐语言生态的举措。

二　本课题的研究方法

本研究通过多项具体指标的社会调查获得研究数据，运用定量与定性研究相结合的方法，客观地描述内蒙古人口较少民族居住区语言生态的历史演变和发展现状。本研究主要使用参与观察法、问卷法、访谈法等获得第一手田野调查材料，以社会语言学、人类语言学、文化学的相关理论来研究语言生态，强调从语言接触不同类型、不同层次中归纳人口较少民族居住区的语言生活。

本课题的完成首先建立在多次对内蒙古人口较少民族居住区的实地社会调查基础之上。我们多次深入内蒙古人口较少民族居住区呼伦贝尔市进行调研，具体了解和观察达斡尔族、鄂温克族、鄂伦春族和俄罗斯族的语言面貌、语言态度、语言心理等问题。

第一次调研时间为 2014 年 7—9 月，我们从呼和浩特出发，先后深入呼伦贝尔市海拉尔区、扎兰屯市、牙克石市、莫旗尼尔基镇和腾克镇、鄂温克族自治旗巴彦托海镇、鄂伦春自治旗阿里河镇、额尔古纳市室韦俄罗斯民族乡、根河市敖鲁古雅鄂温克民族乡等地进行实地考察，调查涉及不同年龄段的男女人群。在为期两个月的实地考察中，我们发放了部分问卷，初步了解了内蒙古达斡尔族、鄂温克族、鄂伦春族和俄罗斯族语言使用的现状。

第二次调研时间为 2015 年 7—9 月，此次调研进一步明确了调研地点，在扎兰屯市萨马街鄂温克民族乡、莫旗尼尔基镇和腾克镇，鄂温克族自治旗大雁镇和辉苏木，根河市敖鲁古雅鄂温克民族乡、鄂伦春自治旗阿里河镇和几个猎民村，额尔古纳市室韦俄罗斯民族乡、恩和俄罗斯族民族乡等地发放大量问卷。除进行大量的问卷调查外，本课题还进行了大量的小组访谈和深度访谈。调查走访了当地的民族事务委员会、语言研究会、广播电视台、民族小学等，以小组访谈的方式深入了解了内蒙古人口较少民族语言生态形成的外部因素；通过深度访谈采访了当地语言学者、教育工作者、媒体工作者、文化名人等，与达斡尔族非物质文化遗产乌钦传承人图木热、鄂温克语研究者杜·道尔吉老人、敖鲁古雅鄂温克族萨满服饰与器具传承人巴拉杰依老人等进行了深入交流，获得了大量录音材料。

本课题还使用社会统计学的方法对调查问卷进行数据上的

处理；充分利用文献资料和前人的研究成果，综合人类语言学、文化语言学、社会语言学、描写语言学、民族学等方法对田野调查材料进行阐述。

三　本课题的研究意义

内蒙古一直以来都是我国人口较少民族的主要聚居地之一，达斡尔族、鄂温克族、鄂伦春族和俄罗斯族 4 个人口较少民族与蒙、汉、满、回等民族在长期的历史交往过程中交错聚居或杂处，相互影响、相互融合，语言的兼用、转用现象不仅自古有之，而且具有普遍性，形成典型而独特的民族居住区语言生态。民族居住区的社会语言生活问题是构成我国民族语文问题的重要方面，关注内蒙古人口较少民族居住区语言生态，有助于加深对我国多民族居住区语言使用复杂性的认识，对于保护和传承内蒙古人口较少民族的语言文化有着深刻的意义，还可为内蒙古制定相关的语言政策、条文法规和教育方案提供科学依据，为解决我国人口较少民族语言发展、维护地区语言生态平衡、构建和谐社会语言生活提供一些参考和借鉴。

第一章

内蒙古人口较少民族居住区生态环境

内蒙古是一个多民族杂居的地区，这里居住着我国 56 个民族中除珞巴族以外的 55 个民族。根据 2010 年全国第六次人口普查数据显示，2010 年内蒙古少数民族人口为 505.56 万人，占总人口的 20.46%。2001 年，我国开始实施扶持人口较少民族发展政策，将人口总数在 30 万人以下的民族称为人口较少民族，内蒙古自治区的达斡尔族、鄂温克族、鄂伦春族、俄罗斯族进入了人口较少民族的行列。

第一节 内蒙古达斡尔族生态环境

达斡尔族是我国的少数民族之一，也是我国人口较少民族之一。据 2010 年全国第六次人口普查数据显示，我国达斡尔

族人口有 131992 人，占全国总人口的 0.0099%。达斡尔族的
人口主要分布在内蒙古自治区呼伦贝尔市的莫旗、鄂温克族自
治旗、扎兰屯市、阿荣旗等地。据内蒙古自治区 2010 年人口
普查资料数据显示，内蒙古达斡尔族人口有 76255 人，其中呼
伦贝尔市的达斡尔族共有 68974 人，占呼伦贝尔市总人口的
30%，占内蒙古总人口的 0.28%。

一　内蒙古达斡尔族自然生态

内蒙古的达斡尔族主要居住在莫旗。莫旗位于内蒙古自治
区呼伦贝尔市，拥有山地、丘陵、平原三大地貌。达斡尔族主
要居住在大兴安岭东麓、嫩江右岸，那里森林资源及生物资源
丰富，在其天然林区内，有桦树、杨树等多种树木，有桔梗、
柴胡等中草药药材及狍子、野鸡和很多国家级保护动物。莫旗
属中温带大陆性季风气候，冬冷夏热，年降水量集中，全旗境
内有大小河流 56 条，水能蕴藏量大。总之，莫旗具有得天独
厚的自然生态资源。

二　内蒙古达斡尔族社会生态

（一）生产方式

无论是从黑龙江北岸还是到嫩江流域，达斡尔族的迁徙地
一直都是一个复杂的环境。那里山岭起伏，森林繁茂，动植物

资源丰富，平原水草丰美。在这种纵横交错的地形之中，达斡尔族充分发挥了本民族的优势，进行着农、林、牧、渔等多种生产经营方式。

达斡尔族具有悠久的农业发展历史。清朝初年，达斡尔族迁徙嫩江流域之后，利用嫩江流域适合农耕的优越自然地理条件，大力发展农业生产。到了近代，达斡尔地区的农业取得了巨大的发展。如今达斡尔族的农业生产已经转向现代化的精细加工，农业产品的种类也日渐丰富。

达斡尔族还有定居放牧的传统。新中国成立后，居住在内蒙古的达斡尔族凭借当地得天独厚的畜牧条件，大力发展畜牧业，以提高经济生活水平。如今，随着工业化的不断发展，畜牧业在整个生产方式的比重中也逐渐下降。

达斡尔族生产活动中还有狩猎业，主要以集体狩猎为主。大兴安岭一带有多种多样的动物，其中狍子是达斡尔族狩猎的主要对象，猎物不仅满足了达斡尔人对食物的需求，动物的皮毛还被达斡尔族用来做衣服和防寒原料。此外，达斡尔族还通过渔业、手工业等生产方式来满足日常生活的补给。

（二）社会组织

达斡尔族具有本民族自己的氏族组织，称之"哈拉"。"哈拉"是由同一个父系祖先的后代组成的具有血缘关系的成员所形成的组织。达斡尔族内部有莫日登、郭博勒、金克尔、乌力斯、毕日杨、鄂尔特等哈拉。这些哈拉的名称大都来自祖先原本居住的地名。后来，哈拉都简化为一些汉姓，如乔、金、德、苏等。每个"哈拉"都具有相同的职能，如组织哈拉内部全体人员进行围猎活动、在哈拉内部实行民主制等。随着时代的变迁，"哈拉"又分化出"莫昆"这一新的氏族组织。"莫昆"的职能同"哈拉"相似，但是，相比于"哈拉"，"莫昆"的职能更加稳定。

三　内蒙古达斡尔族文化生态

（一）语言文学

达斡尔语属于阿尔泰语系蒙古语族，是达斡尔族交流思想、联系情感的重要纽带。很多学者认为达斡尔语与契丹语有着很深的渊源关系。目前，我国的达斡尔语大致可以分为布特哈方言、海拉尔方言、齐齐哈尔方言和新疆方言。内蒙古自治区的达斡尔族一般使用布特哈方言和海拉尔方言。

由于达斡尔没有文字，所以达斡尔族文学艺术主要以口头形式得以传承，如神话传说、祝赞词、民歌等。除此之外，达斡尔族还有"乌钦"，即叙事诗，包括歌颂英雄人物的《少郎，岱父》、描绘生产劳动的《田园诗》等，这些作品都是珍贵的民间文学作品。新中国成立后，达斡尔族作家创作了很多有时代特色的作品，如孟和博彦《妇女突击队》《奶，洁白的奶》等。

（二）风俗习惯

达斡尔族大都信仰萨满教。萨满不仅是沟通神人的重要人物，更是达斡尔族祛病消灾的关键。达斡尔族认为万物有灵，以自然界为崇拜对象，此外他们还崇拜动物、山神、日月等。

达斡尔族在发展与变迁中形成了独特的风俗习惯。在饮食上，肉、奶、米、面等都是日常生活中不可缺少的食物。达斡尔族人的服饰主要由动物皮毛和布匹制成，传统的达斡尔族服饰，男子夏季穿白汗衫、白裤子，冬季穿长袍，戴礼帽，脚穿皮靴；女子穿女式旗袍，颜色以蓝色为主，脚穿白布袜、绣花鞋，冬季穿棉衣、棉裤或皮衣、皮靴。喜庆之日，达斡尔族女子穿各色绣花绸缎衣服，外套坎肩，与清代满族服装样式基本相同。

达斡尔族深受汉族影响，也过春节、中秋节、元宵节等，其中以春节最为隆重。但是与汉族人不同的是，达斡尔族有自己独特的过节习俗，如在河流中沐浴、用露水洗脸等。

第二节　内蒙古鄂温克族生态环境

鄂温克族是我国人口较少民族之一，鄂温克有"住在大山林中的人们"之意。鄂温克族是一个现代的跨境民族，除中国外，在俄罗斯、蒙古等国家也有鄂温克族。鄂温克族有着悠久的历史，在不同历史阶段，鄂温克族有过不同称谓，如索伦、通古斯、雅库特等。1957 年我国将他们的族称统一为"鄂温克"。

据 2010 年全国第六次人口普查数据统计，我国鄂温克族共有 30875 人，占全国总人口的 0.0023%。我国鄂温克族主要居住在内蒙古呼伦贝尔市，其中鄂温克族自治旗是我国鄂温克族最集中的居住区。据内蒙古自治区 2010 年人口普查资料数据显示，内蒙古鄂温克族人口共有 26139 人，其中呼伦贝尔市有 24897 人，占呼伦贝尔市总人口的 10.8%，占内蒙古总人口的 0.1%。

一　内蒙古鄂温克族自然生态

内蒙古鄂温克族主要居住在鄂温克族自治旗、陈巴尔虎右旗及根河市、阿荣旗等地。鄂温克族聚居于内蒙古东北部广袤的区域，这一区域以林地、草地、平原为主。鄂温克族居住地区水草丰美，牧场辽阔，牛羊成群。由于位于大兴安岭西北坡，所以这里除了具有平坦的草场之外，还有低山、丘陵和纵横交错的河流湖泊。根河市敖鲁古雅鄂温克民族乡的鄂温克族，他们生活在大兴安岭林区，那里树木参天，森林茂密，人烟稀少，动物种类繁多，主要有狍子、马鹿、野猪、天鹅、紫貂、灰鼠等，除此之外，矿产资源也极为丰富。鄂温克族居住地区属于温带大陆性气候，全年降水比较集中。

二　内蒙古鄂温克族社会生态

（一）　生产方式

由于鄂温克族聚居区域自然环境的特殊性，促使鄂温克族长期从事着狩猎、畜牧、农业、手工业等生产方式。狩猎是鄂温克族最为原始的经济生产方式，是鄂温克族世代赖以繁衍生存的传统谋生手段。他们生活的大兴安岭地区有数不清的动物，是天然的狩猎场所。现在居住于大兴安岭东麓的根河市敖鲁古雅鄂温克民族乡的鄂温克族，直到新中国成立前，仍然有一小部分人以狩猎和饲养驯鹿为主要生产手段。

聚居于鄂温克族自治旗和陈巴尔虎旗的鄂温克族占本族人口的半数以上，他们主要从事畜牧业生产，住蒙古包，过游牧生活。这一部分鄂温克人是清朝被调到呼伦贝尔驻防的鄂温克族士兵的后裔。由于呼伦贝尔草原得天独厚的自然优势，使得这一部分鄂温克族逐渐放弃了自己原有的狩猎文化，逐渐转向畜牧业生产。如今，畜牧业已经成为鄂温克族最主要的经济生产手段之一。居住在内蒙古自治区阿荣旗、扎兰屯市等地的鄂温克族形成了半农半猎的生产方式。如今，鄂温克族的生产方式主要以农业和畜牧业为主。

（二）　社会组织

鄂温克族的社会组织也是"哈拉"。"哈拉"有管理氏族内部事务等职能。一个"哈拉"即一个氏族，在"哈拉"之下又有若干个"毛哄"。清代之前，"哈拉"的主要领导人都由内部选举，然而清代之后，由于清政府插手，使得这一民主选举的制度转为了世袭制。"毛哄"是具有紧密血缘关系的家族公社，这一家族集团少则七八户，多则十几户。作为一个整体性的组织，"毛哄"在很多方面起着规范性的作用。除此之外，在"毛哄"的基础上，还形成了家庭奴隶制。

由于鄂温克族经济的不断发展，"哈拉"和"毛哄"已经瓦解。到新中国成立前，鄂温克族居住地区已形成以家庭为主体的"尼莫尔"游牧小集团。如今，只有居住在根河市的极少数敖鲁古雅鄂温克人尚处于原始社会末期父系家族公社阶段，他们仍生活在森林中，住着简陋的帐幕"撮罗子"。

三　内蒙古鄂温克族文化生态

（一）语言文学

鄂温克语属于阿尔泰语系满—通古斯语族，在俄罗斯称作"埃文基语"。鄂温克语有独特的语音和语法结构体系。内蒙古鄂温克族使用的语言主要是布特哈方言（又称索伦方言），其使用人口占我国鄂温克族总人口的绝大多数。

鄂温克族由于没有文字，其口头文学非常发达，鄂温克族口头文学分为神话、民间传说、民间故事、歌谣、谚语和谜语等多种形式。这些口传文学内容丰富，形式独特，充分展现了鄂温克族人民的精神世界，具有浓郁的民族色彩。鄂温克族的书面文学主要是用汉文、蒙文以及其他民族的文字创作的文学作品，其主要形式有短篇小说、中长篇小说、诗歌、散文等，新中国成立后出现了一大批鄂温克族作家，如乌热尔图、涂志勇、杜拉尔·梅、安娜、阿日坤、贺兴格、尼玛宫布等。

（二）风俗习惯

鄂温克族信奉萨满教，认为自然界的万事万物皆有生命。鄂温克族崇拜动物，他们认为动物与人类的祖先有着血缘关系。他们还有祖先崇拜，每个"乌力楞"都有属于本氏族的"舍卧刻"（即氏族的祖先）。鄂温克族祭祀神灵，在牧区生活的鄂温克人最尊敬的神为"古雅奇"神和"答背"神，据说两种神都可以保护牧畜的健康与繁衍。

内蒙古自治区内的鄂温克族由于受蒙古族的影响，也过着游牧的生活。鄂温克族牧民们无论大小，男性基本都会骑马、放牧、套马等技能，女性会挤牛奶。

不同地域的鄂温克族也有着不同的服饰习俗。内蒙古地区的鄂温克族通常以羊皮来做大衣。新中国成立后，鄂温克族受到汉族人的影响，在民族服饰上有所改变。牧区的人开始自己缝制类似袜子之类的衣物。

鄂温克族是一个友好好客的民族，礼节在其道德生活中占据着很重要的地位。在牧区，受到蒙古族的影响，敬奶茶和吃手扒肉也成为鄂温克人最为普通的礼节。鄂温克人也过敖包会，举行一系列的活动，如摔跤等。位于新巴尔虎旗的鄂温克人还举行"米阔勒"节。此外由于受汉族的影响，鄂温克人也过春节、中秋节等节日。

第三节　内蒙古鄂伦春族生态环境

鄂伦春族是我国东北地区少数民族之一。1951 年 10 月 1 日，在内蒙古自治区鄂伦春族聚集的地区成立了鄂伦春旗，让鄂伦春族开始自己管理本民族的事务。

鄂伦春族人口一直处于巨大的变化之中，近代社会动荡、战争不断，鄂伦春族的人口急剧下降。新中国成立后，国家实行一系列帮扶政策，鄂伦春族人口数量有了很大的提高。据 2010 年全国第六次人口普查数据显示，我国鄂伦春族人口大约有 8659 人，占全国总人口的 0.0006%。鄂伦春族人口大都聚集于内蒙古地区，分布在呼伦贝尔市鄂伦春自治旗及莫旗等地，据内蒙古自治区 2010 年人口普查资料数据显示，内蒙古鄂伦春族总人口 3632 人，其中呼伦贝尔市有 3147 人，占呼伦贝尔市总人口的 1.37%，占内蒙古总人口的 0.012%。

一　内蒙古鄂伦春族自然生态

"鄂伦春"的名称有两层含义：一是"住在山岭上的人们"，一是"驯鹿的人们"。鄂伦春自治旗位于呼伦贝尔的东北部，其地理位置与莫旗相近，气候条件也为温带大陆性气候，全年降水集中。鄂伦春自治旗共有面积 59800 平方公里，是呼伦贝尔市占地面积最大的旗。由于地处大兴安岭东麓，森林资源丰富，这里是祖国边疆重要的天然屏障。鄂伦春自治旗还有多条河流，野生动植物及矿产资源丰富。

二　内蒙古鄂伦春族社会生态

（一）生产方式

鄂伦春族生产生活上主要以狩猎、捕鱼、采集为主。大小兴安岭地区的动植物丰富，为了获取基本的生存物质，飞禽走兽成了鄂伦春族捕猎的对象。鄂伦春族的狩猎活动历史悠久，在长期的狩猎活动中，鄂伦春族的狩猎工具由最初的弓箭等发展到火枪，由使用驯鹿到改用猎马。除此之外，桦皮船、滑雪板等也是狩猎的主要工具。

除此之外，鄂伦春族还辅之以渔业、手工业和采集业等来保证本民族的生活。内蒙古鄂伦春旗建立后，生活在那里的鄂伦春族生产生活发生重大变化，合作社和互助组的建立让狩猎水平大大提高。党的十一届三中全会之后，鄂伦春族发展多种经营，如农业、大棚种植等，其收入也不断地增加，生活质量大幅提高。

（二）社会组织

鄂伦春族的社会组织主要经历了氏族公社、家庭公社及地域公社等几个发展阶段。氏族公社也称为"穆昆"制度，指的是一个氏族血缘内部的组织。每一个"穆昆"内部都选举一位"穆昆达"，同时氏族内部还要定期举行会议，来管理本氏族的基本事务。在"穆昆"瓦解后，又衍生出了由具有血缘关系的几个家庭组成的家庭公社，即"乌力楞"。每一个"乌力楞"内部都由家庭成员共同推举一位"塔坦达"，他代表着集体的意志，受人爱戴与尊重。随着社会的不断发展，居住于同一地域的不同姓但仍具有血缘关系的家庭会相互结合起来，组成新的"乌力楞"，这就是地域公社，公社内部的家庭相互平等、尊重。

三　内蒙古鄂伦春族文化生态

（一）语言文学

鄂伦春语属于阿尔泰语系满—通古斯语族，主要分布在内蒙古自治区和黑龙江省。在俄罗斯，鄂伦春语被看成"埃文基语"的东部方言。鄂伦春族没有本民族文字。

在长期的狩猎生产和日常生活中，鄂伦春人创造了丰富多彩的口头文学，包括神话、传说、民间故事、歌谣等形式，这些口传文学涉及民族历史、社会、狩猎采集、风土人情、生活习俗等各个方面。鄂伦春族的民歌，多以固定的曲调即兴编词歌唱，种类很多，风格多样，特别是新民歌内容十分丰富。谚语、谜语是后期发展起来的文学形式，是生产劳动的反映，是生活经验的总结和智慧的结晶。

（二）风俗习惯

鄂伦春族信奉萨满教，他们相信万物有灵。他们的宗教形式表现为自然崇拜、图腾崇拜和祖先崇拜。鄂伦春族崇拜的自然神有太阳神、月亮神、北斗星神、风神、雨神等。图腾崇拜中鄂伦春人十分敬畏"熊"，鄂伦春族认为熊与人有着亲属关系，具有崇高的地位。他们还崇拜祖先，尤其崇拜那些对鄂伦春族做过贡献的人。

鄂伦春族的衣、食、住、行也都离不开大自然的馈赠。动物的皮毛、桦树皮等都可以用于衣服、交通工具的制作。鄂伦春族长期有打狍子的习惯，狍子皮可以做衣服，桦树皮不仅可以用作交通工具，还可以制作不同的器皿和装饰用具。

鄂伦春族十分注重礼节和节庆。他们尊老爱幼、亲朋之间注重和睦，有着很好的礼仪文化。除此之外，鄂伦春族还举行具有浓厚民族色彩的氏族集会和萨满会。

第四节　内蒙古俄罗斯族生态环境

据 2010 年全国第六次人口普查数据统计，全国俄罗斯族人口仅有 15393 人，占全国总人口的 0.0012%。内蒙古呼伦贝尔额尔古纳市是我国俄罗斯族分布最为集中的地区，此外在呼伦贝尔原中东铁路沿线的主要城镇，如满洲里、扎赉诺尔、海拉尔、哈克、札罗木得、牙克石、免渡河、博克图和巴林等地也有一些俄罗斯族。据内蒙古自治区 2010 年人口普查资料数据显示，俄罗斯族总人口 4673 人，其中呼伦贝尔市 4354 人，占呼伦贝尔市总人口的 1.9%，占内蒙古总人口的 0.017%。

一　内蒙古俄罗斯族自然生态

内蒙古的俄罗斯族主要集中于内蒙古呼伦贝尔额尔古纳市。额尔古纳河右岸是内蒙古自治区纬度最高的地区，北与俄罗斯相望。额尔古纳市植被覆盖率较高，矿产资源丰富。该地属于寒温带湿润气候，全年降水量较少，冬季漫长。额尔古纳地区自然资源丰富，有野生浆果、水葡萄、草莓等多种水果。这里金矿储量大、成色好、开采历史长。总体上来看，俄罗斯族居住地区风景秀丽，物产丰富。

二 内蒙古俄罗斯族社会生态

（一）生产方式

俄罗斯族大都精通一些技艺，如驾驶汽车，修理手表、自行车等。新中国成立初期，居住在城镇的俄罗斯族大都从事技术类工作，如在工厂当工人，开修理铺等，还有一些人从事手工业。在乡村中的俄罗斯族居住在谷地或平原，他们利用先进的生产工具和丰富的生产经验，开荒种地，发展园艺，栽种树木，发展畜牧业，过着自给自足的悠闲生活。

（二）社会组织

我国俄罗斯族很少有氏族制度，一般也不存在人口庞大的大家庭。家庭规模小、结构简单是我国俄罗斯族家庭的典型特征。

俄罗斯族十分注重教育，早在新中国成立之前，海拉尔、满洲里等地就有由俄侨建立的学校，俄罗斯族教育普及率远远高于内蒙古其他人口较少民族。

三 内蒙古俄罗斯族文化生态

（一）语言文化

俄罗斯族通用俄罗斯语，俄罗斯语属于印欧语系斯拉夫语族。俄罗斯语分为南方俄罗斯语和北方俄罗斯语两大类，内蒙古自治区俄罗斯族使用的语言属于南方俄罗斯语。

我国俄罗斯族有着优秀的传统文化和丰富的文学艺术，俄罗斯族文学受 19 世纪初俄罗斯文学遗产的影响较深，歌颂勇士的长篇史诗、童谣、谚语等都是传统的口头文学遗产。俄罗斯族的书面文学主要有诗歌、小说、民间故事等，其中民间故事有反映历史、歌颂勇士和讽刺暴君的，也有反映民间生活琐事和表现劳动人民善良敦厚的，题材多样，内容丰富。

（二）风俗习惯

俄罗斯族大都信仰东正教，所以在婚丧嫁娶、传统节日、日常风俗等方面也都深受东正教的影响。在婴儿出生后，要将其抱到教堂中接受神父的洗礼。俄罗斯族会过一些宗教节日来祈祷平安，如圣诞节、复活节、报喜节等。这些节日都来源于宗教，具有浓郁的异国风情。现在，他们也过春节、中秋节等中国传统节日。

俄罗斯族的居室建筑一方面保留了俄式风格，另一方面又加入了中国化元素，俄罗斯族传统住宅多涂上彩色油漆，屋顶上开有天窗，室内铺有地毯等。额尔古纳河流域的俄罗斯族，有的还保留着传统的"木刻楞"房屋，具有俄罗斯风情。

俄罗斯族的服饰也丰富多样，不论男女老少都会穿俄罗斯族的传统服饰。在饮食上，过去的俄罗斯族还保留传统的饮食习惯，喜欢吃面包，并在片状的面包上涂果酱或奶油。他们还喜欢自己酿制啤酒。如今，受汉族饮食习惯的影响，俄罗斯族也常吃饺子、包子、面条等食物。

俄罗斯族还是一个十分注重礼仪的民族，日常打招呼见面都要互相问好，亲吻脸颊。他们也十分热情、好客，常举行家庭聚会来密切亲友之间的感情。

第二章

内蒙古人口较少民族语言生态的变迁

第一节　新中国成立前内蒙古人口较少
民族语言生态

一　新中国成立前达斡尔族语言生态

达斡尔族的族源问题一直有多种说法，主要有契丹说、蒙古说、东胡说、北室韦说等，其中契丹说影响较大。契丹是我国北方古代少数民族，公元907年，契丹族耶律阿保机统一契丹及邻近各部建立辽王朝，1125年被金所灭，辽亡后，一部分契丹人远徙中亚地区，建立了西辽政权，一部分契丹人与汉人、金人融合，还有少部分在首领库烈尔率领下北迁，退居黑龙江流域，这些人就是达斡尔人的祖先。陈述认为，达斡尔人是直接承袭并保存契丹传统最多的民族。①

17世纪之前，黑龙江上中游两岸的达斡尔族社会内部高度统一，文化上呈封闭保守状态，这一时期达斡尔族语言生态是典型的单语单文化类型，达斡尔语是达斡尔族内部唯一的交际工具。

17世纪40年代开始，黑龙江流域的达斡尔族陆续迁入嫩江流域，其中一部分人定居于嫩江中游的墨尔根等地，以渔猎为生，被称作"布特哈达斡尔人"。受政治和地理原因影响，布特哈地区达斡尔族与满族人在文化上有了接触和交往，达斡尔人习满语学满文的日趋增多，清初达斡尔族中开始出现兼通达满语的双语人。到19世纪，达斡尔人学习满文的规模更大，满文在达斡尔人中得到了相当程度的普及。这一过程中，大批满语借词随着达满文化交流的日趋频繁而逐渐进入到布特哈达斡尔人的口语中。据统计，满语借词大约占达斡尔语词汇的10%。②清中期以后，达满文化融合的局面进一步增强，很多精通满文的达斡尔族知识分子大力兴办教育，用满文记载民族历史、修辑族谱，还有人利用满文著书立说，进行文艺创作。

达斡尔族学习满语的同时，也带动了汉语汉文化的普及。清中期很多达斡尔族通过满语接受了儒家的各种学说和汉文

---

① 陈述：《契丹政治史稿》，人民出版社1986年版，第184页。

② 恩和巴图：《达斡尔语与蒙古语》，内蒙古人民出版社1988年版，第486页。

化，民间艺人用满语翻译汉族历史故事、文学名著或章回小说，如《三国演义》《西游记》《隋唐演义》《水浒传》等，使达斡尔族间接地接受了汉族文化的影响，汉语词汇也通过满语这一媒介逐渐进入了达斡尔语。清末民初，满族文化的显赫地位逐渐丧失，达斡尔族的达满双语现象也逐渐趋于消失。汉语汉文化在这一时期逐渐占据主导地位。① 民国初期至新中国成立初期，达斡尔族地区的各级学校也从主要教授满语文或兼授满汉语文而改为教授汉语文。

民国之后，由于特殊的政治及社会文化背景，海拉尔地区的达斡尔人同蒙古族有了较为频繁的接触，许多人通过蒙古语文接受了教育，达斡尔族中出现了大量同时拥有达斡尔语、汉语、蒙古语名字的现象，出现了精通达、汉、蒙等多种语言的优秀人才。新中国成立之前，达斡尔族地区的许多学校除了开设汉语文外，还开设蒙古语文课程，故达斡尔族早期知识分子大都精通蒙古语文。

总之，新中国成立前达斡尔族语言生态在其历史进程中经历了单语化、达满双语化、达汉双语化及达蒙汉多语等过程。这是达斡尔族历史上与不同的民族发生接触与交往的结果。

---

① 丁石庆：《双语族群语言文化的调适与重构——达斡尔族个案研究》，中央民族大学出版社 2006 年版，第 236 页。

二 新中国成立前鄂温克族语言生态

鄂温克族是我国北方少数民族之一，历史上鄂温克族分为三支部落："索伦""通古斯""雅库特"。这三支部落的自然生活环境和生产方式差别较大，有学者将鄂温克人分为牧业鄂温克人、农业鄂温克人和狩猎鄂温克人。其中，通古斯鄂温克人和部分索伦鄂温克人主要从事牧业，大部分索伦鄂温克人主要从事农业同时兼营其他经济类型，从事狩猎的是雅库特鄂温克人，又称敖鲁古雅鄂温克人。

1732 年清朝实施"移民实边"政策，即从内地把大批人口迁往边境以加强边防力量。于是大批索伦部鄂温克兵丁移居呼伦贝尔草原，此后陆续有大批的蒙古族、达斡尔族、汉族人口迁来，形成民族杂居共处的格局。索伦部鄂温克人的语言生活由此也开始逐渐受到蒙古语、达斡尔语和汉语的影响，生态格局发生变化。

清朝雍正年间实施"移民实边"政策，调遣兵丁驻防呼伦贝尔，开拓大草原，防御沙俄入侵，当时大批骁勇善战的索伦部鄂温克兵丁被移居到呼伦贝尔草原。根据清朝雍正皇帝的旨批，从布特哈兵丁中挑选了索伦（鄂温克）壮丁 1636 名，占兵丁总数的 54.5%；达斡尔壮丁 730 名，占总数的 24.3%。另外，还有巴尔虎壮丁 275 名、鄂伦春壮丁 359 名被遣往呼伦贝尔，主要被安置在海拉尔河下游至额尔古纳河流域的卡伦

（满语，意为边防哨所）负责军事驻守。当时还有大量随军家属也一同被迁往呼伦贝尔，其中鄂温克家属居多，巴尔虎家属次之。这次人口大迁移中1636名鄂温克族成为后来内蒙古鄂温克族人口的最初来源。"移民实边"政策首先加深了鄂温克族与蒙古族的交往。1732年，清政府将额鲁特部两个佐兵丁迁到呼伦贝尔草原驻防定居，1790年杜尔伯特、布仁等率领三姓额鲁特部又迁到了呼伦贝尔。先后两次迁入的额鲁特蒙古人共590户约2950人，现在内蒙古鄂温克族自治旗伊敏苏木生活的700多名蒙古族就是当时额鲁特蒙古族的后代。索伦鄂温克人在未迁移之前，他们的生产方式以狩猎、驯鹿和捕鱼为主，之后在与蒙古族牧民的接触交往中学习了一些牧业知识，掌握了牧业生产技能，这支鄂温克族从狩猎的传统文化类型转向蒙古游牧文化类型，其语言生态也从鄂温克单语转向鄂蒙双语。

通古斯鄂温克在俄罗斯境内居住时过着游猎生活，与外族外界接触很少，后来在与俄罗斯人和布里亚特人接触的过程中，出现了一些俄罗斯化和布里亚特化倾向。俄国十月革命前后，居住在俄罗斯境内的布里亚特和通古斯鄂温克牧民为了逃避战乱，开始不断迁徙到呼伦贝尔地区。这部分鄂温克人因在迁徙过程中牲畜损失较大，来到莫日格勒河流域之后，主要靠给布里亚特蒙古人和俄罗斯人当牧工来维持生活，为了适应当地的畜牧业生产，他们向已熟练掌握先进生产技能的俄罗斯人和布里亚特蒙古人学习使用马拉打草机、牛奶分离机和手摇缝纫机等，因此在饮食、居住等生活习俗方面也渐渐呈现出浓重的俄罗斯化和蒙古化倾向。尤其是在宗教观念及生活礼仪等方面，通古斯鄂温克出现萨满教、东正教、喇嘛教三教并存的奇特现象——新生婴儿到教堂洗礼起俄式名字，在家里既供奉佛像又供奉萨满教的神像，当然对通古斯鄂温克人来说，萨满教信仰仍然占据着主要地位。从 17 世纪 30 年代起，鄂温克族还受到了满族语言文化的强烈影响，如在鄂温克人名当中出现了相当比例的满语人名，如唐古达（百）、阿林（山）、那木苏热（海梅）等。①

鄂温克族中人口最少的一支是敖鲁古雅鄂温克，他们一直从事着古老的狩猎生产，他们的祖先最早居住在贝加尔湖沿岸的苔原高地，16 世纪至 17 世纪中叶，敖鲁古雅鄂温克人因无法忍受俄国人的压迫和连年的战争，追随驯鹿顺着石勒喀河来到漠河对面，当时的敖鲁古雅鄂温克人共有 4 大氏族，约 700 多人。直到 1945 年前，敖鲁古雅鄂温克人一直保持着原始的狩猎生活方式，基本社会组织为"乌力楞"，停留在原始社会末期父系家族公社解体阶段。原始的生产生活方式、闭塞的交通让敖鲁古雅鄂温克宏观语言生态基本保持着原始的风貌，总体变化不大。18 世纪后，敖鲁古雅鄂温克微观语言生态因疾病灾害、军事入侵、物质交换、宗教传播等因素的影响发生了一些变化。1917 年后，俄国乌启罗夫屯 300 多名俄国人迁到

---

① 朝克：《论达斡尔、鄂温克、鄂伦春族人名与语言文化变迁及接触关系》，《黑龙江民族丛刊》1998 年第 4 期。

奇乾屯，敖鲁古雅鄂温克人开始接触俄罗斯文化。这期间，敖鲁古雅鄂温克人受俄国各种文化元素的影响很深，俄化的特征十分突出，如当时有鄂温克儿童进入当地俄罗斯人的学校学习，还出现一些鄂温克猎民居于中国领土之上狩猎求生，却入俄罗斯籍，受俄官吏管辖并向俄屯缴纳税费的奇异现象，很多敖鲁古雅鄂温克人与俄罗斯人在长期贸易交往中掌握了俄罗斯语（以下简称俄语）俄文。人口迁移和融合不仅引发了鄂温克语自身系统的变化，也催生了很多通俄语、信奉东正教的敖鲁古雅鄂温克双语人。20世纪30年代，敖鲁古雅鄂温克的语言生态因遭受日本侵略者的奴役统治而发生了巨大转变。日本帝国主义从1937年起切断了鄂温克人与俄人安达克的联系，禁止鄂温克人与其他民族往来，当时猎民下山住的处所之上必须插上红旗以示警诫，不许别的民族接近。在日本人统治期间，敖鲁古雅鄂温克长期过着几乎与世隔绝的闭塞生活，人口也出现了锐减：1938年至1945年间，敖鲁古雅鄂温克人由253人锐减至170人，而存活的100多人中肺结核发病率高达70%。另有统计数据表明，在日本帝国主义统治的短短14年间，有220多个鄂温克人惨死在日本帝国主义的铁蹄之下，民族人口减少了40%，造成了巨大的民族灾难。日伪的残暴统治使敖鲁古雅鄂温克这一群体在进入新中国时已处于濒临灭绝的境地，其语言生态环境也遭遇到前所未有的重创，语言处于濒危的边缘地带。

三 新中国成立前鄂伦春族语言生态

鄂伦春族世代居住在大小兴安岭，长期生活在深山密林地区，过着游猎为主并兼行捕鱼和采集的生活，鄂伦春族发展缓慢，文化落后，人口稀少，在民族成分单一的历史时期鄂伦春族居住地区主要通行鄂伦春语。但为了与外界交流，鄂伦春人逐渐掌握了满语满文。鄂伦春人学习满语满文最早是从清朝时朝廷派往鄂伦春地区的官员"谙达"那里开始的，先是官方"谙达"，后来是达斡尔"谙达"。清朝鄂伦春学校教育兴起后，有一部分鄂伦春人开始学习满语满文、汉语汉文。17世纪末，清政府陆续创办了一些学校，新满洲各佐领"每岁各选幼童一名"的规定，使小部分鄂伦春族走进学校。学校上课以汉语汉文或满语满文为主，而鄂伦春族只有语言没有文字，学习起来相当困难，再加上语言环境不同，鄂伦春学生的教育效果很差。当时，除了少数经常阅读和书写公文的鄂伦春人能兼通满语满文或汉语汉文外，大部分鄂伦春人仍以鄂伦春语作为交际用语。

民国前，鄂伦春人的衣、食、住都来自大自然，过着自给自足的自然经济生活。自民国初期实行"弃猎归农"的政策以后，鄂伦春族从事的游猎生活被打破，由于难以适应这种新的生产和生活方式，鄂伦春族中的上层人士开始雇用汉人、满人、达斡尔人做长工或短工，有的鄂伦春佐领还与汉族人合伙经营土地。在这种新的生产关系下，鄂伦春女性与汉族男子开始有了接触，鄂、汉两个民族通婚现象愈加普遍。新的生产关系和民族通婚直接影响了当时鄂伦春族家庭语言环境和社区语言环境，与自然经济生活相适应的单语生态也被打破，鄂汉双语型生态格局逐步形成。

1905 年至 1938 年间，鄂伦春族地区发生三次大规模流行性传染病，造成了大量鄂伦春人死亡。日本帝国主义入侵后，鄂伦春人又惨遭迫害，鄂伦春民族人口总数急速下降，整个鄂伦春民族在连续的重创后处于濒于灭绝的边缘。数据显示，1915 年鄂伦春民族人口为 4111 人，到 1953 年时降到 2251 人。[1] 人口规模是语言保持的重要条件之一，鄂伦春人口的急剧减少使鄂伦春母语保持面临严重威胁，鄂伦春族居住区的语言生态格局即将面临新的变化。

四 新中国成立前俄罗斯族语言生态

内蒙古额尔古纳地区的俄罗斯族是中俄两个民族融合形成的产物。中俄两个民族的融合分两种情况：①闯关东的汉族男人与移居额尔古纳的俄罗斯女子组建中俄家庭。俄罗斯人大量流入额尔古纳地区是在 1689 年《中俄尼布楚条约》签订前后，当时大批俄国流民非法越界来到额尔古纳河一带开垦、放

---

① 林盛中：《鄂伦春民族人口新论》，黑龙江人民出版社 1993 年版，第 18 页。

牧、采金。史料记载，当时中俄双方联合派人清理越界来华采金人员达4000余人。从1860年至1884年，俄罗斯移民数量规模扩大，每年多达一万多人，主要盗采黄金和开挖矿藏。19世纪末20世纪初和十月革命前后，又有大批俄罗斯人移民越过额尔古纳河到我国定居。据记载，1922年移居室韦、奇乾县的俄罗斯人有近万人。他们大都来自西伯利亚和远东地区，使用西伯利亚俄语方言。1900年庚子事变后，在中国境内，来自河北、山东、天津等地的汉族移民因遭受水旱灾害，向东北地区迁移，大批青壮年农民闯关东来到额尔古纳，他们主要从事经商和挖药材等工作，也与俄罗斯人进行烟酒糖茶等物资贸易。19世纪下半叶，这些来自山东、河北、天津等地的汉族移民，与来自西伯利亚和远东地区的俄国移民在额尔古纳河畔相遇，一部分中俄男女青年在生产生活中频繁接触，最终结为夫妻。据记载，当时移居中国的俄国人口近万人，其中有数千名俄罗斯姑娘嫁给了当地的中国人。至20世纪20年代，额尔古纳河右岸已形成了30多个由纯俄侨组成的村屯和中俄杂居的居民点。②俄罗斯境内的华工与当地俄罗斯姑娘结为夫妻后，又重新返回额尔古纳河右岸，其后代也是俄罗斯族。闯关东来到额尔古纳的山东、河北人中有一部分人作为采金、煤矿和铁路工人被雇佣到俄国境内成为华工。据记载，当时额尔古纳河沿岸俄方境内的华工多达15000人。他们在异国他乡与俄罗斯姑娘组成家庭，之后又携妻带儿归国定居在额尔古纳。

十月革命后，额尔古纳地区已经成为俄侨和俄罗斯族的主要聚居地。俄侨村屯最多，主要集中在额尔古纳地区的南部，俄侨在这里建屯、开地、挖矿、办学校、建教堂，向阳村就是当时俄侨居住的村庄，建于1918年，俄语名称"依里尼斯"；俄罗斯族聚居的村庄主要分布在额尔古纳地区中北部，如室韦，俄语名"奥洛奇"，是俄罗斯族聚居的村庄。这一时期，额尔古纳地区以汉族为主的村庄很少，只有三座。聚居的居住方式、相对封闭的语言环境使新中国成立前额尔古纳地区俄罗斯族的母语保持处于良好的环境之中。此后，中俄通婚现象的广泛出现改变了额尔古纳封闭单一的语言生态环境，中俄混合家庭组合的特殊性决定了当时俄罗斯族的语言面貌。如第一代华俄后裔的父母大多是在十月革命前后组建了中俄混合家庭，父亲多为中国山东、河北等地的汉族，母亲为俄罗斯人。家庭组合的特殊性，决定了华俄后裔的家庭用语通常为俄语、汉语两种语言，且多以母亲所讲的俄语为主。语言的代际传承处于良好的语言环境中，因此，20世纪20年代前后出生的第一代华俄后裔，从小有较好的家庭语言环境，大都能熟练使用俄语，有些还习得了汉语。第一代华俄后裔成年后又与中俄混血人组成家庭，其家庭内部用语通常也是俄语，而在华俄后裔与汉族人组成的家庭中，孩子往往是典型的双语人，具有俄语、汉语两种语言能力。可以说，第一代华俄后裔居住的俄罗斯族村屯中，俄语、汉语两种语言是人们使用的共同交际语。

第二节　新中国成立初期内蒙古人口较少
民族语言生态

一　新中国成立初期达斡尔族语言生态

达斡尔族没有统一的文字，新中国成立初期，内蒙古地区开展了达斡尔文字的创制工作。1956 年 5 月在呼和浩特召开的蒙古语族语言科学讨论会，决定为达斡尔族创制文字，之后少数民族语言调查队第五工作队达斡尔语调查组拟制了《达斡尔文字方案(草案)》，并经中国科学院少数民族研究所筹备处同意后分发到各地征求意见，之后在内蒙古自治区莫旗等地进行了试教。1956 年 12 月，呼和浩特召开的达斡尔语文工作会议宣布采用并推行斯拉夫字母的达斡尔文字，并成立达斡尔语文工作委员会，乌珠尔同志起草了《达斡尔文正字法》。

1958 年内蒙古莫旗建旗后，语言使用情况发生了较大变化。20 世纪五六十年代，中国科学院等对全国少数民族语言进行了大规模普查，调查资料显示，当时全国达斡尔族总人口约有八万，主要居住在莫旗，达斡尔族多数能以本民族语言作为交际工具。此后，达、汉两个民族的关系越来越密切，达汉语言之间的借用现象日渐增多，日常交际中，大多数达斡尔族

仍以本民族语作为成员内部和区域性的交际语，但也有不少达
斡尔人学会了汉语汉文。根据 1985 年达斡尔语言文字调查数
据显示，当时达斡尔族中能说能懂汉语的人口约有 29140 名，
其中内蒙古地区约有 10800 人。①

改革开放初期，内蒙古达斡尔居住区已逐渐形成不同程度
的双语社区，例如，在交通不便、文化较落后的腾克乡，语言
交际主要以达斡尔语为主，汉语使用的范围较窄；在交通便
利，文化发达的尼尔基镇，语言交际以汉语为主，但 80% 以
上的人能操达、汉两种语言；在达斡尔族与鄂温克族杂居的杜
拉尔鄂温克民族乡，达斡尔族语言交际以达斡尔语、汉语、鄂
温克语三种语言为主；在额尔河、红彦、兴隆等汉族聚居的乡
镇及村屯，达斡尔族散居其中，语言交际以汉语为主，其子女
也多操汉语。

二　新中国成立初期鄂温克族语言生态

新中国建立后，党和国家把民族区域自治作为解决民族问
题的基本政策。1953 年前后，中共呼纳盟委多次调研了解
"索伦""通古斯""雅库特"鄂温克人的历史与现状。据调
查，当时呼纳盟境内索伦鄂温克人有近 4000 人，通古斯鄂温
克人 1000 多人，雅库特鄂温克人 100 多人。1957 年，呼伦贝

---

① 《达斡尔语言情况和文字问题》，第二次少数民族语言科学讨论会，北京，
1958 年 4 月，第 4 页。

尔盟民委扩大会议召集了索伦、通古斯、雅库特等方代表，认为索伦、通古斯、雅库特之间语言相同、经济和生活习惯相似、信仰相同、居住地域相邻，因此表达了将三者统一称为"鄂温克族"的愿望。

1958 年 3 月 5 日，内蒙古自治区人民委员会向全区发出《关于我区"索伦""通古斯""雅库特"统一改称鄂温克族的通知》，同意呼伦贝尔盟将"索伦""通古斯""雅库特"等称呼统一改称鄂温克族。1958 年 5 月 29 日，国务院正式批准撤销索伦旗建制，在其行政区域内设立鄂温克族自治旗，并规定居住在该区域外的鄂温克群众可以自愿迁入。1958 年 8 月 1 日鄂温克族自治旗正式成立。从 20 世纪 50 年代开始，党和政府还根据鄂温克族大分散、小聚居的分布特点，在内蒙古地区相继成立了 8 个鄂温克民族乡（见表 2 - 1），解决了我国鄂温克族人口较少并且分散的问题，充分实现了鄂温克族自己管理内部事务的自治权利。

表 2 - 1　20 世纪 50—80 年代内蒙古建立的 8 个鄂温克民族乡

民族乡名称	民族乡别称	建立时间
根河市敖鲁古雅鄂温克民族乡	奇乾鄂温克民族乡	1957
陈巴尔虎旗鄂温克苏木		1958
莫力达瓦达斡尔族自治旗杜拉尔鄂温克民族乡	杜拉尔索伦民族乡	1956
莫力达瓦达斡尔族自治旗巴彦鄂温克民族乡	巴彦索伦民族乡	1956

续　表

民族乡名称	民族乡别称	建立时间
阿荣旗查巴奇鄂温克民族乡	查巴奇索伦民族乡	1956
阿荣旗得力其尔鄂温克民族乡	得力其尔索伦民族乡	1956
阿荣旗音河达斡尔鄂温克民族乡		1956
扎兰屯市萨玛街鄂温克民族乡		1958

　　内蒙古鄂温克族自治旗和 8 个鄂温克民族乡的成立，从根本上改善了鄂温克族的人口数量和规模。1949—1976 年内蒙古鄂温克族人口呈显著上升趋势。1953—1958 年，鄂温克族人口累计净增 251 人，平均每年净增约 50 人；鄂温克族自治旗成立后的 10 年间，鄂温克族人口累计净增加 1720 人，平均每年净增 172 人，年平均增长率高达 5.08%。在鄂伦春自治旗境内的鄂温克族，1950 年只有 1 人，1951 年建旗时，一批鄂温克族干部为了帮助鄂伦春族建设社会主义来到鄂伦春自治旗，到 1953 年鄂伦春自治旗的鄂温克人口增至 535 人，1964 年为 543 人，占全盟鄂温克族人口 6.13%，鄂伦春自治旗因此成为呼伦贝尔鄂温克族人口分布的主要旗县之一。

　　新中国成立后，鄂温克族的民族经济和文教卫生等各项事业得到迅速发展，鄂温克族聚居区的城镇和矿区人口从无到有。1970 年大雁煤矿、1976 年伊敏矿区开发建设后，使当地的汉族、蒙古族、达斡尔族人数猛增。鄂温克族同其他民族之间和谐的民族关系也进一步促进了鄂温克族与其他民族之间的语言交流。例如，1956 年锡尼河苏木组建了一个名为"布勒赫莫德松""浩列松"的民族团结合作社，该社由 19 户鄂温克族、4 户蒙古族和汉族构成，"布勒赫莫德松"是蒙古语，"浩列松"是鄂温克语，二者都是"团结和睦"的意思，从这个民族团结社的命名可以看到，20 世纪 50 年代鄂温克族自治旗多民族和谐相处的局面。

据 20 世纪 50 年代我国开展的少数民族语言调查结果来看，新中国成立初期，内蒙古地区鄂温克语的使用情况较为理想，本族人绝大多数都能使用本民族语言进行交流。由于新中国成立后鄂温克族与其毗邻而居的其他民族交流增多，语言兼用的现象也十分普遍，在鄂温克族自治旗、陈巴尔虎旗的鄂温克人，除使用鄂温克语外，还使用蒙古语；莫旗的鄂温克人兼用达斡尔语；其他地区的鄂温克人兼用汉语。鄂温克族自治旗境内的小学、中学有的使用蒙古语教学，有的使用汉语教学。①

尤其值得关注的，是敖鲁古雅鄂温克族语言生态的变迁。新中国成立后，敖鲁古雅鄂温克人由原始公社父系氏族社会末期跃进现代社会，从原始蒙昧走向了现代文明。党和政府为敖鲁古雅鄂温克人实施的两次定居，使当地语言生态环境发生了翻天覆地的变化。新中国成立初期，敖鲁古雅鄂温克族这支微型群体的生存现状引起党和国家的关注，尽早结束以狩猎为主

---

① 胡增益、朝克：《鄂温克语简志》，民族出版社 1986 年版，第 2 页。

的生产方式、实现"定居"成为当时党和国家的一项重要举措。敖鲁古雅鄂温克人的第一次定居发生在 20 世纪 50 年代。1957 年 2 月，奇乾鄂温克民族乡成立，第二年建立了鄂温克民族自治旗，至此，敖鲁古雅鄂温克人第一次享有管理本民族内部事务的权利。1965 年，受当时政治和经济因素影响，35 户猎民共 137 名敖鲁古雅鄂温克人由额尔古纳右旗奇乾屯迁至额尔古纳左旗敖鲁古雅，建立了敖鲁古雅鄂温克民族乡，完成了第二次定居。

党和政府帮扶下的两次定居使敖鲁古雅鄂温克人的生产生活条件、卫生医疗条件、文化教育环境等得到前所未有的提高，敖鲁古雅鄂温克族宏观语言生态发生了重大改变。例如，政府投入大量定居款，用于建设住房、开辟新猎场、更换旧枪支、实施免费医治、建立民族小学等，在此过程中，敖鲁古雅鄂温克人的人口基数逐步回升、人均经济收入得到大幅提高，氏族外通婚现象更加普遍，与其他民族尤其是华俄后裔的关系更加融洽。在与华俄后裔的经济交往中，俄语逐步成为两个群体的主要沟通桥梁；在日常生活领域，各"乌力楞"里也互相传授俄语，所以当时成年人中不会俄语的很少，中年人多数会俄文，能用俄文字母拼写。此外，俄语俄文还被广泛应用在敖鲁古雅鄂温克人的名字中，如"拉吉米""巴拉杰依""玛利亚""热妮"等都是第一、二代敖鲁古雅鄂温克人常用的名字。

在敖鲁古雅鄂温克人定居的过程中，汉语的渗透力和影响力也逐步增强，尤其是在敖鲁古雅鄂温克人定居老敖乡后，敖鲁古雅鄂温克人与汉族商人的互助交流机会增多，与汉族通婚的现象愈加普遍。据统计，1957—1988 年间，有 48 位敖鲁古雅鄂温克人同其他民族结婚，其中与汉族结婚的敖鲁古雅鄂温克人共 36 名，占通婚总数的 75%。① 此外，学校教育的兴起也改变了敖鲁古雅鄂温克族原有的语言生态格局。新中国成立前鄂温克人从来没有过学校，1953 年党和政府为鄂温克人设立了民族初级小学，一切费用都由国家负担。教师兼通汉语、俄语和鄂温克语，教学所用课本也是根据鄂温克人的意见确定的汉文课本，教学语言包括汉语、俄语和鄂温克语三种，其中汉语、俄语是主要教学语言，鄂温克语主要是通过年龄较大的学生翻译成汉语、俄语。学校建立后敖鲁古雅鄂温克学生语言学习成效十分显著，调查显示，不到一年的时间，敖鲁古雅鄂温克学生都学会了汉语。

三　新中国成立初期鄂伦春族语言生态

鄂伦春族从 1953 年开始下山定居，结束了原始游猎生活，其生产生活方式发生了根本性的改变。新中国成立初期鄂伦春族人口也停止下降，进入了稳定的"人口再生产补偿阶段"。1953—1990 年间，鄂伦春族人口总量持续上升，到 1990 年全

---

① 董联生：《敖鲁古雅鄂温克族猎民的人口变化及其现状》，《北方文物》1988 年第 2 期。

国鄂伦春民族人口总数达到 6965 人，人口绝对数增加了 4714 人。[①] 鄂伦春族定居前后，政府还帮助鄂伦春族发展教育。1947—1949 年，设立了"鄂伦春青年班"，先后有 100 多名鄂伦春人来速成班学习，他们有的升入中学，有的升入师范，还有的被送到中央民族学院深造。鄂伦春族青少年读了书，接受了汉语汉文化教育，开阔了视野，提高了认识，后期在鄂伦春民族事业中发挥了相当大的作用。

新中国成立后鄂伦春族的定居是现代鄂伦春人规模最大的一次迁移。这次人口迁移基本完成了散居型向固定聚居型的过渡。由于鄂伦春族与汉族人口杂居，而且汉族人口比重占绝对优势，这使鄂伦春族居住区的交流用语从通用鄂伦春语变成鄂汉双语，甚至出现了转用汉语的现象。例如，1951 年鄂伦春自治旗成立时，全旗共有 774 人，其中 771 人是鄂伦春族，本民族人口比例高达 99.6%，鄂伦春语是当时的通用语言。但 20 世纪 50 年代至 70 年代这 20 年间，鄂伦春自治旗迁入的汉族移民比鄂伦春族人口多了 20 倍，再加上鄂伦春族没有自己的民族文字，儿童上学都到汉语学校，汉语很快成为鄂伦春族居住区的主要交际用语。因此，新中国成立初期年龄在 50 岁以上的鄂伦春族老人，他们日常交际主要使用鄂伦春语，青年人大都兼用汉语和鄂伦春语，而鄂伦春族儿童基本都转用汉语。

---

① 林盛中：《鄂伦春民族人口新论》，黑龙江人民出版社 1993 年版，第 23 页。

四 新中国成立初期俄罗斯族语言生态

新中国成立初期，额尔古纳地区的人口构成主要由俄罗斯移民、华俄后裔和汉族组成，其中俄罗斯移民人数最多，其次为华俄后裔，人口最少的是汉族。据统计，当时额尔古纳右旗的俄罗斯移民近万人，占该旗总人口的79%。在俄罗斯族的家庭中，俄语是主要家庭用语。

20世纪50年代后，政治因素对额尔古纳地区语言生态产生了巨大影响。中苏关系的恶化和"文化大革命"的爆发，促使额尔古纳俄罗斯人大批回迁，该地人口构成和语言生态随之发生巨大变化。1954—1959年间，共有8000多名俄罗斯移民离开中国，到1964年，额尔古纳右旗只剩下俄罗斯移民1户5人，额尔古纳地区南部的四十余个俄侨村庄几乎是在一夜之间变为了空村。从人口变化来看，俄侨的大批迁离使华俄后裔成为这一时期额尔古纳地区的主体人群。1955年后，额尔古纳地区的村落分布格局也有一些变化，一些俄罗斯族聚居的村庄被撤销，村民被迁往向阳村、恩和村和室韦村，这三个村落成为当时俄罗斯族聚居的主要村庄。此后，国家新组建的正阳村、朝阳村等也成为俄罗斯族聚居的村庄。至此，额尔古纳地区的村镇结构基本形成。与此同时，政府将大批汉族和回族移民从山东、内蒙古昭乌达盟等地迁入额尔古纳地区，额尔古纳地区历史上缺少汉族的村庄局面被打破，额尔古纳地区人口构成形成新的格局，汉族上升为额尔古纳地区的主体民族，华俄后裔人口数量次之。从这一时期开始，西伯利亚俄语方言和汉语开始了高强度的密切接触。

中苏关系恶化极大地影响了额尔古纳地区的语言生态，俄语的使用范围和交际功能大大缩小，俄语的通用语地位也发生动摇。随后在中华人地发生的"文化大革命"，给额尔古纳俄罗斯族语言生活带来了毁灭性的破坏。在这场运动中，很多俄罗斯族长期遭受歧视和打击，售卖俄文书籍的外文书店被迫关闭，图书馆中的俄文书籍被束之高阁或被焚毁，连俄罗斯族家中的俄语唱片和带有俄罗斯色彩的艺术品都难以幸免，一些俄罗斯族不敢公开讲本民族的语言，不敢公开使用本民族的文字，甚至有人不得不隐瞒自己的俄罗斯姓名，在公开的场合下改用汉族形式的姓名，不少人还更改了族别。"文革"期间俄罗斯族的人数再次急剧减少，据"文化大革命"末期统计，全国俄罗斯族人数只有 600 余人，降到了近现代的最低点。"文革"期间，额尔古纳地区俄语被强迫禁止使用，俄罗斯族家庭和族内交际语由俄语变成汉语，俄罗斯族的母语保持因此遭受重创："文化大革命"后出生的人从小便失去了习得俄语的家庭语言环境，而已掌握俄语的青年人则因为长期脱离俄语使用环境，慢慢忘却了母语。此时，汉语成为家庭内部和村民之间交流的主要语言，一些原来不会说汉语的华俄后裔也不得不开始学习用汉语说话。

这一时期，额尔古纳地区的俄罗斯族对母语的认同感也发生了变化，很多人担心说俄语会给自己及家人带来厄运，再加上操俄语的人口因政治原因大量迁出，致使整个额尔古纳地区俄罗斯族语言生态处于严重恶化的境地。

第三节　新时期内蒙古人口较少民族语言生态

一　新时期内蒙古人口较少民族语言生态

（一）新时期达斡尔族语言生态

20世纪80年代，内蒙古达斡尔族中约90%以上的人仍能使用达斡尔语交际。1988年中国社会科学院民族研究所和加拿大魁北克拉瓦尔大学国际语言规划中心开展合作项目，调查结果显示，达斡尔族中操单语的人数为19367人，占总人口数的20.58%，操双语者的比例为70.28%，转用其他语言者的比例为9.14%。进入90年代，随着达斡尔母语使用者最集中的群体（40岁以上人群）的自然减员，内蒙古达斡尔语使用空间发生萎缩，尤其是城镇青少年中转用汉语的比例大幅增加，这一转变给达斡尔语的使用和发展带来了新的危机和新的问题。[1]

---

① 丁石庆：《莫旗达斡尔族语言发展趋势预测》，《中央民族大学学报》（哲学社会科学版）2008年第5期。

2000年至今，由于工业化和城市化的影响进一步加深，达斡尔语的使用情况出现了更大的危机，孙宏开《中国少数民族语言活力排序研究》一文指出，达斡尔语的语言活力处于第3等级，即活力降低、已经显露濒危特征的语言，具体表现在：掌握母语的单语人比例已经比较少，大多数人使用双语或多语；部分地区母语的代际传承已经出现问题。

（二）新时期鄂温克族语言生态

在世界范围内，满—通古斯语系通古斯语族现在保存最好的就是中国内蒙古的鄂温克族自治旗。据20世纪80年代中国社会科学院进行的中国少数民族语言使用情况的调查报告显示，鄂温克族中使用本民族语的人口有77.8%。① 这说明改革开放初期鄂温克人基本都是以鄂温克语为主要日常交流用语，但是随着鄂温克族老人的相继离世，使用鄂温克语的人逐渐减少，再加上新中国成立后至1990年间，因工作调动、升学、招工等原因移居鄂温克旗的汉族人口和蒙古族人口不断增多，内蒙古鄂温克族居住区域的人口构成和民族构成也发生变化。1978—1987年间，鄂温克族自治旗的汉族人口共增加22535人，到1990年末，鄂温克旗共有汉族人口80560人，占全旗总人口的62%。② 这使鄂温克族的人际交往范围扩大，语言交

---

① 朝克：《鄂温克母语是我们宝贵的财富》，乌热尔图：《述说鄂温克》，远方出版社1995年版，第390页。

② 包瑞斌：《鄂温克自治旗双语教育初探》，《民族教育研究》1995年第4期。

际环境更加复杂。

由于历史上的迁徙，居住地域辽阔分散，加之生产方式的不同，内蒙古地区的鄂温克语逐渐形成三种方言：①布特哈方言，又称"索伦鄂温克语"，主要分布在呼伦贝尔市鄂温克族自治旗、阿荣旗、扎兰屯市、莫旗和鄂伦春自治旗等地，使用人口占我国鄂温克人的90%左右。②通古斯方言，又称"通古斯鄂温克语"，使用人群主要分布在呼伦贝尔市陈巴尔虎旗鄂温克苏木、鄂温克旗锡尼河镇等地区，使用人口占我国鄂温克人的8%左右。③敖鲁古雅方言，又称"雅库特鄂温克语"，使用者居住于根河市敖鲁古雅鄂温克民族乡，使用人口占我国鄂温克人的1%左右。

20世纪90年代后，内蒙古鄂温克族居住区政治、经济、文化、教育事业又迈上了一个新台阶，当地宏观语言生态也发生了转变，鄂温克语的使用出现了明显的年龄断层现象。60岁以上熟知并经常使用鄂温克语的老人所剩无几，40—60岁的鄂温克人中只有不到一半会讲鄂温克语，多数人使用鄂、汉双语交流，而20—40岁之间的鄂温克人中会讲鄂温克语的不足10%，一些年轻人甚至已经完全转用汉语进行日常交流。

（三）新时期鄂伦春族语言生态

20世纪80年代，内蒙古鄂伦春族聚居区基本以鄂伦春语为主要交际用语，在猎民村，家庭内、村寨内完全用鄂伦春语交谈或讨论问题，有将近一半的青少年经常使用鄂伦春语，即使在散居区，鄂伦春族青少年也经常使用鄂伦春语交流，也有一部分人兼用汉语或兼用达斡尔语。

随着现代化进程的加快，族际通婚数量的增长，内蒙古鄂伦春语在二十多年的时间里，使用范围越来越小，绝大多数家庭内部长辈与后辈之间已不能用本民族语言进行日常会话，家庭语言环境这个最后的阵地也在失守，鄂伦春语代际传承基本中断；鄂伦春语的使用人口也呈大幅缩减的趋势，除少数鄂伦春族老人会说鄂伦春语外，绝大多数鄂伦春族青少年母语能力弱化，已经不会说鄂伦春语；早期的鄂伦春语单语人，已转变为鄂汉双语人，甚至大都成了汉语单语人，鄂伦春语成为典型的濒危语言。

鄂伦春族的现代学校教育在不断发展的同时，其民族传统文化教育也受到很大冲击。鄂伦春族是一个只有语言没有文字的民族，鄂伦春族青少年母语能力的削弱，使得鄂伦春族许多口耳相传的民族文化遗产得不到传承，民族文化陷入困境之中。

（四）新时期俄罗斯族语言生态

改革开放初期，内蒙古额尔古纳俄罗斯族聚居区经济发展迅速，尤其是 20 世纪 90 年代初，中俄边境贸易逐渐升温，俄罗斯族人对俄语的认同感逐渐提高，涉足商海的俄罗斯族或利用俄语优势或做生意或当翻译，有境外亲戚的俄罗斯族在与境外俄罗斯人的接触中，已生疏的俄语又慢慢恢复起来。同时，学校语言教育也加速了当地俄语的普及，1994年恩和俄罗斯族民族乡成立后兴办的牧场中学和恩和小学都曾开设过俄语课程。这一阶段，俄语在经济因素影响下交际地位逐渐上升，语言使用范围更加广泛，俄罗斯族学习和使用本族语的热情异常高涨，俄罗斯族聚居区形成了良好的语言生态环境。但时隔不久，中俄边境贸易降温、俄罗斯经济滑坡，国内对俄语人才的需求大幅下降，额尔古纳地区俄语再度成为被冷落的语言；在家庭内部，随着俄罗斯族老人的辞世，俄语在家庭内部的使用率也大大降低。这两方面原因严重阻碍了当地俄罗斯族年轻人对俄语的学习，很多俄罗斯族青年认识到，掌握汉语是保证学习、工作和生活正常进行的必备条件。

21 世纪初，额尔古纳地区俄语的使用人数和使用功能均呈明显衰退趋势，汉语逐步成为区域交际主要用语。据学者白萍对室韦、恩和、临江三个村屯"俄语掌握情况"的调查显示：俄罗斯族年轻人基本听不懂也不会说俄语，能听懂或说一些俄语的主要是老年人，九成以上被调查者的俄语水平处于文盲或半文盲状态。而在对俄语语言认同的调查中，大多数俄罗斯族对汉语的认可程度要远远高于俄语。

二　内蒙古人口较少民族语言生态现状

2014—2016 年我们对扎兰屯市、海拉尔区、根河市、莫旗（尼尔基镇、腾克镇、阿尔拉镇）、鄂温克族自治旗（南屯、辉苏木）、鄂伦春自治旗（阿里河、诺敏镇、多布库尔猎民村）、额尔古纳市（室韦、恩和、朝阳、正阳、七卡）等地的民族语言使用现状进行了调查。此次调查主要涉及"语言能力"和"语言态度"两部分。

（一）内蒙古人口较少民族语言能力调查

语言能力是指掌握语言符号系统、准确理解和表达的基本能力，是语言文字运用整体水平的体现。语言能力包括个人语言能力、族群语言能力和国家语言能力。个人语言能力的集合形成族群语言能力，族群语言能力的集合又彰显了国家语言能力。本次调查主要通过单语、双语、语言转用等口语能力和文字使用情况来分析内蒙古人口较少民族的语言能力。

1. 内蒙古人口较少民族母语能力情况调查

对达斡尔族母语水平的调查数据显示，达斡尔族的母语能力整体比较好，认为自己母语水平"非常精通""比较熟练""一般"的比例分别为 7.82%、24.7%、35.1%，"能听懂但不会说"的占 19.8%，"完全不会"的不足 13%。（见图 2 -1）

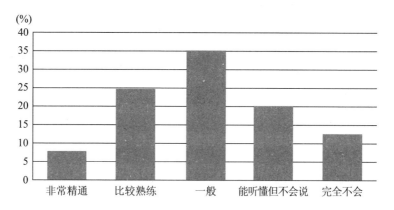

图2-1　内蒙古达斡尔族母语能力情况

内蒙古鄂温克族母语水平总体有衰变趋势。根据我们对内蒙古鄂温克族母语使用情况的调查，鄂温克语的使用出现了明显的年龄断层。对鄂温克语"非常精通"和"比较熟练"的鄂温克老人已所剩无几，40—60岁的鄂温克人中只有51.3%的人会讲鄂温克语，20—40岁之间的鄂温克人只有7.6%的人会讲鄂温克语。从地区分布来看，布特哈方言区的牧业鄂温克族，使用鄂温克语的人口较多，母语环境相对较好，当地鄂温克牧民也拥有较强的语言意识，大都可使用鄂温克语交流。在内蒙古莫旗、鄂伦春旗、根河市、阿荣旗、扎兰屯市等散杂居区，居住的主要是农区或林区的鄂温克族，他们的母语功能退化严重，基本都用汉语和达斡尔语进行交流。目前上述地区大多数鄂温克族青少年都不会说鄂温克语，鄂温克语正处于失传的境地。在根河市，随着地理环境、经济模式、社会文化系统发生变化，敖鲁古雅鄂温克民族乡民族语言传承受到严重挑战。

当地鄂温克年青一代已经不会说鄂温克语，40 岁以下人群基本汉化，能听懂鄂温克语的人极少；40—60 岁的人有一部分人能听懂但不会说鄂温克语，日常交流基本使用汉语；60 岁以上的人虽然能用本民族语言进行交流，但多数情况下使用汉语。这一地区汉语已经取代了鄂温克语，成为当地鄂温克人的第一交际语言。

内蒙古鄂伦春族掌握本民族语的人数仍在急剧减少，即使在鄂伦春族聚居的猎民村，鄂伦春语的保持也不容乐观。40 岁以下人群中完全不会鄂伦春语的人数占调查样本总数的 71.2%，其中 20 岁以下人群中完全不会鄂伦春语的占 65.25%，能够熟练使用鄂伦春语的比例只有 4%，青少年是未来的语言使用者，鄂伦春族青少年语言使用者的大量流失，凸显了鄂伦春语濒危的严重程度。对鄂伦春语"非常精通"和"比较熟练"的主要集中在 60 岁以上人群，占比高达 76.76%，只有一小部分人（18.82%）不会说鄂伦春语。20—40 岁的鄂伦春人中，能够熟练使用和不会说鄂伦春语的比例几乎各占一半，其中不会说的比例略高于熟练使用的比例。（见图 2 - 2）

调查中，我们采访了一对夫妻，他们双方都是鄂伦春族。

问：像你们这种夫妻双方都是鄂伦春族的比较少吧？

答：对，双方都是鄂伦春的很少，像我俩这种很少，父母都会鄂伦春语的更少。

问：你们俩在家说鄂伦春语吗？

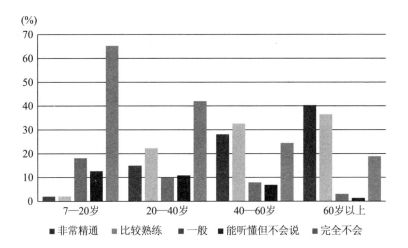

图 2－2　内蒙古鄂伦春族母语能力情况

答：不说。我们俩在家说汉语。

问：为什么不说呢？

答：我丈夫不会鄂伦春语。他就会说简单的，很简单的能听懂。

问：你以后让孩子学鄂伦春语吗？

答：我还是希望孩子学。我父母是鄂伦春族，我奶奶就不会说汉语。我父母都用鄂伦春语，我跟我父亲交流说鄂伦春语。我从小有好的语言环境。我希望我的孩子以后也学点鄂伦春语。

额尔古纳市俄罗斯族母语保持的情况不太理想，在对室韦、恩和、朝阳、正阳、七卡等地的调查显示，当地能够使用俄语进行交际的人不多，对俄语"非常精通""比较熟练"的俄罗斯族占样本总数的 24.75%，其中精通俄语的不到 10%。

不会俄语的占64.97%，其中完全不会俄语的比例最高，占样本总数的41.47%，能听懂但不会说的占23.5%。从年龄分布来看，对俄语"非常精通"的主要是60岁以上的老年人，这些俄罗斯族老人能熟练听说，但不识俄文。俄语"比较熟练""一般"的比例为26.73%，主要集中在40—60岁人群，这部分俄罗斯族大多是在家庭环境中习得俄语的，现在能够进行简单的日常对话，因没有接受过正规的俄语教学，他们大多不能读写。"能听懂但不会说"和"完全不会"，主要集中在40岁以下人群，他们大多使用汉语进行日常交际。（见图2-3）

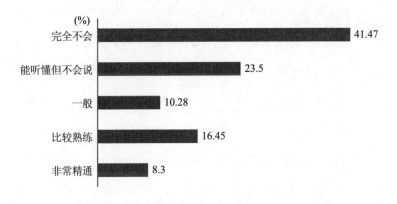

图2-3 内蒙古俄罗斯族母语能力情况

额尔古纳市俄罗斯族语言的活力日渐衰弱，大多数人已不会说俄语，能听懂的内容也十分有限。我们在访谈中也听到很多这样的评价。

访谈对象（一）：第四代俄罗斯族，女，42岁

问：您会说俄语吗？您的家人说俄语的情况如何？

答：我妈 60 多岁，会说俄语。我妈在姥姥家长大，我太姥姥不会说汉语，所以我姥姥不得不学俄语。我的父亲是俄罗斯族，俄语说得没有我妈好。我们从小学的都是汉语和英语。我们上学那会儿，在额尔古纳也有上俄语课的，但我当时在莫尔道嘎上学，这边没有俄语学校。我们的孩子现在没有机会学俄语了。我在家里不说俄语，父母也不要求学，日常生活我妈妈顺嘴说的，我能听懂点，稍微难点的听不懂。我有个妹妹，比我小三岁，跟我情况差不多。我挺想学俄语，我冬天想去满洲里上速成的俄语班，但冬天孩子没人管，所以一直没学成。有时候我跟着我妈说几句，感觉很好。村里 60 多岁的人都说得比较好，但到了四五十岁的人，俄语就不行了。我儿子跟着姥姥，姥姥说俄语，他还能听懂点。姥姥跟外孙说话，也是俄汉夹杂。

访谈对象（二）：第四代俄罗斯族，女，48 岁

问：您会说俄语吗？这里俄语使用情况怎么样？

答：我是和父母学了几句，日常用语会，没刻意学过。但孩子们都不会说，他们不想学。像我们这个年龄段的好多都不会说了，长得像俄罗斯人，但说不了。

2. 内蒙古人口较少民族单语、双语、转用情况调查

内蒙古人口较少民族母语单语人比例总体很低，通过"你认识身边只会说本民族语，不会说汉语和其他语言的人吗？"的调查可以看出，4 个人口较少民族中选择"几乎没有

或很少"的比例都超过 75%，其中俄罗斯族和鄂伦春族中认为本民族单语人很少或没有的比例高达 85% 以上，其次是鄂温克族（80.2%）和达斡尔族（76.9%）。从年龄分布看，被调查者普遍认为，内蒙古人口较少民族单语人多集中在 60 岁以上人群。

从双语和转用情况看，内蒙古人口较少民族中达斡尔族和鄂温克族几乎已是全民双语人，其中兼通本民族语和汉语的比例最高，也有部分兼通汉语和蒙古语的双语人。此外，4 个人口较少民族都有不同数量的语言转用人，其中鄂伦春族和俄罗斯族转用汉语的数量明显高于鄂温克族和达斡尔族。

内蒙古达斡尔族聚居区达斡尔语/汉语兼用型（64.3%）明显高于汉语/达斡尔语兼用型（27.1%），在杂居区达斡尔语/蒙古语兼用型、达斡尔语/鄂伦春语兼用型也占有一定比例。从居住情况看，居住在莫旗、布特哈旗、阿荣旗等地的达斡尔族，一般以达斡尔语/汉语兼用型为主；而在鄂温克族自治旗和陈巴尔虎旗的达斡尔族多是达斡尔语/蒙古语双语人，也有部分人属于达斡尔语/鄂温克语兼用型；从双语的年龄分布看，内蒙古达斡尔族双语人中，60 岁以上人群达斡尔语比较熟练，汉语水平一般；40—60 岁的达斡尔族达斡尔语和汉语都比较熟练，与达斡尔族交谈多使用达斡尔语，与汉族人交谈多使用汉语；20—40 岁的达斡尔人一般都使用汉语，达斡尔语只在个别场合使用，20 岁以下的年轻人从小接受汉语教育，汉语熟练，只能听懂达斡尔语日常对话，但不会说达斡尔语。转用汉语的人群主要集中在 20 岁以下的青少年。

鄂温克族双语情况较为复杂。我们对内蒙古呼伦贝尔地区鄂温克族双语使用情况的调查显示，聚居区和散杂居区的鄂温克族双语类型存在较大差异。内蒙古鄂温克族自治旗及陈巴尔虎旗等纯牧业区生活的鄂温克族以从事畜牧业为主，该区域的鄂温克族长期以来与蒙古族杂居共处，在此过程中鄂温克人自然而然地掌握了蒙古语，蒙古语成了仅次于鄂温克语的交流工具，因此，这里的鄂温克族大多兼通鄂温克语、蒙古语和汉语，儿童大都也可以用鄂温克语和蒙古语交流，语言环境相对稳定，这里的鄂温克族适龄儿童上学时也更愿意到用蒙古语文授课的中小学读书。莫旗、鄂伦春自治旗、根河市等农区或林区的散杂居鄂温克族人口，基本很少使用鄂温克语，大都用汉语或达斡尔语进行交流，这里的鄂温克族适龄儿童大多选择汉语汉文学校学习。在根河市敖鲁古雅鄂温克民族乡，鄂温克语/汉语兼用型双语人已经很少了，90% 以上的鄂温克人都使用汉语交流。

内蒙古鄂温克族的双语情况最复杂，为更深入了解鄂温克族双语使用情况，我们分别采访了索伦鄂温克人和敖鲁古雅鄂温克人，询问了当地的语言使用状况。

访谈对象（一）：呼伦贝尔学院蒙古学院院长斯仁巴图教授（索伦鄂温克人）

问：当地鄂温克族双语情况是怎样的？

答：索伦鄂温克人主要是在牧区，主要用蒙古语和鄂温克语，但现在汉语使用得也多了。我们小时候主要是鄂温克语和蒙古语，现在又用蒙古语、汉语，还学英语，鄂温克母语使用范围越来越小。鄂温克族自治旗还有部分达斡尔族，他们也用蒙古语授课，但是人不多。鄂温克族双语情况复杂，方言的区别也大。我们和通古斯鄂温克族基本上能沟通，但好多语音、词汇不太一样。我们索伦鄂温克语跟鄂伦春语比较接近，百分之八九十都一样。鄂伦春语现在是濒危语言，六七十岁以上的会，年轻的都不会了。鄂温克族自治旗的辉苏木和伊敏苏木的鄂温克人基本都兼通蒙古语，巴音查干苏木的鄂温克族基本都兼通达斡尔语，因为那里的达斡尔族人多。通古斯鄂温克人好多都被布里亚特人同化了，城镇的鄂温克族，比如呼伦贝尔市海拉尔区的鄂温克族基本是兼通汉语的比较多。

访谈对象（二）：敖鲁古雅鄂温克民族乡书记卜伶东

问：现在敖乡语言使用状况是怎样的？

答：现在会说鄂温克语大多是我们这个年龄段以上的人了，三十四五岁以上，剩下的语言都不行，猎民点有语言环境还行。语言传承现在面临困难，我们人少，语言环境少。根河市很重视语言传承，但再往上就没有政策了。孩子们学了语言没有用，学了本民族语言，高考不加分。我觉得人口较少民族语言灭失很正常，再有两代人基本就灭失了。我们这块有 200 多人，俄罗斯有 2 万多人，语言传承在中国面临很大困难。考大学都考英语，会本民族语言也加不了分。再说，只有在家里能说本民族话，出去了没有环境，语言的应用前景没有。我们觉得也有这种义务传承，乡里有民歌比赛、演讲比赛。小孩记忆好，看了能记住很多。现在小孩们学习语言积极性比较高，主要是有新奇感。但下一步还得政府出政策，否则还得面临消亡。

问：您从小就会说鄂温克语吗？

大：我的鄂温克语不太好，我能听懂点。我在敖乡长大，小学一年级到初中二年级在敖乡，后来在根河上学，汉语从小就会了。

访谈对象（三）：敖鲁古雅鄂温克民族乡村民

问：您会说鄂温克语吗？

答：会说，但不太多，能听懂不少。就能跟周围这点人说，和鄂温克族自治旗、陈巴尔虎旗的鄂温克语还不一样，对不上号。老人们越来越少，现在年轻人都汉化，我们上学都学的 a、o、e，我们是长着欧洲人的样貌，说着一口标准的东北普通话。

问：那您会说俄罗斯语吗？

答：我不会。我母亲会说，但不会写。她说的也就是日常用语。但我也不学，我鄂温克语都不怎么会用。我从小就接触汉语，和别人打交道也是汉语多。

内蒙古鄂伦春族双语人比例几乎占到调查样本总数的60%以上，其中汉语、鄂伦春语兼用型比例最高（72.3%），其次是鄂伦春语、汉语（20.4%），此外还有个别兼通达斡尔语、鄂温克语的鄂伦春族。从分布区域看，鄂伦春自治旗政府所在地阿里河镇的双语人以汉语、鄂伦春语兼用型为主，鄂伦春族聚居的多布库尔、木奎和希日特奇等猎民村鄂伦春语、汉语兼用型和汉语、鄂伦春语兼用型都有一定比例。鄂伦春族转用人口数是内蒙古人口较少民族中最多的。调查显示，不论是在城市化程度较高的阿里河镇，还是在交通不便利、城市化水平较低的猎民村，鄂伦春族男女老少都能说一口流利的汉语。鄂伦春族经济模式的转变、族际通婚的增多以及鄂伦春族对母语态度的转变导致转用汉语的比例大幅增加，一部分中年人已经从双语阶段向使用单一汉语过渡，鄂伦春族青少年则绝大多数已经成为汉语单语人。调查数据显示，鄂伦春族语言转用人群主要集中在 40 岁以下人口中，其中 20 岁以下的鄂伦春族转用汉语的比例高达 74.3%。如今鄂伦春族聚居区、散居区里，从幼儿园到中小学教学也都是用汉语汉文。

俄罗斯族双语人大量出现是在 20 世纪五六十年代，俄汉杂居的村屯环境营造了俄语、汉语双语的交际环境，但“文化大革命”后，俄语已基本不在公开场合使用，因此现在只有 60 岁以上的俄罗斯族老人和一小部分俄罗斯族中年人兼用汉语和俄罗斯语，绝大部分 40 岁以下的人已转用汉语。近年来，40 岁以下人群中又出现一小部分汉语、俄语双语人，他们甚至能够用俄语进行听说读写，这些人基本都是通过学校教育掌握俄语的，他们的文化程度相对较高，接受过专科以上教育。

（二）内蒙古人口较少民族语言态度调查

语言态度是影响语言使用的重要因素。本次调查涉及的调查内容包括语言在民族识别中的地位、对语言传承的态度和对文字创制的态度等。

为充分了解内蒙古人口较少民族对"语言地位"的认识，我们设计了"您认为本民族最主要的民族特征"一题，调查结果显示，内蒙古人口较少民族对民族特征的判断具有一致性，他们普遍认为"语言"是民族的重要标志（比例超过60%），其次是节日（比例超过20%），选择宗教和服饰等内容的比例不足10%。

有关本民族语言传承的调查涉及两个问题："本民族语目前处于何种状态"和"影响本民族语言传承的主要因素"。对本民族语目前状态的调查中，有近50%的人认为达斡尔语现在处于"弱化地位"，33.7%的人认为达斡尔语"保持状态一般"，认为"保持状态良好"的占10.4%，也有7.5%的人认为达斡尔语目前处于"濒危地位"；有近60%的人认为鄂温克语正处于"保持状态一般"和"弱化地位"，有超过20%的人认为鄂温克语目前处于"濒危地位"，只有不足20%认为"保持状态良好"；鄂伦春族中有近70%的人认为本民族目前处于"濒危地位"，20%的人认为鄂伦春语正处于"弱化地位"；有65%的俄罗斯族认为本民族语正处于"弱化地位"和"濒危地位"。在"影响本民族语言传承的主要因素"调查中，内蒙古 4 个人口较少民族被调查者普遍认为"民族语使用场合有限"是影响内蒙古人口较少民族语言传承的主要因素，其次是"家长缺乏语言保护意识""学校缺少民族语教师"和"政府缺乏鼓励政策"。此外，也有少数人认为"媒体语言冲击影响大"制约了本民族语言传承。（见图 2－4）

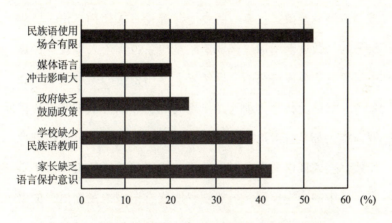

图 2－4　影响内蒙古人口较少民族语言传承的主要因素

语言态度的调查中，我们还针对达斡尔族、鄂温克族、鄂伦春族三个无文字民族，进行了"创制文字是否有利于本民族语传承"的调查。调查结果显示，被调查者大都认为有必要创制本民族文字，将近 67% 的人认为创制文字有利于本民族语言的传承和文化传承，另有 30% 左右的人认为没有必要或无所谓。

（三）内蒙古人口较少民族语言发展趋势

内蒙古人口较少民族母语的使用人数和使用范围都有所缩减，人口较少民族母语呈现不同程度的衰变。达斡尔族母语保持相对较好，但达斡尔族母语单语人比例越来越小，几乎所有达斡尔族都是双语或多语人，部分地区达斡尔语代际传承已经出现问题。鄂温克族母语在家庭和社区保持较好状态，因长期与汉族、蒙古族、达斡尔族杂居，大多数鄂温克人已成为双语或多语人。鄂伦春语从进入新时期开始就已出现语言濒危迹象，仅有一些中老年鄂伦春人使用母语，转用汉语的人数逐渐增加。俄罗斯族是内蒙古 4 个人口较少民族中母语衰变速度最快的，近年来，使用俄语的绝对人数正在减少，母语的代际传承已经出现问题，额尔古纳市第三代俄罗斯族大都具有俄语的听说能力，但到第四代、第五代俄罗斯族，会说俄语的人已经很少了，能听懂俄语的也仅限于日常对话中的个别单词，虽然俄罗斯族有记录本民族语言的书面文字，但因最早来到额尔古纳的俄侨不识字，额尔古纳当地的学校教育中未能长期开设俄语课程，这使得俄罗斯族转用汉语的人数大幅增加。

总之，对内蒙古人口较少民族母语能力的调查显示，内蒙古人口较少民族母语能力整体呈下降趋势，其中，俄罗斯族和鄂伦春族的母语衰微现象较为严重，其次是鄂温克族，达斡尔族母语保持相对较好，但使用人口也在逐渐减少。从年龄层次看，青少年群体基本丧失母语能力，"能听懂但不会说"和"完全不会"的主要集中在 25 岁以下人群，这样的趋势对语言保持非常不利。

（四）内蒙古人口较少民族语言发展趋势的成因

生态语言学认为，世界上任何语言系统都不是孤立的，每一种民族语言的生命都依靠其使用者和周遭环境而延续，语言、语言使用者和环境这三个元素共同构筑了某种语言的生态，语言使用群体的数量、语言社会政治地位的高低和语言所处自然与社会环境的优劣都会直接影响某种语言的生存空间。

首先，人口因素是影响内蒙古人口较少民族语言生态变化的重要因素之一，其中人口规模和人口的聚居方式对语言的影响尤为重要。使用民族语的人口减少是语言使用功能衰退最表面化、最明显的特征。目前，我国处于最严重濒危程度的语言都是语言使用人口规模较小的语言，如赫哲语、普标语大约有50余人使用、格曼登语大约有200多人使用、怒苏语大约有800多人使用、塔塔尔语使用人口不足1000人、木雅语大约有1500多人使用、基诺语大约有10000多人使用，这些语言都已面临消亡的危险。内蒙古人口较少民族中，鄂伦春族和俄罗斯族的人口规模都非常小，这两个民族语言的衰变速度最快，语言传承面临严重威胁。据内蒙古自治区2010年人口普查资料数据显示，呼伦贝尔市的鄂伦春族有3147人，俄罗斯族有4354人。语言是交际工具，语言的存在首先依赖于其使用者，内蒙古人口较少民族语言使用人口基数少，这必然导致民族语言在语言竞争中处于更加劣势的地位，这更进一步加速了这些语言的濒危速度。我们的调查结果也证实了这一点，只有3000多人的鄂伦春族，其语言已是典型的濒危语言；俄罗斯族的语言衰变速度则是4个人口较少民族中最快的，这与鄂伦春族、俄罗斯族人口规模小有直接关系。

其次，"聚居"还是杂居，对人口较少民族语言保持具有重要影响。语言环境能够制约语言的发展，引起语言生态变化。使用一种语言的族群如果聚居，即使族群人数不多，也可能会长期保存着自己民族的语言，但是当这种聚居环境受到破坏，强势语言的使用人口大幅增加，原住族群使用语言的生态环境就会被逐步改变，民族语言使用社会功能会退化，特别是青少年从小就学习强势语言文字，那么民族语言就会融于强势语言之中。以内蒙古莫旗达斡尔族为例，莫旗一部分达斡尔族母语能够保持，很大程度上取决于当地达斡尔族的聚居环境。然而近年来，随着西部大开发、莫旗尼尔基水利枢纽工程等项目的实施，大批汉族和其他少数民族人口进入莫旗，人口流动使莫旗当地各民族语言接触空前频繁，这使达斡尔语功能发生萎缩、使用范围缩小。莫旗政府所在地尼尔基镇是达斡尔族人口集中的地区，也是莫旗城市化发展最为成熟的地区，该地区30岁以下年龄段的人语言转用比例比较高，即使在达斡尔族聚居村落，20岁以下人转用比例也达到了10%。可见，莫旗达斡尔语使用群体规模在逐渐萎缩。

最后，内蒙古人口较少民族高度城镇化，加速了语言间的融合。我国55个少数民族，由于各自的经济社会发展水平不同，城镇化的水平和推进速度差异较大，大多数少数民族总体上处于城镇化初期向中期过渡的阶段。从地域分布来看，2010年东北和内蒙古地区及若干西北地区的少数民族城镇化率比较高。内蒙古地区人口较少民族的城镇化率整体比较高，均超过我国少数民族人口平均城镇化率（32.84%），也超过全国平均水平（50.27%），属于高度城镇化的民族，其中俄罗斯族城镇化率（84.59%）居全国之首，其次是鄂伦春族（58.81%）、达斡尔族（57.58%）和鄂温克族（54.16%）。城镇化水平迅速提高的同时，人口较少民族自给自足、闭关自守的传统经济也逐渐消解，各地区各民族之间相互交往、相互依存的格局不断扩大，全社会使用更统一、更通用、更规范语言的需求更加强烈，因此国家通用语言文字的使用人口越来越多，使用频率越来越高，使用范围越来越广，这导致部分人口较少民族语言相对萎缩，我国的语言生态版图也因此开始改变。2012年《内蒙古自治区扶持人口较少民族发展"十二五"规划》出台，该规划对莫旗达斡尔族聚居区实行了一系列扶持政策。例如2012年莫旗启动9个项目，其中包括阿荣旗至莫旗的铁路项目、尼尔基通用机场项目、尼尔基水利枢纽下游内蒙古灌区项目等，总投资达40亿元。莫旗城市化进程加快，经济形态发生重大变化，当地语言生态也随之改变。目前莫旗达斡尔族选择汉语作为族际交际语的人数在逐年增加，达斡尔语、汉语双语型人群向汉语、达斡尔语双语型转变。此外，城市化进程中带来网络、媒体的普及，我国的官方语言——汉语的传播力度得到加强，莫旗达斡尔语功能逐渐减弱。2014年，莫旗广播人口覆盖率90.6%，电视人口覆盖率96.6%，固定电话用户2.1万户。广播、电视、网络等媒体把交流域更广的全国通用语带到了达斡尔族人群中，进一步削减了达斡尔语赖以生存的庇护所，汉语的强势地位继续强化，达斡尔语的使用不断受到限制。总之，随着莫旗城市化进程的加快，多元文化的交融、语言间的竞争更加频繁，这使莫旗达斡尔语使用环境受到挑战。城镇化进程加快，各民族之间的交往越来越广泛和频繁，对人们的语言观念和语言忠诚产生影响。如今，内蒙古人口较少民族中许多家长都认为，随着工业化、城镇化和市场化进程的不断加快，汉语汉文在升学、择业及日后的市场竞争中越来越重要，而少数民族语言文字的使用范围相对狭窄，他们更倾向于让孩子接受汉语教育，因此，汉语学校的学生人数逐年增多，而选择接受少数民族语言教育的人数逐年减少。在这种严峻的现实下，人口较少民族语言发展和传承形势更加严峻。

除上述因素外，内蒙古人口较少民族居住区语言生态格局的形成，还受到当地经济、教育、媒体、语言政策等因素的影响。我们将在接下来的三章对这一问题做进一步的讨论。

第三章

内蒙古区域经济发展与人口
较少民族语言生态

第一节　经济与语言

一　经济与语言的关系

早在 20 世纪 60 年代，美国学者指出语言具有经济学属性，包含价值、效用、费用和效益等经济特性，经济学研究开始转向语言领域，语言经济学这个新兴边缘交叉学科由此产生。语言经济学的产生为语言研究提供了新的视角。

经济活动与人类的生存与发展息息相关，语言是人类最重要的交际工具，是文化的重要载体。经济与语言是社会发展的重要因素，二者共生互动，相辅相成。经济发展决定语言发展，语言发展又对经济发展产生反作用力。

（一）经济实力决定语言影响力

经济活动是贯穿人类社会发展的基础活动。资源的稀缺性是人类经济活动产生的主要原因，因此如何将资源合理分配，更经济有效地使用资源以满足人们的各种需要成为人类经济活动的主要内容。简言之，人类经济活动的目标是对世界稀缺资源最优或最有效的使用。人类的经济活动极大地改造了自然，同时也推动世界生产力向前发展，而不同语言经济体之间的经济交流，除大幅提高了语言经济体自身的生产力外，还密切了各语言经济体之间的交流和融合，为不同语言经济体之间的交流和相互学习创造了更有利的条件。不同语言经济体之间经济活动的相互促进，必然会推动某种语言传播范围扩大，推动语言更快地传播，但何种语言会成为贸易活动中的主流语言，则主要取决于使用该语言经济体的整体经济实力和经济影响力。经济发展水平存在地域的差异，不同地域的经济发展水平影响着该地域语言使用功能的强弱。经济发达地区的语言或方言由于使用人口多，使用场合广，成为强势语言或方言；经济欠发达地区的语言或方言由于使用人口下降，使用范围缩小，成为弱势语言或方言。经济实力雄厚的国家或地区的语言，其语言市场价值和影响力较大；反之，经济实力较弱的语言经济体其语言影响力较小。总之，使用某种语言的国家或地区的经济实力的高低决定了该语言的影响力。

（二）经济交流改变语言系统

经济贸易活动是文化交流的重要途径之一，经济交流必然伴随着语言文化之间的交流。不同语言经济体进行贸易活动时，不仅通过经济活动将商品的经济价值进行交换，还将蕴含其中的丰富文化内容加以交流。语言和语言的碰撞与融合是文化交往的重要组成部分，当不同语言经济体间的交往变得更频繁、更迅速时，语言间的借用和吸收就成为必然。从语言自身发展来看，引起语言变化的决定因素是语言结构各要素之间的矛盾，但经济交流无疑是推动语言系统发生变化的重要外力之一。不同语言中外来语的出现就是原有语言系统经济、政治和文化交流的产物。此外，经济发展还会导致不同语言经济体间出现语言趋同的现象。在经济贸易活动中，属于不同语言经济体的个人为了降低交易成本常使用大语种语言进行交易，从而导致说本族语言的人数逐渐减少，语言趋同现象的出现是不同语言经济体间互动和交流的结果。

（三）经济水平影响语言权利

语言是民族的重要标志，语言是民族最有力的维系物。各族人民都有保存和使用本族语言的权利，也有享受语言学习和语言教育的权利，还有获得语言服务的权利。每个民族都有使用自己民族语言的权利，这是写入宪法的语言政策。但在现实生活中，语言权利的落实受到经济因素的影响，经济实力较低的一些民族，其语言使用者放弃了自己的民族语言，选择学习经济价值更高和发展前途更广的通用语言。简言之，民族经济发展状况是语言权利落实的前提条件，语言权利的放弃与否是以语言经济价值及其交际度为准绳的。

（四）语言水平反映区域经济状况

语言水平是经济的一面镜子，能够折射出不同语言经济体的经济发展水平。一般来说，语言发展水平高的地区，其地区经济发展水平就高，二者呈现出显著的同步性。如在我国凡是普通话、外语普及水平高的地方，其地区经济发展水平一般都比较高。实施双语教学的地区，双语教学的水平也显示了地区间经济水平的差异。一般来说，双语教学水平高的地区，其地区经济发展水平相对较高，反之亦然。在区域经济甚至世界经济一体化的当代社会，人类的交流和联系越来越密切，语言水平对区域经济行为的影响也越来越大，经济活动能否有效进行，很大程度上与地区经济活动主体参与者的言语行为能力密切相关。

（五）语言能力关涉经济收益

语言的社会价值表现在语言不仅会对经济社会发展产生积极的影响，也对语言使用者产生巨大的经济效益。从整体上看，语言能力的提高为经济的发展创造了有利条件，对经济发展的促进作用不可低估。从微观个体来看，语言能力是劳动力的重要构成要素，语言能力与经济收入密切相关。拥有多种语言能力往往能为语言使用者带来更好的工作岗位以及高收入、高社会地位及其他方面的优先权，使语言使用者在劳动力市场求职、单位升职等方面处于有利地位。徐大明指出："语言是生产力，在生产过程中语言可以是生产资料，也可以是生产工具，还可以是人力资本的一部分，员工的语言能力直接关系到企业的成本和收益。"[①] 简言之，语言能力既关涉个人社会经济地位，也关系企业收益。

二　语言的经济价值

语言的价值包括个人价值、社会价值、经济价值和文化价值等。语言是人类重要的文化资源，也是重要的经济资源。随着经济的飞速发展，语言与经济的联系日益紧密，语言在经济生活中的作用也越来越大。语言不仅为经济发展服务，而且语言本身也具有经济价值。美国经济学家马尔萨克认为，语言具有与其他资源类物质一样的经济特性，语言的经济价值主要取决于该语言在不同市场上的使用程度，包括在劳务市场上是否急需，在私人和公共消费市场上的应用多寡，在人际交往中是否常用等。语言的经济价值还体现在对语言资源的开发和利用上，商品化和产业化可以直接或间接地创造经济效益。随着全球化的进一步推进，语言的经济作用和价值更加凸显。

---

① 徐大明：《试论宽松的语言政策》，李向玉主编：《澳门语言文化研究(2011)》，澳门理工学院 2012 年版，第 367—377 页。

第二节　内蒙古人口较少民族经济发展概况

一　达斡尔族经济

达斡尔族传统的生产方式主要以采集和渔猎为主，后来逐渐发展为农、猎、牧、渔业并举，兼营伐木、放排、烧炭、手工业等多种经济。早在 17 世纪，定居在村落中的达斡尔人已经开始从事农业，种植五谷，栽培各种菜蔬。早期达斡尔族经济生活中猎业也占有重要地位，紫貂等细毛皮张是达斡尔人对外交换的主要产品。曾有人很形象地形容达斡尔族的经济生活是"朝猎，午农，夕渔，圈养畜"。早期的达斡尔人主要过着自给自足的自然经济生活。

新中国成立后，内蒙古达斡尔族农、牧、工、商等各业经济均呈现出良好的发展态势，产业结构日趋合理，人民生活水平不断提高。畜牧业是内蒙古达斡尔人的传统产业之一，有着悠久的历史，从 17 世纪开始已有一定的规模。新中国成立前，内蒙古达斡尔人借助地理优势和民族传统，重点饲养牛、马等牲畜。新中国成立后，党和政府把发展畜牧业作为产业结构调整的突破口，通过政策引导和经济支持，大力发展当地畜牧业。但由于当时起点低、底子薄，畜牧养殖规模小、数量少。

从 20 世纪 50 年代开始，畜牧业在莫旗生产生活中所占的比重增大，牲畜数量大幅增加，从最初的几万头发展到 20 多万头。2002 年，全旗畜牧业发展实现了超常规、跨越式发展，牲畜头数由上一年同期的 20.99 万头，发展到了 40.09 万头，增长速度高达 91%，牲畜总量达到历史最高水平，增长速度是全自治区最快的旗（县）之一。[①]

进入 21 世纪，达斡尔族的生产组织形式更加灵活，农业生产也取得突飞猛进的发展。据统计，1978 年莫旗粮食产量突破亿斤，到 2005 年全旗粮食总产量达到 16.3 亿斤。[②] 此外，莫旗还对当地种植业结构进行调整，增加大豆种植面积，大豆产量明显提升，占内蒙古自治区总产量的 1/3，县级排名全国第一，因此享有"大豆之乡"的美誉。

农田水利设施建设也是内蒙古达斡尔族经济生活的重要内容之一。水利建设是农业发展的助推器，早在 20 世纪 50 年代，莫旗政府就开始带领人民兴修江河堤防、水库等水利工程，先后兴建了阿兴灌区、新发水库、团结灌区、汉古尔河灌区及汉古尔河百里防洪大堤和尼尔基嫩江防洪大堤等重点水利工程。尤其是 2001 年兴建的尼尔基水利枢纽工程，具有防洪、灌溉等多重功能，对莫旗达斡尔族农业发展起到重要支撑作用。

---

① 那顺宝、铁林嘎主编：《达斡尔族百年实录》上册，中国文史出版社 2008 年版，第 59 页。

② 《达斡尔族简史》编写组、《达斡尔族简史》修订本编写组编：《达斡尔族简史》，民族出版社 2008 年版，第 139 页。

"十二五"时期，内蒙古莫旗达斡尔族的经济发展迅速，开创了新局面。莫旗生产总值完成116亿元，是2010年的1.72倍；农村常住居民人均可支配收入完成8161元，是2010年的1.28倍，全旗214个行政村完成了"十个全覆盖"工程，民众生活水平不断提高。第三产业蓬勃发展，旅游业活力逐渐增强。2012年旅游收入3.8亿元，接待游客53万人次。2014年旅游收入5.6亿元，旅游人次73.3万人，分别增长19%和10%。2015年旅游总收入6.49亿元，是2010年的2.1倍，年均增长15.9%。2016年旅游收入预计达到7.5亿元，同比增长16%，旅游总人数预计达87.12万人次，同比增长10%，旗旅游局获评"全国旅游系统先进集体"。[①]

二　鄂温克族经济

内蒙古不同地区的鄂温克族所从事的生产方式及所处的自然环境不同，因此，把内蒙古境内的鄂温克族分为牧业鄂温克族、农业鄂温克族和狩猎鄂温克族。牧业鄂温克族是指居住在呼伦贝尔市鄂温克族自治旗和陈巴尔虎旗从事畜牧业生产的鄂温克族；农业鄂温克族是指居住在呼伦贝尔市莫旗、阿荣旗、扎兰屯市等地的鄂温克族；狩猎鄂温克族是指居住在根河市敖鲁古雅鄂温克民族乡的鄂温克

---

① 数据来源：莫力达瓦达斡尔族自治旗2016年政府工作报告。

族，史称"使鹿部"。

　　传统的牧业经济很大程度上依赖于自然界，生产力低下，牧业鄂温克人的社会经济单位以小家庭为主，这些小家庭又以"尼莫尔"（"尼莫尔"是以血缘关心为中心建构的经济互助体）的形式联系在一起，一个"尼莫尔"多则十几户，少则三四户，结合时间有长有短。这种经济互助形式后来由于交换的发展和资本主义因素的侵入，演化为雇佣关系。农业鄂温克族早期从事猎业、农业、牧业和渔业。新中国成立前，由于各地区自然条件不同，农业发展的水平也不平衡，居住在扎兰屯市、阿荣旗及莫旗靠山区的鄂温克人由于处于山谷地区，一直过着半猎半农的经济生活。狩猎鄂温克人从 18 世纪初，逐渐迁到现在居住地额尔古纳河东岸，一直过着游猎生活，他们主要饲养驯鹿，直到新中国成立前狩猎鄂温克族整个社会还处于原始社会末期。但清朝至民国时期，狩猎鄂温克人用猎物换取生活用品，与乌启罗夫村的俄罗斯"安达克"的商品交易异常活跃。

　　新中国成立初期，鄂温克农牧民在全国合作化大潮的推动下走上合作化道路，鄂温克猎民在党和政府帮助下大力发展狩猎生产，开辟新猎场，狩猎业的生产力水平和生产效率迅速提高。改革开放后，家庭联产承包责任制的实施大大提高了鄂温克人的生产积极性，鄂温克族的经济不断发展，人民生活水平不断提高。鄂温克族牧民、农民、猎民不仅解决了温饱问题，还逐步走向繁荣富裕的小康生活道路。2000 年西部大开发政策实施后，鄂温克族经济实力迈上新台阶。以敖鲁古雅鄂温克族猎民为例，2003 年鄂温克族猎民彻底改变传统的生产生活方式，进行了生态搬迁，过上了现代化的城镇生活。"十二五"时期，鄂温克族的综合经济实力显著增强。2015 年鄂温克族自治旗地区生产总值达到 112 亿元，创历史最好水平；城镇和牧区常住人口人均收入达到 25200 元和 17646 元，年均增长 12.7% 和 14.2%，人民生活水平得到极大提升。①

三　鄂伦春族经济

新中国成立以前，内蒙古地区的鄂伦春族主要从事猎业生产，过着游猎生活。17 世纪中叶前，鄂伦春人还处于家庭公社时期，过着自给自足的自然经济生活，生产劳动都以集体为单位进行，依靠共同劳动获得生活必需品和生产需要的工具。家庭公社时期，狩猎是鄂伦春人最重要的生产活动，生活资料的来源取之于狩猎，但狩猎经济极不稳定，因此鄂伦春人也从事捕鱼、采集和手工业等。19 世纪末实施的"弃猎归农"政策，其目的是防范沙俄入侵和巩固边疆，但客观上推动了鄂伦春族农业经济的发展。此后，安达克商人来到鄂伦春猎区，鄂伦春人用各种贵重皮张和鹿茸、熊胆、麝香等药材与他们交换生产和生活用品。至此，鄂伦春人自给自足的狩猎经济开始向

---

① 数据来源：鄂温克族自治旗 2016 年政府工作报告。

商品经济发展。

新中国成立后，鄂伦春族逐渐由单一的狩猎经济向多种经济类型过渡。1951 年鄂伦春自治旗成立，鄂伦春族猎民实现了定居；1954 年政府制定了"以猎为主，通过定居，逐步开展多种经营"的方针，建立猎业生产合作社，带领鄂伦春猎民走上了集体生产的道路，原本不稳定的狩猎经济被改造成社会主义经济。20 世纪五六十年代，猎区生产从单一的狩猎走向多样化，以猎为主，农业、副业、养鹿为辅的经济形态基本形成。20 世纪八九十年代，鄂伦春族的经济类型进一步增多，除狩猎、农业、牧业、林业、乡镇企业外，还包括新兴的畜力运输、餐饮服务等。1996 年内蒙古鄂伦春自治旗宣布实施"禁猎"，至此，鄂伦春族狩猎经济从鄂伦春族经济类型中彻底隐退。

西部大开发政策和"十二五"规划实施后，内蒙古鄂伦春族综合经济实力得到大幅提升。以鄂伦春自治旗为例，全旗 2015 年地区生产总值达到 66.8 亿元，城镇和农村常住居民人均可支配收入分别达到 20421 元和 7478 元，比 2010 年分别增加 8185 元和 3236 元。文化旅游业呈现快速发展态势，"十二五"期间鄂伦春自治旗共接待游客 54.7 万人次，旅游收入 4.4 亿元，分别是 2010 年的 2.9 倍和 3 倍。鄂伦春猎民观念发生了转变，自我发展能力明显增强。①

---

① 数据来源：鄂伦春自治旗 2016 年政府工作报告。

四 俄罗斯族经济

额尔古纳地区俄罗斯族传统的经济形式以农业和畜牧业为主。俄罗斯族聚居的恩和、室韦等地人口稀少，土地辽阔，可开垦的荒地相当多，但当地的农业生产历史较短。直到 1712 年，清政府在额尔古纳河流域设置卡伦（哨所）以保卫边防，同时规定士兵开垦荒地，以解决驻防官兵的粮饷。至此，室韦地区才出现了种植业。清朝末年，返回中国定居的华侨以及俄罗斯人来到额尔古纳，带回了一些先进的农业生产工具，在此开垦种地，饲养牲畜，过着一种自给自足的生活。但这一时期进入额尔古纳地区的居民大多从事淘金和商业活动，极少从事农业生产。20 世纪 50 年代之前，额尔古纳地区俄罗斯族的经济是一种自给自足的小农经济，经济发展缓慢。新中国成立后，封建的土地私有制度被废除，以国有经济为主体的农村基本经济制度，使当地的经济有了较大的发展。1953 年在中共中央《关于发展农业生产合作社的决定》精神的鼓舞下，室韦、恩和等地加快了合作化的进程。党的十一届三中全会以后，额尔古纳地区实行联产承包责任制和家庭承包责任制，使劳动生产率大幅提高，农牧民收入增加。进入 21 世纪，额尔古纳地方政府根据当地经济发展的趋势和俄罗斯族的实际情况，制定了新的发展蓝图。

畜牧业也是额尔古纳地区俄罗斯族的主要经济形式之一。

新中国成立以前，额尔古纳地区畜牧业生产完全靠天养畜，牲畜质量不高，生产性能低劣，畜牧业发展十分缓慢。当时的畜牧业经济以自给自足为主，很少用于商品交换。新中国成立以后，内蒙古自治区人民政府拨专款，重点发展畜牧业，这项政策惠及牧场的所有华俄后裔。在各级党委和政府的领导下，额尔古纳地区的畜牧业经济开始向前发展，如室韦国营牧场的牲畜存栏头数从 1958 年的不足 1000 头发展到 2002 年末 14000 余头，畜牧业总产值已达 500 多万元。

除农业和畜牧业外，额尔古纳地区的黄金采矿业和对外贸易也是当地经济的重要形式。19 世纪 80 年代后，室韦等地发现了丰富的金矿，俄罗斯人和一些中国流民闻风来到室韦开采黄金，当时主要以人工开采为主，工具简陋，效益很低。新中国成立以后，额尔古纳地区的金矿开采时停时开，20 世纪 80 年代以后，政府负责开采黄金，当地黄金开采业才进入稳定发展期。

额尔古纳市室韦与俄国隔河相望，两地老百姓的商品贸易往来一直比较频繁，新中国成立以后，随着中苏两国关系的日趋紧张，民间的贸易交往完全停止了。20 世纪 80 年代以后，随着对外开放政策的实行，中俄两国建立友好关系，额尔古纳地区的经济贸易活动又开始活跃。额尔古纳的室韦口岸和黑山头口岸，早在清末就是边民互市的重要之地，商旅往来络绎不绝，十分兴隆。1991 年后，两个口岸正式对俄罗斯开放。室韦口岸是国家一类对外口岸，与俄罗斯赤塔州东北部九个市区相对，矿产资源十分丰富，黄金开采最为发达。黑山头口岸经过十多年的发展，已逐步形成了以进出口贸易为主，旅游服务业为辅的口岸经济发展模式。口岸经济迅速发展拉动了额尔古纳地方经济增长。

2010 年以来，额尔古纳地区的旅游业得到迅猛发展，旅游业带动就业创业、拉动经济增长的能力日益增强。"十二五"期间，额尔古纳地区加强旅游景区景点和基础设施建设，加大旅游品牌打造力度，形成了"生态、蒙源、俄俗、跨境"四大核心品牌，接待游客 1300 万人次，旅游收入 120 亿元，是"十一五"时期的 9.2 倍和 10.3 倍。额尔古纳地区的旅游业已经成为促进群众增收的富民产业。①

第三节　内蒙古区域经济发展与人口较少民族语言生态

语言的实际使用地位、使用频率、语言变化等都是在特定历史时期下的社会经济生活中体现出来的，与区域经济活动有着密切的联系。内蒙古人口较少民族语言生态的变化从某种程度上也可看作内蒙古人口较少民族经济发展过程的一种反映，是对区域经济活动的真实写照。

内蒙古人口较少民族居住区语言生态与当地少数民族经济

---

① 数据来源：额尔古纳市 2016 年政府工作报告。

生活和经济发展有着密切的关系，尤其是生产方式、旅游资源开发、经济型人口流动和商业贸易活动等因素是影响当地民族语言生态的主要因素。

一 生产方式与语言生态

内蒙古4个人口较少民族的生产生活方式各不相同。达斡尔族、鄂温克族、鄂伦春族大都居住在边远山区、牧区和林区。达斡尔族多以农业为主，兼营林牧业。鄂温克族自治旗内的鄂温克族多以牧业为主，莫旗、阿荣旗、扎兰屯市的鄂温克族现在主要从事半猎半农生产，生活在额尔古纳地区的敖鲁古雅鄂温克人以饲养驯鹿和狩猎生产为主。鄂伦春族改变了传统单一的狩猎生产经济形式，现在从事农、牧、林等多种经济形式。俄罗斯族除农业和畜牧业外，还从事黄金采矿业和对外贸易等经济活动。

经济形态的变化会对语言生态产生重要影响。例如，新中国成立初期，内蒙古4个人口较少民族基本都过着自给自足的自然经济生活，经济发展迟缓，再加上相对封闭的自然地理环境和聚居的居住方式，各民族母语保持态势良好。以内蒙古额尔古纳地区老一辈俄罗斯族和第一代华俄后裔为例，他们一直置身于相对封闭的人文地理环境中，与外界接触较少，语言系统较为稳定，当地俄语既未受到俄语方言的干扰，也未受到俄语标准语的影响，一直保持着俄国十月革命时的语言系统。再如，内蒙古以牧业为主要经济形式的鄂温克人，因牧区生产生活环境具有封闭性，语言交际受到地理环境这个天然屏障的保护，因此该地区鄂温克族母语保持相对较好。

鄂伦春自治旗是我国最早成立的少数民族自治旗。自1951年建旗以来，先后实现了社会形态、生活方式、生产方式的历史性跨越。自2008年以来，在国家扶持人口较少民族发展政策和自治区区域重点帮扶下，鄂伦春族经济发展步伐加快，生产生活水平不断改善，猎民生产收入逐年提高，猎区基础设施建设取得了前所未有的成效，猎民生产生活环境极大改善。鄂伦春自治旗实施全面禁猎以来，原有的生活方式、生产方式发生变化，随着经济社会的不断发展和现代文化的冲击，鄂伦春族文化与其他民族文化融合加速。鄂伦春族是一个有语言没有文字的民族，目前，语言等文化精髓处于濒危状态，一些依靠口头和行为传承的鄂伦春民族文化遗产不断消失，许多民族传统技艺濒临消亡，精通民族语言、了解历史文化和传统艺术的人才已为数不多，即使在民族语言使用最广泛的猎区，目前也只有200余人能够使用母语对话，而精通萨满民俗表演、能将口口相传的民族故事再现的仅10多人。总之，传统猎业的终止和现代经济的冲击，使鄂伦春族传统语言文化与其他民族文化不断融合，导致以狩猎文化为主要内涵的鄂伦春民族文化逐渐消亡。

稳定的生产生活方式，有利于语言文化的保持，与之相反，生产生活方式的改变必然给语言系统和语言使用带来冲击和影响。如内蒙古鄂温克族中，从事牧业生产的鄂温克人母语保持较为稳定，而从事农业生产的鄂温克人早期以狩猎、驯鹿和捕鱼为主，明末清初这部分鄂温克族的经济形态已经不是单一的狩猎经济，他们在与蒙古族牧民的接触交往中，学习了一些牧业知识，掌握了牧业生产技能，其经济类型从原始的狩猎经济过渡为蒙古游牧经济类型，因此从事农耕生产方式的鄂温克人很多都兼用蒙古语，有些甚至直接转用蒙古语。

二　旅游资源开发与语言生态

改革开放后，尤其是西部大开发战略实施以来，内蒙古人口较少民族居住地区的经济增长增速明显，形成了具有人口较少民族特色的优势产业，其中旅游业带动就业创业、拉动经济增长的能力日益增强，成为促进群众增收的富民产业，旅游资源的开发促进了地区产业结构的调整，增加了民族地区人民的收入。2015 年莫旗的旅游总收入 6.49 亿元，旅游人次 79.2 万人，是 2010 年的 2 倍，年均增长 14.9%。《莫旗旅游总体规划》编制完成，"中国萨满文化之乡"顺利获批。"十二五"期间，鄂温克族自治旗旅游业累计接待游客 226 万人次，实现旅游总收入 26.7 亿元；被誉为"中国最美生态文化旅游胜地"的鄂伦春自治旗五年间接待游客 54.7 万人次，实现旅游收入 4.4 亿元，分别是 2010 年的 2.9 倍和 3 倍。①

---

① 数据来源：莫力达瓦达斡尔族自治旗、鄂温克族自治旗、鄂伦春自治旗、2016 年政府工作报告。

旅游经济的崛起和旅游资源的开发给内蒙古人口较少民族居住区语言生态带来冲击。旅游资源包括自然旅游资源和人文旅游资源，民族语言属于人文旅游资源，是可消费的旅游产品。旅游管理专家格拉本曾指出，想让一个旅游者变成一个夏威夷人只需三步：第一步，给旅游者穿上夏威夷人的衣服；第二步，教旅游者说夏威夷方言；第三步，让旅游者扮演夏威夷人。内蒙古人口较少民族在大力开发当地自然旅游资源的同时，也充分认识到民族语言在旅游经济中的价值。例如，根河市敖鲁古雅鄂温克民族旅游业带动了敖鲁古雅鄂温克人学习民族语言的热情。随着敖鲁古雅鄂温克民族乡旅游业的兴起，大批国内外游客为感受"驯鹿之乡"的美景和"中国最后的使鹿部落"文化而来，敖鲁古雅鄂温克人的收入不断增加，猎民生活发生了可喜变化。当地政府在全力打造敖鲁古雅鄂温克民族特色旅游文化的过程中，很多当地民众自发地学习起鄂温克语敖鲁古雅方言，包括基本对话、民歌等多种形式。将敖鲁古雅方言融入旅游经济开发中，不仅提高了当地民众的经济效益，一定程度上也起到传承鄂温克族语言文化的作用。

访谈对象（一）：根河市民族宗教事务局负责人（敖鲁古雅鄂温克人）

问：您在家里说鄂温克语吗？

答：家里说汉语。孩子们说的也都是汉语。

问：您的孩子们会说鄂温克语吗？

答：能听懂，但有的只能听懂几句，交流基本还是用汉语。有老人的家庭，基本上用鄂温克语。比如说，我要是碰到敖鲁古雅鄂温克人，只要他会说鄂温克语，我就用鄂温克语和他交流，不用汉语。

问：敖乡搞旅游，对语言使用有影响吗？

答：到这里以后，由于重视民族特色的旅游，语言这块反而有兴趣了。以前不会的，现在反而学上了，说上了，感到民族的东西非常宝贵了，有用了。尤其是搞旅游，你不会说几句，人家来看你什么？这是民族特色。我们搞一些比赛，他们也主动学习。根河市政府也非常重视，市委市政府每年都在打造敖鲁古雅品牌，旅游业发展特别快，生活水平提高很多。大家看到旅游是个很好的产业，要有民族特色，必须有民族语言，有民族习俗，因此一些人就开始学习语言了。

敖乡搞旅游业，通过民族风俗、歌舞表演促进了民族语言的传承。现在敖乡成立了民间演出队，他们唱的都是敖鲁古雅民歌，这样也有很大帮助。因为他们表演了以后还能挣到钱，这样的话，你会唱民族语言的、会说民族语言的，人家来了也想听一听，有市场，这样就激发了他们的兴趣。另外，每年组织一些民族语言演讲比赛，民歌演唱比赛，激发他们的兴趣。对自己民族的文化、语言有一种自豪感。会唱民歌的，民族情感也比较浓了。现在我们的孩子们在表演的时候都用民族语言，都会唱了，学歌学语言也快，简单的对话也都会说，是一种激励吧。但政策现在缺一些。

访谈对象（二）：敖鲁古雅鄂温克民族乡书记（敖鲁古雅鄂温克人）

问：旅游业的发展对语言文化传承有影响吗？

答：旅游业发展后，文化传承与它相辅相成。比如手工制品，来了旅客以后，他主要看你的民俗，看你唱个民族歌曲或做个民族手工艺品。我们举行过手工艺品比赛，做出来的手工艺品可以卖出去，卖出去就有效益，他就喜欢做。我们最开始搞手工艺品大赛时，他们做出来的产品我们都收购。做一个手工艺品有很多程序，但做完一遍小孩就基本掌握了技能，做起来不复杂。旅游业确实促进了民族文化的传承。早先在老敖乡，他们自己做民族服饰，节庆活动时都穿，有一种民族自豪感，一看咱们自己民族的东西，和别的地方有区别，有特色。

在额尔古纳室韦俄罗斯民族乡，旅游业的开发也引发了青年人学习俄语的热情。

访谈对象：室韦俄罗斯民族乡俄罗斯族村民

问：这些年旅游业发展起来后，咱们当地的俄罗斯族在语言使用上有什么变化吗？

答：这些年来室韦旅游的人特别多，来的客人都希望看到纯正俄罗斯歌舞表演，过去每次我们都是临时召集演员，比如找一些会拉手风琴、会唱俄语歌的老年人，现在年轻人看到旅游发展势头好，有的也开始跟着学点俄语，学唱俄语歌曲。

　　我们每年巴斯克节举办俄罗斯舞蹈和俄罗斯歌唱比赛，沿着额尔古纳一趟线，一个地方去一天，七天循环，带着人们唱俄罗斯歌曲。我四姨俄罗斯歌唱得特别好。到室韦会带来她们排练的节目，我们也出自己的节目。唱歌的基本是第二代、第三代俄罗斯族人。用汉语标上音，也得唱。我四姨俄语并不好，但她用汉语把俄语发音标下来。现在大多数年轻人不会说俄语，所以他们学唱俄语歌时很多人都用汉语标音。我们这儿进俄罗斯学会的要求最低是必须会唱几首俄罗斯歌。

从内蒙古人口较少民族居住地区整体语言生态来看，旅游业的快速发展，确实吸引了一部分少数民族开始学习本民族语言；但另一方面，外地游客大量涌入民族地区，使通用语的地位进一步加强，人口较少民族学习通用语的积极性更高。

三　经济型人口流动与语言生态

经济因素是人口流动的最基本动因，人口流动直接导致民族地区人口数量和民族居住格局发生改变，这些都会对民族语言生态形成影响，引发语言变动。例如，内蒙古俄罗斯族的形成，是19世纪末西伯利亚和远东地区大批俄罗斯移民人口变迁的结果，而当时人口迁移的主要原因是为了盗采黄金和开发挖矿。额尔古纳地区俄罗斯语的基本面貌也是由这批迁移人口决定的。

人口流动对民族语言的保持带来了一定的冲击，同时又丰富了民族语言。以鄂温克族为例。清朝乾隆年间，呼伦贝尔地区修建庙宇，大批汉人来到呼伦贝尔草原，其中有一部分京都汉商来经商，为驻屯的官兵和当地牧民服务。1902 年中东铁路通车后，汉族移民逐渐增多，当地工商业得到迅速发展。伪满洲国时期，汉族迁居来往更加密集，他们大都居住在辉河和伊敏河流域一带，从事手工业生产。这部分汉族在新中国成立后主要居住在鄂温克族自治旗巴彦托海镇、大雁镇、红花尔基镇和伊敏镇。可以说，从 16 世纪初至 20 世纪中叶，汉族人口大量迁移往呼伦贝尔地区，在政治、经济、文化等各方面都与鄂温克人都有了广泛交流，语言间的接触和交流越来越频繁，语言兼用现象普遍，出现大量鄂温克语、汉语双语人。在鄂温克族历史上，蒙古族、达斡尔族和俄罗斯族等邻近民族，都曾有大量人口融入鄂温克族居住区，语言的接触在店名标牌上有所体现。据记载，清朝呼伦贝尔岭西的京东汉商有八家，号称"八大家"，他们的经商点都有蒙古语字号，店员不仅都会蒙古语、鄂温克语和达斡尔语，还都有蒙古名字。从词汇系统来看，鄂温克语中吸收了一部分蒙古语、汉语、俄语的名词术语。

人口流动过程中，流动人口的数量对移入地区的语言生态具有决定性作用。如果外来的移民在人数上大大超过本地人数，且外来移民使用的语言具有优越的政治、经济、文化地位，那么外来移民所带来的语言就有可能取代本地的语言，成为该地区的族际交际语。反之，如果新来的移民在政治、经济、文化方面的地位不及本地原住民，且人口相对较少或分散，那么移民就可能不得不放弃所操的语言而改用迁入地居民的语言。例如，20世纪70年代，莫旗的民族乡有大量移民涌入，莫旗人口在短短的几年中急剧增长，这些地区的教育用语随之发生改变。70年代初期巴彦乡全乡人口只有44人，到1982增至14000人。原来学校达斡尔族学生比例很大，汉族学生也常说达斡尔语。但随着大量汉族学生走进学校，该地区学校的授课用语改成汉语为主。再如，从20世纪50年代至今，俄罗斯族居住区域的几次大的人口流动，也影响并决定了该区域的语言生态格局。20世纪50年代中期以前，额尔古纳地区的人口主要由三大族群构成：俄侨、中俄混血人和汉族人，这一时期俄侨无疑是强势族群，俄罗斯文化在这个地区居主导地位，俄语是这一地区的主要交际语言。1955年俄侨归国时，额尔古纳地区有大量汉族、蒙古族、回族移民迁入，该地区族群的整体结构发生了根本性变化，据统计，俄侨数量从1953年的9799人下降到1964年的5人，而汉族人数则由1947年的2902人上升到1966年的20089人。[1] 民族结构和人口数量的改变直接导致俄罗斯族文化丧失优势地位，尤其是在经历"文化大革命"文化强迫之后，原来只会说俄语的俄侨

---

[1] 额尔古纳右旗史志编纂委员会编：《额尔古纳右旗志》，内蒙古文化出版社1993年版，第123页。

和华俄后裔被迫学会了汉语，而在"文化大革命"期间出生的中俄混血人几乎无一人能说俄语，能听懂俄语的人也极少，至此，汉文化逐步上升到主导地位，汉语成为俄罗斯族的主要交际用语。

20世纪80年代以来，中国经济体制出现了重大改革，城市化进程不断加速，城乡人口流动是城镇化的必然要求和相伴生成的现象。内蒙古达斡尔族、鄂温克族、鄂伦春族和俄罗斯族4个人口较少民族居住的呼伦贝尔市，其流动人口数量不断增加，其中有大量人口是因务工经商、工作调动、学习培训等经济型原因流动到内蒙古呼伦贝尔市的。据统计，2010年内蒙古自治区内流动到呼伦贝尔市的经济型流动人口多达14.5万余人，由外省来到呼伦贝尔市的经济型流动人口有近9.6万人。

人口流动直接作用于社会，并给社会经济、文化、环境、教育、社会服务等带来一系列影响，同时也引发语言生态的改变。例如，额尔古纳地区外来的汉族人口大大超过了俄罗斯本族人口，再加上汉语在政治、经济、文化等领域都占有绝对优势，汉语很快成为当地通用语，整个语言社区中语言兼用和语言转用者数量也随之增加。

四　对外贸易与语言生态

内蒙古人口较少民族中，鄂温克族、俄罗斯族都是跨境民族，他们与周边国家边民血缘相近、语言相通，边境贸易活动的历史源远流长。伴随经济贸易活动的广泛开展，内蒙古鄂温克族和俄罗斯族的语言生态随之发生变化。以鄂温克族为例。俄国十月革命后，以枪作为狩猎工具的敖鲁古雅鄂温克人的生产力得到提高，原本闭塞的自然经济受到冲击，他们与额尔古纳沿岸的俄国人进行以物易物的贸易活动更加频繁。据资料记载，由于大兴安岭原始森林中盛产野生动物珍贵毛皮和名贵药材，加上在额尔古纳河盛产黄金，中俄两国大批商人云集于珠尔干。宣统三年（1911）珠尔干一带有商铺 55 所、商人 173 人，到民国九年（1920），汉族商铺增加到十几户，其余都是俄人商铺，这些商人多用以物易物的方式与鄂温克人进行交换。清朝末年，海拉尔一带成为鄂温克族牧民与汉族交易的主要市场。他们从市场上以牲畜和畜产品换回粮食、布匹、茶、酒、糖、烟等生活资料以及斧、刀、锅、鞍等铁制工具等。俄鄂边境贸易活动对鄂温克语产生影响，尤其在词汇层留下了显著的烙印，一部分与生产工具、生产资料、生活用品等有关的俄语词汇正是在这一时期进入鄂温克语敖鲁古雅方言日常用语的。从当时的语言文字兼用情况来看，很多青年和中老年敖鲁古雅鄂温克人，除懂本民族的语言外，还懂俄语，跟第三者有时用俄语交谈，但会写俄文的寥寥无几。除受俄罗斯语言文化影响外，奇乾这个政治、经济以及皮毛集散中心还吸引了大量内地汉族和华俄后裔，于是在当地形成了一个俄、汉、华俄后裔和敖鲁古雅鄂温克族杂居共处的居住格局。华俄后裔这一群体文化素质较高，一直与鄂温克族猎民保持密切的经济往来，互通婚姻，民族关系和谐，他们通晓汉语和俄语，在敖鲁古雅鄂温克族生产、生活诸方面都给予极大帮助。

在额尔古纳地区，边境贸易活动的活跃与遇冷，对当地俄罗斯族的母语保持和语言学习产生了不同的影响。20 世纪 90 年代初，随着中俄边境贸易的逐渐升温，俄语的作用日益显露出来，额尔古纳地区语言生活也因此活跃起来。许多俄语基础较好或在俄罗斯有亲戚的俄罗斯族人都开始涉足商海，或自己做生意，或给他人当翻译，俄罗斯族对学习俄语充满热情，俄语在俄罗斯族中认可度较高。然而，随着中俄边贸的降温和俄罗斯经济的滑坡，俄语在世界范围内的影响力下降，受此影响，国内对俄语人才的需求大幅下降，这从客观上打击了俄罗斯族学习俄语的热情。俄语再次遇冷的事实，让更多的俄罗斯族人认识到，只有掌握了汉语，才能保证正常学习、工作和生活。汉语作为通用语的地位被进一步加强，而俄语则成了只有老年人才会说的濒危语言。20 世纪 90 年代以后，额尔古纳地区再度加强了与俄罗斯的经贸文化往来，据统计，仅 1988—1990 年间，额尔古纳右旗与苏方互访 29 次，签约 21 份，劳务输出 407 人次。[①] 到"十二五"时期，额尔古纳外贸进出口总额由 2380 万美元提高到 1.1 亿美元，年均增长 36%。[②] 2015 年，额尔古纳市与俄罗斯涅区、普区和红石市缔结为友

---

① 祁惠君、唐戈、时春丽：《额尔古纳俄罗斯族现状与发展研究》，中国社会科学出版社 2008 年版，第 91 页。
② 数据来源：额尔古纳市 2015 年政府工作报告。

好城市，组建贸促会额尔古纳委员会，额尔古纳地区各行各业对俄语人才的需求增加，但额尔古纳地区俄语人才缺口很大，这在很大程度上制约了内蒙古俄罗斯族和外界的沟通与合作。

总之，在长期的经济活动中，语言逐步成为一种建立于经济基础之上，经济价值越来越明显的符号。内蒙古人口较少民族的经济发展水平可以促进民族语言发展，也可能影响区域内语言的使用功能、使用频率、语种选择和发展态势，而人口较少民族的语言发展水平反过来也影响内蒙古人口较少民族经济活动的进程、种类和方式。

第四章

内蒙古民族语言教育与人口
较少民族语言生态

第一节 民族教育与民族语言教育

一 民族教育

民族教育，是指在多民族的国家里对人口居于少数的民族实施的教育。在我国，是指对汉族以外的民族实施的教育。民族教育是我国国民教育事业的重要组成部分，是我国民族工作的重要内容。《国家中长期教育改革和发展规划纲要（2010—2020年)》指出，加快民族教育事业发展，对于推动少数民族和民族地区经济社会发展，促进各民族共同团结奋斗、共同繁荣发展，具有重大而深远的意义。

我国民族成分众多，根据2010年第六次全国人口普查数据显示，我国少数民族人口共计 1.14 亿，占全国人口的 8.49%，同 2000 年第五次全国人口普查相比，各少数民族人口增加 736 万，增长 6.92%。① 我国少数民族大分散、小聚居的居住格局，决定了民族教育对象的多民族性和教育活动的分散性；少数民族语言文字的多样性，决定了民族教育的多语多文性；少数民族风俗习惯和民族文化的多样性决定了教育内容的差异性；我国 20 多个跨境民族的存在，使民族教育具有国际性和敏感性。以上特点决定了我国民族教育的复杂性和艰巨性。在少数民族人口中，人口较少民族的发展更加落后，适龄儿童入学率普遍较低，平均文盲率为 42.3%，有 9 个民族文盲率超过 50%；16 个人口较少民族的自治县农牧民平均受教育年限仅为 5.8 年，有的民族青壮年文盲率较高。人口文化素质低是制约人口较少民族社会经济发展缓慢的重要原因，因此，党中央、国务院一直都高度重视人口较少民族教育事业的发展，2002 年国务院发布的《关于深化改革加快发展民族教育的决定》强调，"要特别重视人口较少民族教育事业的发展，要把中央财政扶持教育的重点向民族工作的重点地区、边远农牧区、高寒山区、边境地区以及发展落后的人口较少民族聚居地区倾斜"。2005 年由国家民委、发改委等多部委联合实施的《人口较少民族发展规划》提出，"用 5 年左右时间，使 22 个人口较少民族实现基本普及九年义务教育，基本扫除青壮年文

---

① 郑长德：《2000 年以来中国少数民族人口的增长与分布》，《西北人口》2013 年第 2 期。

盲"。特别是《扶持人口较少民族发展规划（2010—2015年)》将"优先发展教育事业"作为重要内容，政策实施以来，人口较少民族教育事业取得了巨大成就。

内蒙古是我国成立最早的少数民族自治区、我国民族区域自治制度的发源地，是达斡尔族、鄂温克族、鄂伦春族和俄罗斯族聚居的主要地区。党的十一届三中全会以来，党和政府出台颁布了一系列有利于民族教育发展的方针政策，内蒙古的民族教育事业取得了巨大成就。从文盲率看，达斡尔族文盲率 0.87%，是全国文盲率最低的民族，俄罗斯族（1.09%）、鄂温克族（1.03%）、鄂伦春族（1.04%）的文盲率也都远低于全国平均水平（4.88%）；从人口受教育年限看，2010 年俄罗斯族（11.1 年）、鄂伦春族（10.45 年）、鄂温克族（9.97 年）、达斡尔族（9.96 年）受教育年限均高于人口较少民族平均年限（8.07 年）；从人口受教育程度看，2010 年俄罗斯族、鄂伦春族、鄂温克族 6 岁以上人口中受过高中及中专以上教育的人口比例分别为 24.3%、19.2%、18.9%，均超过全国平均水平（15%），俄罗斯族和鄂伦春族 6 岁以上人口大中专及大学本科人口比例分别为 28.3% 和 22.5%，处于全国前列。①

---

① 朱玉福：《中国扶持人口较少民族发展的理论与政策实践研究》，民族出版社 2015 年版，第 153 页。

二 民族语言教育

民族语言是构成民族的标志，是民族文化的重要载体。每个民族的语言文字不仅记载了本民族认识和改造客观世界的宝贵经验，还保存并传播了本民族人民丰富而多彩的文化财富。民族语言与教育有着天然的联系，民族语言是民族教育的重要载体，民族语言也是发展民族教育的有效方法。

民族语言教育是指在民族地区有计划、使用特定方法来培养、提高少数民族学生的语言知识和能力的一种教学活动。民族语言教育的价值在于通过语言教育实现民族语言传承与文化传承。具体来看，民族语言教育主要包含两个内容：一是少数民族是否有接受本民族语言教育的权利和义务；二是在各级教育机构中，少数民族使用哪种语文接受教育。①

第二节 内蒙古人口较少民族语言教育历史

一 达斡尔族民族语言教育历史

达斡尔族自古以来就有重视教育的优良传统。清代是达斡尔族由传统社会教育向现代学校教育过渡的重要转折时

---

① 王远新：《语言学教程》，中央民族大学出版社 2009 年版，第 303 页。

期，也是各类学堂教育及私塾教育肇兴之时。据考证，达斡尔族的八旗官学始于康熙三十四年（1695年），时任黑龙江将军萨布素请求在将军衙门所在地墨尔根立学堂，后被清廷采纳。自墨尔根学堂创设后，全国各地陆续建立起八旗官学，办学地点遍布达斡尔人活动的广大地区。乾隆初年，海拉尔地区成立呼伦贝尔学堂，该地区达斡尔族学生主要学习满文和蒙文。

继八旗官学之后，私塾教育成为学校教育的补充形式。达斡尔族的私塾教育是氏族、家族传统教育的延伸。光绪三年（1877年），清代著名达斡尔族诗人敖拉·昌兴以自家住房为教室，在海拉尔南屯（今鄂温克族自治旗巴彦托海镇）创办了达斡尔民族历史上的第一所私塾，也是海拉尔一带较早的私塾。敖拉·昌兴是呼伦贝尔索伦左翼正白旗（今鄂温克族自治旗）人，他借用满文字母拼写达斡尔语创作"乌钦"，开创了达斡尔族书面文学。敖拉·昌兴建立私塾之前，呼伦贝尔岭东地区还没有建立学校和私塾的记载。呼伦贝尔岭西地区从雍正年间开始派学童到墨尔根、齐齐哈尔、瑷珲等地求学。① 呼伦贝尔地区私塾成立后，招收了20多名郭、敖两姓达斡尔族子弟，敖拉·昌兴还特地从齐齐哈尔选聘优秀教师前来任教，重点讲授满文、汉文以及相关的文学作品。宣统二年（1910年），呼伦贝尔索伦旗莫和尔图的村民建起一个由石头砌的学

---

① 敖·毕力格：《达斡尔文学宗师敖拉·昌兴资料专辑》，内蒙古文化出版社2010年版，第771页。

校"石屋学堂"，该学堂主要招收达斡尔族和鄂温克族学生，学堂沿袭中国传统的教学方法和教学内容。达斡尔族地区的语文教育以《三字经》《千字文》《诗经》《通鉴纲目》等作为教材，主要讲授满文，后又加授汉文。满文学堂、满文私塾这种性质的教育形式在达斡尔族居住地区一直延续到20世纪30年代初期。总之，清代达斡尔族通过满语满文接触和学习了满族文化以及汉族文化，随着满语满文社会交际功能日趋衰减，达斡尔族地区的官办学校和私塾开始由满汉双语教学逐渐过渡到汉语单语教学。

民国时期，汉语汉文在呼伦贝尔地区达斡尔族小学教育中逐渐普及。1918年郭道甫与福明泰等进步青年一起筹集钱款，在海拉尔创办了呼伦贝尔地区第一所新式学校——呼伦贝尔私立学校，该校共招收达斡尔族、鄂温克族、蒙古族等民族学生100余人，课程以蒙文、汉文为主，兼学满文，课本都是辛亥革命后编印的新式教材。此后，郭道甫又创办了莫和尔图女子学校，聘请教师教授俄文、汉文和满文。1922年建立的呼伦贝尔蒙旗中学，教师有达斡尔人、满人、苏联籍的布里亚特人和俄罗斯人，他们教授汉语、满语、蒙古语以及俄语、布里亚特语，郭道甫还利用拉丁字母创造达斡尔文字，并在该中学进行试教。1927年7月东北蒙旗师范学校成立，郭道甫任校长，主要招收东北三省和内蒙古地区的蒙古族、达斡尔族青年学生，是当时东北蒙古族、达斡尔族地区中培养人才的最高机构。学校教育造就了一大批满语、蒙古语、汉语兼通的达斡尔族知识分子，他们用满文、蒙古文、汉文著书立说，他们的成果对于弘扬达斡尔族民族传统、开创达斡尔族文化的新局面产生了巨大作用。总之，民国时期，在特殊的历史背景下，达斡尔族中出现了大量双语人才甚至多语人才，这为他们顺利升入内地高校和出国深造打下了坚实的语言基础。

1931 年后，达斡尔人陷入了长达 14 年的日伪统治时期。日本侵略者极力推行奴化教育，其中一个重要举措是将日语课定为学校教育的主修课，同时规定各学校禁止教授汉语和满语。如当时呼伦贝尔地区的南屯国民优级小学、莫力达瓦族尼尔基镇女子小学等都采用伪满教育部印发的统一课本，用汉语、蒙古语、日语三种语言授课。

新中国成立后，达斡尔族聚居区学校普遍实行双语教育。到 1966 年，莫旗适龄儿童入学率达 95% 以上，并培养出 500 名高中生，其中有 200 名是达斡尔族。[①] 从 1979 年开始达斡尔族学前班教授简单的汉语日常用语和汉语拼音。改革开放以后，达斡尔族学校教学语言主要是达斡尔语、汉语，各级学校尤其是初等学校加大力度，采取措施发展学生的汉语能力，大批达斡尔人学习并使用汉语汉文，与蒙古族相邻而居的达斡尔人还掌握了蒙古语，达斡尔族中语言兼用和语言转用现象更加复杂。

---

① 刘世海主编：《内蒙古民族教育研究》，内蒙古大学出版社 1989 年版，第 201 页。

二 鄂温克族民族语言教育历史

鄂温克族有着悠久的家庭教育传统，幼儿通过长辈讲授故事、神话、谚语、谜语、歌谣以及各种节日活动接受教育，七八岁后跟随父母参加生产劳动，学习放牧、狩猎等生产技术。鄂温克族的学校教育始于清朝年间。康熙二十八年（1689年），清政府在嫩江设立布特哈总管衙门，管辖达斡尔人、鄂温克人和鄂伦春人，这三族统一编入满洲八旗。雍正十年（1732年），清政府把布特哈的达斡尔和鄂温克兵丁3000人移驻呼伦贝尔的南屯和西屯，这使内蒙古呼伦贝尔成为鄂温克族的主要聚居地之一。因同属满洲八旗，鄂温克族与达斡尔族都接受了八旗官学教育。八旗官学以培养八旗子弟为主旨，提倡并特别强调学习满语满文和马步骑射课程，因此清朝鄂温克族旗人子弟"习清文，演骑射"蔚然成风。光绪八年（1882年），呼伦贝尔副都统衙门兴办八旗满蒙学堂，招收蒙古族、达斡尔族、鄂温克族三旗子弟入学，他们大都来自南屯、莫和尔图。宣统二年（1910年），在今鄂温克族自治旗巴彦嵯岗苏木莫和尔图建立起"石屋学堂"，该学堂共招收了二十多名达斡尔族和鄂温克族学生，主要教授满文和汉文。总体来看，清代鄂温克族的学校教育，主要采取了满文、汉文并授的模式，首先教鄂温克族学生学习满文，再以满文引导学生识习汉字、阅读汉文图书。总体来看，清代鄂温克族中能够接受教育的主要是贵族子弟。

1931 年后，南屯、辉河等地创建了小学，学生不到 300 人，教授蒙文和日文。日伪统治时期曾建立雅库特小学，教授日语，推行奴化教育。新中国成立以后，鄂温克族子弟普遍享有受教育的机会。1952 年奇乾建立鄂温克小学，采用汉语授课。1956 年修建辉苏木小学，招收 150 名鄂温克族牧民子弟入学。1958 年，鄂温克族自治旗民族小学发展到 9 所，共有学生 956 人，比新中国成立初期的学生数量增加 4.6 倍。党的十一届三中全会以后，经过教育体制改革，鄂温克族自治旗将南屯二中、锡尼河西中、鄂温克中学定为民族中学，用蒙古语授课，其中鄂温克中学招收学生以鄂温克族为主，不足部分补以其他少数民族学生。1989 年，鄂温克族小学生增到 4160 人，各乡都有中心小学，农区小学使用汉语授课，牧区小学使用蒙古语授课，还有一小部分牧区小学使用汉语教学。①

三 鄂伦春族民族语言教育历史

清朝以前鄂伦春族没有学校，狩猎经验和狩猎技术一直都以社会教育和家庭教育的方式传授。鄂伦春族居住地区设立学校始于康熙三十四年（1659 年）。与达斡尔族、鄂温克族一样，鄂伦春族早期的学校教育是从黑龙江的墨尔根地区

---

① 陶增骈：《东北民族教育史》，辽宁大学出版社 1994 年版，第 625 页。

开始的。在墨尔根地方两翼各设学一处，每设教官一员，新满洲每个佐领选取俊秀幼童各一名，教习书义。这里的"新满洲"包括鄂伦春族聚居地。虽然满文于康熙年间已传入鄂伦春族聚居地区，但鄂伦春人没有文字，再加上教育主要面向的是贵族家庭，能够接受教育的鄂伦春族是少数，因此只有少数鄂伦春人掌握了满文。

民国时期，鄂伦春族居住地区颁布了《鄂伦春族国民教育简章》三十六条，强调教育对于鄂伦春族发展的重要性。从民国三年至民国二十年，有几百名鄂伦春族儿童接受了教育，他们不但学会了汉语汉文，还在与其他民族的交往中学会了满语和达斡尔语。此外，一些汉文史书和古典名著，如《三国演义》《水浒传》《红楼梦》等书籍也开始在鄂伦春族中传播。日本帝国主义占领鄂伦春族居住地区后，民国时建立的几所鄂伦春族小学遭到严重破坏。虽然日本侵略者也在鄂伦春族居住地区办了几所小学，用日语授课，但在"不开化其文化"的愚民政策下，日本侵略者推行的是一种奴化教育。

新中国成立以前，鄂伦春族在社会经济形态方面还保持着比较浓厚的原始公社制残余。新中国成立后，鄂伦春族被引导下山定居，党和政府帮助鄂伦春族发展教育。首先在纳文慕仁盟所在地扎兰屯的纳文中学设立了"鄂伦春青年班"，该班后改建为鄂伦春小学。1953年，鄂伦春小学迁到小二沟，教材由原来的蒙文教材改为汉文教材。新中国成立初期，语言问题一度成为影响鄂伦春族教学质量的重要因素。鄂伦春语词汇反映的是狩猎生产生活方式，其词汇系统与现代科学技术发展不相适应，再加上当地鄂伦春族教师数量极少，所以鄂伦春族儿童一入小学就遇到语言难关，继而造成学习困难。因此，鄂伦春自治旗积极开展教学改革试验，在鄂伦春族聚居地有意识、有计划、有措施地进行鄂伦春族儿童学龄前的汉语培训。鄂伦春自治旗建旗后的两三年内，散居深山的鄂伦春族适龄儿童90%以上都入学。到 2005 年，内蒙古鄂伦春自治旗鄂伦春族在校生达到 601 人，占全旗中小学在校生总数的 21.7%。

四　俄罗斯族民族语言教育历史

在清朝末年和民国年间，额尔古纳一带居住的俄罗斯人和苏侨（俄侨）较多，俄语是当地的通用语言之一。俄罗斯族非常重视对子女的文化教育、重视办学，从 20 世纪初到 20 世纪 50 年代，俄罗斯移民在内蒙古呼伦贝尔地区开办了大量的俄语学校。苏侨（俄侨）从 1929 年开始在当地办教育，到 1949 年先后办了 16 所中小学。1948 年苏侨联合会集资办学，先后在额尔古纳旗建立了 15 所学校，学生总数达到 1200 多人。1945 年前，海拉尔、满洲里、牙克石、三河等地都设有苏侨（俄侨）所办的中小学校，适龄儿童均能及时上学读书。苏侨（俄侨）学校使用的是从苏联经哈尔滨寄到三河的苏联统编教材，教师大都为苏联年轻侨民，学校定期为学生放映苏联影片，当时华俄后裔和一部分汉族子女都到俄语学校学过俄语。1955年苏侨（俄侨）大批回国，当地的俄语学校也随之停办，很多学校都被改成了汉族学校，华俄后裔开始接受汉语教育，不再学习俄语，当时的在校生约有1400多人。[①] 此后，额尔古纳地区的学校间断性地组织俄语教学，如恩和俄罗斯民族乡开设过俄语课，但此后一直停设，主要原因是没有专业的俄语教师，即使家长和孩子们的俄语学习兴趣很高，但也无可奈何。到20世纪90年代，随着中俄边境贸易升温，家庭教育比较好的都被招去当俄语教师，还有一部分懂俄语的俄罗斯族当起了俄语翻译。1988年恩和牧场中学开设俄语课程，每班每周4节课，教材用的是人民教育出版社出版的中学俄语教材，俄语教师从拉布大林聘请来。俄语课的开设对促进俄罗斯族传统文化和中俄边境贸易都起到了很好的作用。后来由于边境贸易遇冷、学生中高考学俄语受到限制等原因，牧场中学开设的俄语课程很难坚持下去。1998年，牧场中学停开俄语课，将俄语课改为英语课。开设俄语课本是俄罗斯族民族乡学校应有的特色，但俄语教学仅坚持了10年就结束了。

额尔古纳地区俄罗斯族的母语教育还有一个最直接的渠道——家庭语言教育。在额尔古纳各村屯，每个俄罗斯族或华俄后裔家庭中都有会讲俄语的老人，他们成了子女最好的俄语老师。俄罗斯族的日常交际用语就是这些俄罗斯族老人们传授

---

① 土锡宏：《中国边境民族教育》，中央民族学院出版社1990年版，第606页。

给子女的。但因大部分俄罗斯族老人的俄语水平只停留在简单的日常生活用语层面，他们大都只会说，不会写也不能读，所以俄罗斯族的语言传承面临较大困难。

第三节　内蒙古人口较少民族民族
语言教育现状

2014 年 7 月至 2016 年 10 月，我们对内蒙古达斡尔族、鄂温克族、鄂伦春族和俄罗斯族民族语言教育现状进行了调研。调研主要采用问卷调查、访谈和开讨论会的形式进行。调查地点包括莫旗部分乡镇（尼尔基镇、阿尔拉镇、腾克乡等）、鄂温克族自治旗巴彦托海镇、辉苏木，根河市敖鲁古雅鄂温克民族乡、扎兰屯市萨马街鄂温克民族乡、鄂伦春自治旗阿里河镇、额尔古纳市俄罗斯族聚居乡镇（室韦、恩和、向阳、朝阳、正阳、七卡）等地。调查对象主要是达斡尔族、鄂温克族、鄂伦春族和俄罗斯族的中小学生，调查内容包括学生语言能力、学生学习语言的途径和学校民族语课程的教学效果等。

一　民族语言课程的开设情况

2014 年 7 月，我们对内蒙古人口较少民族的民族语言课程开设情况进行了调查，其间得到各地相关教育管理部门和民族学校师生的帮助。据了解，目前莫旗小学开设达斡尔语课的学校共计 26 所，其中独立办学的 11 所，九年一贯制（中小学在一起）的 15 所。其中，开设了达斡尔语教学的小学共 9 所，包括达斡尔中学、民族实验小学、尼尔基第二小学、库如奇中心校、阿尔拉中心校、杜拉尔中心校、巴彦中心校、腾克中心校、哈达阳中心校。[①] 鄂温克族自治旗相继在旗幼儿园、鄂温克第一小学、鄂温克中学开设鄂温克语课程，扎兰屯市萨马街鄂温克民族乡学校开设了鄂温克民族语言教学课和传统教育系列课程，根河市敖鲁古雅鄂温克民族小学开设了鄂温克语校本课程。鄂伦春自治旗在全旗 8 个鄂伦春民族中小学都开设了鄂伦春语课程。俄罗斯族聚居的室韦俄罗斯民族乡和恩和俄罗斯民族乡，自 2000 年以来没有开设专门针对中小学的俄语课程。

莫旗腾克中心校：位于莫旗腾克镇，是一所集初中和小学于一体的学校，在校学生总人数 600 人，其中少数民族学生 540 人。自 2009 年该校开设达斡尔语课，全校每个班级每周一节课。

鄂温克中学：在校学生 909 人，其中鄂温克族学生 315 人。2008 年该校开设鄂温克语言班。每周一节课。使用的教材是呼伦贝尔大学蒙古学院院长斯仁巴图教授编写的《鄂温克语教程》。

敖鲁古雅鄂温克民族小学：在校学生 688 人，包括少

---

① 材料来源：莫旗教育局民族教育股。

数民族学生 168 人，其中鄂温克族学生 23 人。2010 年该校开始进行鄂温克语教学，每周两节课。使用的教材是根河市民族宗教事务局局长古香莲编写的《敖鲁古雅鄂温克读本》。

鄂伦春中学：一所集民族教育、九年义务教育和普通高中教育于一体的民族中学，是鄂伦春自治旗的一所政府直属中学。2014 年，学校有教学班 27 个，在校学生 1048 人，其中鄂伦春族学生 84 人。教学中统一使用鄂伦春自治旗出版的《鄂伦春语》教科书，聘请精通鄂伦春语的教师任教，每周两节课。

为了解内蒙古人口较少民族民族语言教学情况，尤其是民族语课程的开设背景，我们特意采访了各旗民族语教材的编写者。

莫旗达斡尔语教学选用的教材是达斡尔乌钦传承人图木热老人编写的《达斡尔语会话本》。2014 年我们采访了图木热老人，通过交谈了解了莫旗达斡尔语言教学开设的背景。

问：您觉得目前达斡尔族的民族语使用情况如何？

答：现代达斡尔人聚居比较多的地方就是莫旗，2011 年我下去到阿尔拉小学，它是中心校，我找了十个儿童，四五岁、五六岁的，十个儿童我就用达斡尔语问了五句话："你几岁了？"晃脑袋。"你姓什么？"晃脑袋。"你叫什么名字？"晃脑袋。"你爸爸叫什么名字？"晃脑袋。

"你妈妈叫什么名字？"晃脑袋。这说明他们就不懂达斡尔话了，不是答不了，是根本听不懂。十个孩子里面就两个算合格，一个还半拉磕叽的，剩下八个都晃脑袋。然后我又找了十个。问了以后就三个回答对，听懂我问的话，剩下七个他就晃脑袋。这三个也是半拉磕叽的，也回答不全。这是多严重啊！小学现在上民族课的，就我们尼尔基第二小学，现在也用汉语讲课了，那是我们全旗教民族课比较典型的好单位。他也用汉语讲，因为用达斡尔话教孩子不懂。这是多大的问题呀！所以我分析，我们的语言丢下一半了，而且会说达斡尔语的主要还是 60 岁以上的人。

问：莫旗的民族语课程是在什么情况下开设的？

答：前几年我们莫旗的语言教学是什么情况呢？一个民族没有教民族语言的地方，小孩从幼儿园到大学都是汉语教学，文字都是汉字。最近几年才有了民族课。社会上从上到下没对语言方面的教育引起高度重视。一个民族它的特征是什么？最主要的特征是语言。没有语言，谁能证明你是什么民族啊？不会说自己民族的话，谁相信你是哪个民族啊？这个问题，从国家到地方都应该重视。60 多年的时间我们达斡尔语丢了 50%，多么严重啊！我到鄂温克族自治旗南屯，跟他们当地的达斡尔研究会的主席说，我们莫旗已经开了民族课教达斡尔语了，你们也办一办吧。他说，我们这里是鄂温克族自治旗，以鄂温克民族为主，达斡尔人都是分散的，不好解决。我说你们应该要求啊，哪怕达斡尔学生单独成立一个班也行。

我们民族语言课程从 2007 年前就开始了。开始就在尼尔基第二小学办的，别的地方都没开展。旗里报了以后，决定在民族聚居地区的小学，每个礼拜上一次民族课。我给教育局提建议，不教达斡尔话，语言就丢失了。旗长同意我的建议。但没有课本怎么教啊？于是我出了一个《达斡尔语会话本》，有了这个课本，老师也高兴了。这个意见传达完后，去年开始，过去我们上民族课的就 6 个，现在我们发展为 14 个了。农村 7 个，市里 7 个。意见我提了以后，旗里采纳了。所以我考察完后就写书，2012 年出的，现在发给新疆、海拉尔、北京、包头，有达斡尔人的地区都发了，发了 300 多本。我们建议从一年级开始，学习达斡尔记音符号，3 年内各校上民族课的学生应该达到自己能记录的水平。去年五月初，有关老师 30 多人参加了学习班，总共 3 天，3 天我专门讲达斡尔记音符号，采用拉丁文，和汉语拼音符号一样，有的学过汉语拼音的，拿起来就能念。使用方法讲了一天半，然后一天半讨论，讨论怎样让孩子上民族语课，怎样让孩子学会达斡尔语。

问：您觉得如何才能让广大达斡尔人都接受民族语教育呢？

答：我的想法，如果这要按照民族政策来落实的话，大城市达斡尔户超过 100 户的，就应该单独建立民族小学，由民族老师给他讲课。在民族聚居的地区，如呼和浩特市、鄂温克族自治旗、鄂伦春自治旗这些地区，超过100户，有五六十个孩子，就单独成立一个小学，让他学习民族语言。汉语也学，达斡尔语也学。民族的语言不就这么保存住了吗？要不然到我们重孙子辈儿，语言就丢没了。

鄂温克族自治旗使用的教材是《鄂温克语教程》，由呼伦贝尔学院蒙古学学院院长斯仁巴图教授编写。2015年我们采访了斯仁巴图教授，通过交谈了解了鄂温克族自治旗民族语言教学开设的情况和问题。

问：鄂温克族自治旗开设鄂温克语教学的情况和教材的编写情况是怎样的？

答：南屯是鄂温克族自治旗民委出钱，我们出了课本。鄂温克中学、第一小学都用这个课本上课。鄂温克语现在在基层苏木保留得还行，到了南屯，城镇用汉语交流的多。旗里开始下了文件，每周上两节课，但是后来好像坚持得不太好。重视程度不够，专任教师缺少。教材出来以后，民委和教育局合办了教师培训，培训鄂温克语教师，有二十多个人，我们给他们上了两天课，熟悉教材，熟悉教材音标。我们用拼音字母拼写，后面标国际音标。现在鄂温克汉语词典和鄂温克蒙古语词典都出版了。

根河市敖鲁古雅鄂温克族选用的教材是根河市民族宗教事

务局局长古香莲编写的《敖鲁古雅鄂温克读本》。下面是我们2014 年对古香莲采访的内容。

问：听说您以前在敖乡待过。这几年您觉得那里的语言变化大吗？

答：有变化。语言这块会说的已经很少了。如果国家能够出台民族语言优惠政策，能够学的越来越多那样更好一些。比如说民族干部懂民族语言的，有一些优惠政策，考公务员时会民族语言的优先录取。政策能出来，愿意学的人受到激励，学的人会更多。

现在小学就开始学英语，英语考大学得用啊。学英语的比学自己民族语的多一些。我们现在也是认识到这一点了。我们民族的人口本来就少，虽然人口少，但敖鲁古雅这个使鹿部落，还非常完整地保留了我们的民族生活习惯和语言。现在会说民族语的 30 岁以上多一些，30 岁以下会说的越来越少。我是敖鲁古雅鄂温克族，从小在敖鲁古雅跟老人们一起生活，自然而然就学会了民族语言。从我们自己的角度，也在保护自己的语言。从我现在民族局的角度，我们也在做一些事情。去年，由我编辑出版了《敖鲁古雅鄂温克读本》，这个书有基本的词汇和简单日常用语、对话。记音用三种方式注音：汉字、拉丁字母、国际音标。从 2010 年开始我们民族小学以这个为教材，每周两节语言课，让小学的孩子们学。只有民族小学开设，不考试。

鄂伦春自治旗选用的教材是凯鲁罕 2008 年编写的《鄂伦春语》教材，这本教材开创了全旗民族小学校本教材的先河。我们 2014 年采访了凯鲁罕。

　　问：咱们鄂伦春自治旗哪些地方开设民族语课程？

　　答：全旗 8 个鄂伦春民族中小学都开，就用我的书。以前用黑龙江韩永峰老师的书，他用国际音标，但是很多人看不懂。我用汉语和拼音标记。比如说"你叫什么名字"在"你"的下面用汉语和鄂伦春语分别标出意思，对照的。好多鄂伦春语是倒装，如果字面翻译不成一句话了，看下面的译文就明白了。教材写好后，我们找民间一些鄂伦春族老人，看标得对不对。鄂伦春族有好几个流域，我们找了好多流域的老人最后确定一下。

　　问：小学以前就开设过这个课程吗？

　　答：我们学校是我去之后才开的。鄂伦春中学是早就开了。最早还是我们民间会和电视台联合创办。阿芳整的，现在是人大常委会副主任了。我们小的时候，鄂伦春电视台就有这个节目。很早以前就有，然后停播了好几年。鄂伦春中学一直以来是全旗开展最好的，每周五开，学生都去。前段时间有个专场演出，全是鄂伦春语的演出。鄂伦春中学有各种措施，有各种奖励政策。

二 民族语言教育现状调查

（一）中小学学生学习民族语言的途径

为深入了解内蒙古人口较少民族学生学习语言的基本途径，我们从各旗开设民族语课程的学校中，选取了几个有代表性的，如莫旗以达斡尔中学、腾克中心校和阿尔拉中心校为调查点，鄂温克族自治旗以根河市敖鲁古雅鄂温克民族小学为调查点，鄂伦春自治旗选取了鄂伦春中学。俄罗斯族聚居区学校没有开设民族语课程，故学生以家庭入户调查中 7—15 岁人群为主。

调查问卷中"您怎么学会本民族语的"和"您怎么学会汉语的"两个问题主要考察学生学习本民族语和汉语的基本途径。本次调查共收回学生问卷413 份。调查结果显示，内蒙古 4 个人口较少民族学生学习本民族语的途径具有相同的规律。

图4－1 显示，学生学习本民族语主要依靠家庭教育，"长辈传授"的比例均超过 50%，其次，学生也通过社会交往和学校学习等途径学习本民族语。需要说明的是，俄罗斯族从 20 世纪 90 年代至今未在学校开展俄语教育，因此"学校学习"比例为 0，俄罗斯族的语言学习完全依赖于家庭教育，因此选择"长辈传授"的比例高达 90% 以上，与其他三个地区的调查数据存在明显差别。

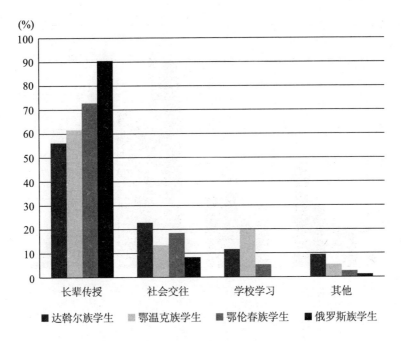

图4-1　内蒙古人口较少民族中小学学生学习本民族语的途径

与学习本民族语言不同，内蒙古人口较少民族学习汉语的主要渠道是学校教育，其次是社会交往（见图4-2）。学校是语言推广或保持的最佳场所，也是语言现实价值及应用价值的体现。目前，内蒙古人口较少民族学校教育中，教师授课语言主要采用汉语，个别地区使用蒙古语，这对学生的语言学习产生了重要影响。此外，依靠"长辈传授"学会汉语的俄罗斯族学生比例近30%，明显高于达斡尔族、鄂温克族和鄂伦春族学生，可见俄罗斯族家庭用语多使用汉语，俄语的使用频率很低。

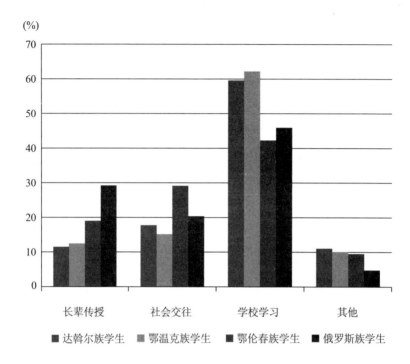

(%)

长辈传授　　社会交往　　学校学习　　其他

■ 达斡尔族学生　■ 鄂温克族学生　■ 鄂伦春族学生　■ 俄罗斯族学生

图4－2　内蒙古人口较少民族中小学学生学习汉语的途径

　　达斡尔族、鄂温克族、鄂伦春族都有本民族的独立语言而无文字，有的用汉文，有的用蒙文，所以，中小学使用的教材和授课用语不太一样。莫旗、鄂伦春族自治旗使用汉文教材、使用汉语授课，鄂温克自治旗有一部分使用蒙文教材、使用蒙语授课，另一部分使用汉文教材，使用汉语授课。2000年以来，内蒙古人口较少民族为传承民族语言文化，相继开展了民族语教学，每周1—2节民族语课程。根据问卷"您认为学校教学应选用哪种语言"的调查结果，我们了解到中小学学生对学校教学语言的基本态度。

　　通过图4－3可以看出，大多数学生主张采用"本民族和汉语"开展教学，这反映了人口较少民族青少年在城市化进程中，对汉语和民族语各自的价值和功能有了进一步的认识。学生中选择以本民族语作为教学语言的比例很低，不足7%。需要说明的是，鄂温克族学生中有将近15%选择"其他"，这部分鄂温克族学生大都来自牧区，兼用蒙古语和汉语。在教学过程中，教师主要采用蒙古语开展教学活动，鄂温克语是辅助用语。如今，在学校教育的作用之下，这部分鄂温克族使用蒙古语的人数逐渐减少，使用汉语的人数逐渐增多。

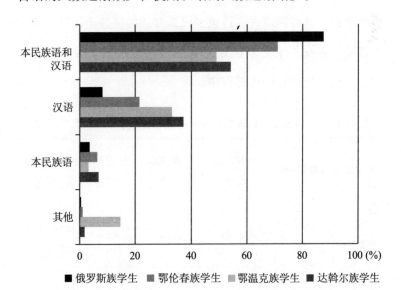

图4-3　内蒙古人口较少民族学校应该使用的教学语言

（二）学校民族语言课程的教学效果

一种语言是否应用于学校教育，应用的程度和效果如何对语言传承具有重要影响。2000年以后，内蒙古达斡尔族、鄂温克族和鄂伦春族居住地区为传承本民族文化，都相继开设了民族语课程，为了解民族语课程的开设效果，我们对民族语课程教学效果和存在的问题进行了问卷调查。

根据表4-1可以看到，通过开展民族语教学活动，大部分达斡尔族、鄂温克族、鄂伦春族学生的民族语水平都有了相应提高，其中有近五成的学生认为"有一点进步，能进行基本的交流"，有不足30%的学生认为"有了很大进步，能熟练使用"，只有近20%的学生认为还无法进行交流。从整体教学效果来看，针对内蒙古人口较少民族开展的民族语课程，客观上带动了青少年学习本民族语言的热情，起到了保护民族语言、传承民族语言的重要作用。

表4-1　　　内蒙古人口较少民族民族语课程教学效果　　　%

民族语课程教学效果	达斡尔族学生	鄂温克族学生	鄂伦春族学生	俄罗斯族学生
A. 有了很大进步，能够熟练使用	21.05	18.9	40.12	—
B. 有一点进步，能进行基本的交流	50	40.16	56.98	—
C. 没太大进步，基本上无法进行交流	25.44	34.65	1.74	—
D. 其他	3.51	6.3	1.16	—

根据"你认为目前学校开设的民族语课程存在哪些问题"（多选题）调查得知（见表4－2），达斡尔族、鄂温克族、鄂伦春族学生认为目前学校已开设的民族语课程均存在一定问题。

表4－2　内蒙古人口较少民族学校民族语课程存在的问题　　　%

民族语课程存在的问题	达斡尔族学生	鄂温克族学生	鄂伦春族学生	俄罗斯族学生
A. 每周安排的课时太少	65.35	63.16	84.3	—
B. 教材不够完善，内容不够丰富	35.43	36.84	28.49	—
C. 授课教师人数不足	22.83	16.67	13.37	—
D. 教学方法不够灵活多样	33.86	28.95	22.67	—

　　民族语课程的问题主要集中在上课时间上，60%以上的学生认为学校"每周安排的课时太少"。通过调查得知，内蒙古达斡尔族、鄂温克族、鄂伦春族民族语言课程的教学时间一般是每周1节或每周2节，学生们通过课堂学习，能够提升语言表达能力，能够与周围的人进行基本交流，甚至有些能够熟练使用本民族语言，但由于课堂教学时间过短，直接导致教学进度缓慢，这在一定程度上大大影响了学生学习语言的效果，因此，学生们都希望能够有更多的时间学习民族语课程。除上课

时间外，教材和教学方法问题也是学生关注较多的，大多数同学认为民族语教材内容有完善的空间，教师的教学方法也可以更加灵活。

三　学校民族语言教育的经验与困难

自 2000 年以来，内蒙古人口较少民族居住区相继开始了民族语教学，取得了一定成效，在对开展民族语教学的学校进行调查的过程中，我们发现，这些学校在探索民族语教学的过程中，积累了很多值得借鉴的经验，同时也面临着一些难以解决的问题。我们以根河市敖鲁古雅鄂温克民族小学和鄂伦春自治旗鄂伦春中学为例，谈谈学校民族语言教育的经验和困难。

（一）敖鲁古雅鄂温克民族小学的经验

2015 年敖鲁古雅鄂温克民族小学有在校生 688 人，其中少数民族学生 168 人（包括鄂温克族学生 23 人，鄂伦春族学生 1 人，达斡尔族学生 6 人），专任教师 86 人。2011 年 6 月 16 日学校举行了传承敖鲁古雅鄂温克文化——民族语言开课仪式，使敖鲁古雅使鹿部落民族文化走进校园。

2011 年前，学校提出开设鄂温克语言课的设想，同时与敖鲁古雅鄂温克民族乡的领导取得联系，聘请了两位会说鄂温克语的老师，并用四年级做实验，四个班每班每周一节鄂温语言课。2011年6月16日学校举行了传承敖鲁古雅鄂温克文化——民族语言开课仪式。因为学校大多数是汉族学生，缺少具体的语言环境，这给学习民族语言带来了一定的困难。所以，学校在上课时全程录像，课下再进一步整理教案。学校还根据不同班级学生的差异，让鄂温克语老师用拼音标注法写好教案，并用幻灯片展示给学生。

为了更好地调动学生们学习民族语的积极性，学校针对学生的年龄特点，开展民族语言教学，同时穿插鄂温克语民间故事、鄂温克民歌，讲到一些单词时还会适当讲解民俗，这样激发了学生对鄂温克语课的兴趣，学生们学得非常认真，学习的效果也不错，得到了家长的认同。现在学校已在四、五两个年级开课四年，效果不错。2014年11月30日，学校举办《传承使鹿文化，展示鄂温克语言魅力》汇报演出，将几年来积累的成果汇报给相关部门的领导，得到了众多好评。

在民族教育的问题上，学校不仅重视鄂温克语的传承，还对鄂温克族民俗传统文化走进第二课堂做了安排和部署。现在有专门的老师任教，让学生从桦树皮手工艺品的制作、皮子作画等方面去感受民族传统文化的魅力，热爱民族文化。学校2011年成功申报了"桦树皮材质在小学美术设计·应用课中的利用与研究"教研课题。此外，敖鲁古雅鄂温克民族乡每年举办使鹿部落文化节活动，主要力量是敖鲁古雅鄂温克民族小学的老师和部分学生，鄂温克民族文体活动将一些适合小学生的民族活动传承了下去，如布鲁、押加、索套、坦恰玛特、抢苏等。

（二）鄂伦春中学的经验

鄂伦春中学创建于 1981 年 10 月，是一所集民族教育、九年义务教育和普通高中教育于一体的民族中学，是鄂伦春自治旗的一所政府直属中学。学校占地面积 60000 平方米，建筑面积 19800 平方米。2014 年，学校有教学班 27 个，在校学生1048 人，其中鄂伦春族学生 84 人，教职工 147 人，鄂伦春族教职工 18 人。

为传承鄂伦春民族语言，鄂伦春中学在民族教育工作中大力推行热爱鄂伦春文化、热爱鄂伦春语的宣传教育工作，让鄂伦春族青少年学生自己树立一种观念，即一定要热爱本民族的文化，以本民族历史为骄傲，对自己的母语感兴趣，充分认识和理解本民族语言在民族政治、经济、文化发展中的重要作用，增进自尊、自信和语言意识。鄂伦春中学通过民族语言教育活动，宣传和推广本民族语言，逐渐培养热爱自己民族语言的良好习惯。

学校积极创造条件，开设鄂伦春民族语言课。2002 年 9月该校决定开设民族语言课，语言课教学做到"四固定"，即固定人员（教师、学生）、固定时间、固定场所、固定经费。语言教学中统一使用鄂伦春自治旗出版的《鄂伦春语》教科书，教科书的课文多为编写者的创作，同时收入了鄂伦春族的民间故事或传说等。教师书写教案，认真备课、讲课，并尽可能利用现代化教学设施，按计划教学；教学形式多样，包括简单会话、师生交际互动、民族歌谣、小故事讲解等，课堂气氛活跃，洋溢着浓厚的鄂伦春语言文化氛围。语言课的教学主要采用聘请精通鄂伦春语、具有教学经验的教师任教，每周两节课，集中全校鄂伦春族学生学习本民族语言，创设特定的交际情境，开展语言教学、语言交际活动，对传承鄂伦春语产生了积极意义。鄂伦春中学还进一步扩大民族语言的教学范围，启动全体师生广泛参与"鄂伦春语百句竞赛"活动，每周以掌握 10 个单词为标准。

此外，学校还弘扬以鄂伦春民族语言为载体的民族文化。主要通过开设民族手工课、民族民歌课等形式进行民族文化教育。如今民族手工课的作品陈列在学校展室里，有学生们制作精美的桦树皮作品，有谷物粘贴画，还有栩栩如生的剪纸画。民族民歌课聘请精通民族语言的歌唱家任教，鄂伦春族学生积极参与，学唱民歌的兴趣浓厚，师生体会不同调子音乐带来的美感时，会情不自禁地配合民族舞蹈翩翩起舞。学校"阿雅库汗"合唱团的成立，充分调动了学生用音乐的方式来学习本民族语言的积极性，培养了学生运用音乐的能力，加深了学生对本民族语言和文化的热爱。学校"阿雅库汗"合唱团在"颂歌献给党、唱响呼伦贝尔"庆祝建党 90 周年全市中小学生合唱节中荣获二等奖，在全旗中小学生文艺会演中荣获一等奖。鄂伦春族学生组建的民族舞蹈队，在表演时以矫健、柔美的舞姿赢得观赏者的赞誉。2014 年鄂伦春中学举行的鄂伦春民族文化传承演出，学生们以饱满的热情、精彩纷呈的节目演出赢得了来宾、领导、师生的一致好评，充分展示了鄂伦春族学生的才艺。

民族语言课上丰富多彩的教学活动让孩子们喜欢上了自己的语言，鄂伦春族学生的语言水平有了很大的进步，在校园里遇到本民族的老师时他们都会自觉地用鄂伦春语打招呼，学生参加全旗鄂伦春语比赛还获得了优异的成绩。

（三）学校民族语言教育面临的困难

内蒙古人口较少民族通过开展学校民族语言教育，积累了一些语言教育经验，但同时也在探索中遇到一些困难和问题，具体表现在：

第一，家长语言传承意识淡薄，学校民族语课教学效果难以维系。多年来，普通话的推广对于普及教育，发展科技文化事业，增进各民族、各地区之间的交往等起到了无可替代的重要作用。在这种大背景下，内蒙古人口较少民族的普通话普及率也迅速提升，民族语言交流适用的场合日益缩小。家庭语言传承是内蒙古人口较少民族语言教育的重要方式，但随着城市化进程不断加快，有些学生家长担心学生在学习和考试升学时吃亏，从小跟孩子讲汉话，鼓励孩子学汉语。学生语言环境发生了改变，家庭对民族语言与民族文化的认同也随之发生变化，学生学习本民族语遇到阻碍。我们在调查中与民族小学教师进行了访谈，访谈中很多老师都谈到家庭语言环境缺失给语言教学带来很大阻碍。

访谈对象（一）：鄂伦春中学的鄂伦春族教师

问：小学开设鄂伦春语教学效果怎么样？

答：小学开展得不太好。家长不重视，我在学校那段时间，很少，有一半去就不错了。

问：你觉得鄂伦春族学生学习民族语面临的主要问题是什么？

答：鄂伦春族学生人数在减少，语言环境差，鄂伦春族学生在家中很少用本民族的语言和父母交流，最重要的是大部分年轻的鄂伦春族父母已不使用本民族语言进行交流，学生学习本民族语言就成了一门"外语"，新生一代的语言学习环境不容乐观，给鄂伦春语言课教育带来困难。学生在学校普遍接受汉语文化教育，每周两节课的民族语言课远远不够。鄂伦春民族文化交流不够，文化传承的浓厚氛围还没有形成。

访谈对象（二）：腾克中心校达斡尔族教师

问：学校里有专门的达斡尔语课吗？

答：每个班每周一节课。每个班都上。莫旗自己编写的。有专任老师。

问：学生们能学到什么程度？

答：简单日常用语都会说。但学完之后使用情况不好。我们的生源就是腾克的。民族的比例90%，特别多。虽然达斡尔族学生比较多，但学生一上学校都是用汉语。

问：学生父母在家里都说达斡尔语吗？

答：说，都说。像我们这种年纪都没有问题。但现在有这种情况，我们跟孩子说达斡尔语，孩子回答时用汉语。就是说能用达斡尔语交流的还是少。环境就是这样的，大家都说汉语，也有个别是家长为了让孩子朗读什么的，从小教汉语。当然，汉语必须掌握，有这个紧迫性。所有文化都离不开汉语教学，所以首先要掌握好汉语。而母语没有交际环境，考试用不上，社会交流没有它也一样，就是这种感觉。社会没有对民族语言的需求，所以自然而然就放弃了。

问：那你们担心未来会说达斡尔语的人越来越少吗？

答：现在我们都担心这些问题。我们这些"70后""80后"基本就已经把达斡尔语简化了。现在我们上课时有时还问学生，这个叫啥你懂不？有的学生懂，有的不懂。

问：现在腾克的孩子们达斡尔语使用是什么状态？

答：腾克十年之前，小孩在家在学校说达斡尔语的都不少，现在基本不说了；十年之前基本不会说汉语，会说的跑调的多得是，现在也看不到了。现在的小孩以汉语为主。我们小时候就不会说汉语，老师讲课用达斡尔语讲课。而且老师用达斡尔语讲课，最后也没有影响我们学会汉语。我就是6岁之后学的汉语。我们小时候都那样。现在孩子家长怕孩子上小学后听不懂老师讲课，提前教汉语，怕他费劲。在家里专门教，不教达斡尔语。

第二，"有语言，无文字"给民族语言教学带来重重困难。内蒙古人口较少民族中达斡尔族、鄂温克族和鄂伦春族都没有统一文字，一直没法进行正规的双语教育，只能依靠以家庭语言和社区、社团语言为主的模式进行母语的保持和传承，无法在学校层面广泛开展语言学习教育。一直以来，内蒙古达斡尔族、鄂温克族、鄂伦春族都相继开展教材编写工作，目前这些民族多采用汉语拼音标注的方式编写会话教材，虽然这样的做法很简单、不规范，但基本上满足了这些民族母语教学的需要，在暂时没有可能解决文字问题的情况下，利用传统方式来传承本民族的语言具有极强的现实意义。

　　第三，民族语师资不足，语言文化传承活动经费不足。目前开展民族语课程的学校基本都是汉语授课的民族学校，这些学校的民族语师资力量明显不足。以敖鲁古雅鄂温克民族小学为例，该校在四、五年级为学生开设鄂温克民族语言课，但是学校没有专业的语言课教师，外聘教师又存在经费难以解决的困难，因此，民族语课程能否成为稳定、长期的教学内容还不得而知。此外，语言与文化紧密相关，语言学习只有寓于民俗文化活动中才能取得良好的效果，但开展民俗文化特色教学活动一方面缺乏相应政策支持，另一方面活动经费不足，如果没有专项政策资金支持，这些活动的开展都将举步维艰。

第四节　内蒙古民族语言政策与语言传承

语言政策是国家制定的关于语言的重要准则和规定，是指导语言选择、使用和协调语言关系、解决语言问题的基本原则和策略。我国是多民族、多语言、多文字的国家。新中国成立后，政府非常重视少数民族语言文字工作，制定和实施了一系列具有中国特色的少数民族语言文字政策法规。

关于少数民族语言教育，我国政府发布的很多政策法规都做了明确规定。

《中华人民共和国民族区域自治法》第三十七条规定：

> 招收少数民族学生为主的学校（班级）和其他教育机构，有条件的应当采用少数民族文字的课本，并用少数民族语言讲课；根据情况从小学低年级或者高年级起开设汉语课程，推广全国通用的普通话和规范汉字。

《中华人民共和国义务教育法》第六条规定：

> 学校应当推广全国通用的普通话，招收少数民族学生为主的学校，可以用少数民族通用的语言文字教学。

《扫除文盲工作条例》第六条规定：

　　扫除文盲教学应当使用全国通用的普通话，在少数民族地区可以使用本民族语言文字教学，也可以使用当地各民族通用的语言文字。

《全国民族教育发展与改革指导纲要（试行）》（1992—2000）第十五条规定：

　　正确贯彻党的民族语言文字政策，在教学中，因地制宜地搞好双语教学。民族地区学校的教学语言文字政策的具体实施，主要由各省、自治区根据《宪法》《民族区域自治法》的有关规定，按照坚持开放、扩大交流和有利于发扬民族优秀文化传统、有利于民族间科学文化交流、有利于提高各民族教育质量的原则和当地的语言环境、教学条件以及多数群众的意愿决定。凡使用民族语言授课的学校，要搞好"双语"教学，推广全国通用的普通话。要加强对少数民族学生学习汉语文和民族语文的双语教学研究。学校中的双语教学工作，要纳入教学计划由当地教育部门统一管理。

《国家中长期教育改革和发展规划纲要（2010—2020 年)》第二十七条规定：

　　大力推进双语教学。全面开设汉语文课程，全面推广国家通用语言文字。尊重和保障少数民族使用本民族语言文字接受教育的权利。全面加强学前双语教育。国家对双语教学的师资培养培训、教学研究、教材开发和出版给予支持。

上述法律法规都明确指出了民族地区教育的双语性特点。总体来看，新中国成立以来，我国的民族语言教育工作从组织领导、方针政策、经费投入等各方面都得到大力加强，各级地方政府认真执行我国的民族语言教育政策，充分保证了少数民族学习、使用本民族语言文字的自由，取得了显著成绩。

一　自治区民族语言政策与语言传承

内蒙古自治区历来高度重视民族教育工作。1981 年内蒙古自治区五届人大常委会通过了《关于自治区教育工作的决议》，提出了"优先发展、重点支持"的民族教育方针，在这个方针的指导下研究并制定了一系列保障民族教育事业健康快速发展的政策措施。"十一五"期间，内蒙古启动实施了"民族教育发展工程"，把"优先重点"的方针细化为具体政策措施，支持民族教育事业的跨越式发展，同时还专门设置了民族中小学建制，除了蒙古族外，朝鲜族、鄂伦春族、鄂温克族、达斡尔族、满族、回族等都有民族学校。

2012 年，内蒙古自治区民族事务委员会、发展和改革委员会联合拟制的《内蒙古自治区扶持人口较少民族发展

"十二五"规划》正式公布，该《规划》提出要"优先发展教育事业"，尤其要重视内蒙古4个人口较少民族的双语教育。

在民族院校继续设立人口较少民族预科班，高校民族班、预科班，适当向人口较少民族倾斜。大力推进鄂伦春族、鄂温克族、俄罗斯族、达斡尔族的双语教育，开发少数民族语言教学资源，加强双语教学质量监测和双语师资队伍建设。

2000年以后，内蒙古贯彻落实全国教育工作会议精神和国家教育规划纲要，正式颁布了《内蒙古自治区民族教育发展工程实施方案》和《内蒙古自治区中长期教育改革和发展规划纲要（2010—2020年)》。这两个文件在民族语言教学方面，除了重视蒙汉双语教学外，还提出要努力办好鄂伦春族、鄂温克族、达斡尔族考生的民族预科班。

2007年《内蒙古自治区民族教育发展水平提升工程实施方案（2011—2015)》中把推进阶段的重点工作落在扩大民族教育覆盖面、创办以本民族语言授课的学校等方面，并对各地创办以本民族语言授课为主的学校做了具体要求，特别指出3个少数民族自治旗和19个民族乡应做好民族语言教学。

乡镇要创办一所以本民族语言授课为主的幼儿园（学前班）和小学，少数民族聚居的旗（市、区）要重点办好以本民族语言授课为主的民族中小学；其他少数民族散杂居地区应根据实际，创办1所民族幼儿园（学前班）和民族中小学；三个少数民族自治旗和19个民族乡根据需要，办好主要招收本民族学生的幼儿园和中小学。积极发展并普及少数民族学前教育，巩固"普九"成果。

全区率先普及蒙古语授课高中阶段教育，民族初中升学率达到95%以上。每个盟市有1所民族中学进入自治区级示范性高中行列，1所至3所民族高中成为盟市级示范性高中；少数民族人口聚居的旗（市、区），要重点办好1所以本民族语言授课为主的高中或完全中学；3个少数民族自治旗要重点办好1所招收本民族学生为主的民族中学；有关盟市要加强朝鲜族、回族等少数民族高中或完全中学建设。

《内蒙古自治区中长期教育改革和发展规划纲要（2010—2020年)》中提到：

加强双语教育工作。全面加强双语教育工作，积极推进少数民族语文和汉语文授课的双语教学，尊重和保障少数民族使用本民族语言文字接受教育的权利，大力推广国家通用语言文字。蒙古族中小学要实行以蒙古语授课为主加授汉语，或以汉语授课为主加授蒙古语文的双语教学模式，使毕业生达到蒙汉兼通。重视双语师资的培养培训，加大蒙古语言文字教材建设和现代远程教育资源的开发建设力度。组织开展民族教育领域内的教学研究、协作交流、对外开放和特色院校建设活动。自治区推行"中国少数民族汉语水平等级考试"和"蒙古语文应用水平等级考试"。鼓励各民族学生自愿接受双语教育，互相学习语言文字。关心支持少数民族双语人才的培养、成长和发展。积极争取国家部属高校和内地高校为我区增加少数民族预科班和民族班招生计划，扩大招收接受双语教学的高中毕业生。区内高校在办好招收蒙古语授课为主高中毕业生的民族预科班和民族班的同时，努力办好招收鄂伦春、鄂温克、达斡尔及其他民族考生的民族预科班。研究制定优惠的就业指导政策，促进兼通蒙古语文和汉语文的优秀大中专毕业生顺利就业。

2016年2月，为深入贯彻落实《国务院关于加快发展民族教育的决定》和第六次全国民族教育工作会议精神，加快民族教育发展，内蒙古自治区结合当地实际，制定并颁布了《内蒙古自治区人民政府关于加快发展民族教育的意见》，该意见再次针对内蒙古人口较少民族，尤其是"三少"民族教育问题，提出了一系列具体措施，其中包含民族语言教育等内容。该意见指出，新时期在民族教育原则方面，坚持因地制宜分类指导，普惠性政策向偏远贫困地区、边境地区、少数民族聚居地区、"三少"民族地区倾斜，特殊性政策重点支持各级各类双语教育学校，大力促进教育公平和均衡发展；在改革考试招生制度中，明确提出要创造条件确保蒙汉双语授课和"三少"民族自治旗民族普通高中全部进入自治区级以上优质学校行列；在加快学前教育普及方面，提出"以偏远贫困地区、边境地区、少数民族聚居地区、'三少'民族地区为重点，实施学前教育三年行动计划"，在民族教育信息化方面提出"国家和自治区教育资源公共服务平台优先向偏远贫困地区、边境地区、少数民族聚居地区、'三少'民族地区和民族学校开放"。

2016 年 9 月《内蒙古自治区民族教育条例》颁布实施，条例强调内蒙古自治区各级各类民族学校应当使用本民族语言文字或者本民族通用的语言文字进行教学，重点发展民族学校的双语教学工作，还在少数民族毕业生升学以及发展壮大各级各类民族学校师资力量等方面提出了具体要求。该条例还特别明确指出，"自治区支持鄂伦春族、鄂温克族、达斡尔族以学校教育形式学习传承本民族语言和本民族文化"。

　　区内具备条件的高等学校应当为鄂伦春族、鄂温克族、达斡尔族考生举办民族预科班。

　　对报考区内外高等学校的蒙古族、鄂伦春族、鄂温克族、达斡尔族考生实行加分录取政策。对其他少数民族考生实行同等条件下优先录取政策。

　　自治区支持鄂伦春族、鄂温克族、达斡尔族以学校教育形式学习传承本民族语言和本民族文化。

从以上政策可以看出，内蒙古现阶段十分重视发展民族学校的双语教学，尤其重视发展人口较少民族的民族语言教学，这标志着内蒙古少数民族语言文字工作进入了一个依法保障、规范管理的新阶段，对于传承人口较少民族语言文化、促进民族团结进步、边疆繁荣稳定具有十分重要的意义。

二 自治旗民族语言政策与语言传承

内蒙古人口较少民族居住在内蒙古呼伦贝尔市，达斡尔族、鄂温克族和鄂伦春族主要居住在内蒙古三个少数民族自治旗，俄罗斯族主要居住在额尔古纳市。在民族自治地区，地方法律法规中也包含了很多民族语言教育政策。

1986 年，莫旗召开了有史以来的第一次民族教育工作会议，规定了民族教育的十项内容。1990 年，这十项内容提交旗第六届人民代表大会讨论通过，形成了《莫力达瓦达斡尔族自治旗民族教育暂行规定》。2000 年，内蒙古自治区第九届人民代表大会常务委员会第十九次会议批准，2011 年内蒙古自治区第十一届人民代表大会常务委员会第二十二次会议批准了对该条例的修订。《莫力达瓦达斡尔族自治旗民族教育条例》中关于民族语言教学的内容主要包括：

第十一条 民族幼儿园、民族小学、民族中学应当用民族语言辅助教学，使用本民族语言辅助教学的民族中小学、幼儿园，提倡安排具体课时学习本民族语言会话。

民族幼儿园、民族小学、民族中学应当推广使用全国通用的普通话和规范汉字。

第二十五条　民族幼儿园、民族小学、民族中学应当重视对学生进行本民族优秀文化传统教育，开展具有本民族特色的文化和体育等各种教育教学活动，促进本民族语言、文化、艺术和体育事业的发展。

2003 年鄂温克族自治旗通过《鄂温克族自治旗民族教育条例》，2011 年 5 月《鄂温克族自治旗民族教育条例》修正本正式公布，该条例对民族语言教育提出明确规定。

第十三条　自治旗人民政府每年安排鄂温克民族专项教育资金，重点用于发展自治旗民族语言授课的学校。

第二十七条　民族学校可以使用民族语言辅助教学。使用民族语言辅助教学的民族学校，提倡利用活动课学习本民族语言会话。

使用蒙古语言文字授课的民族学校，要加强汉语文教学和外语教学。

第二十八条　民族教育学校应当重视对学生进行民族优秀文化和民族历史教育，开展具有少数民族特色的文化和体育等各种活动，促进少数民族语言、文化、艺术和体育事业的发展。按国家规定标准，设立体育、卫生、艺术专项经费，纳入自治旗政府财政预算。

2002 年鄂伦春自治旗第十一届人民代表大会第四次会议

通过《鄂伦春自治旗民族教育条例》，该条例也对民族语言教育提出明确规定。

第十四条　民族学校可以使用本民族通用的语言进行教学。

民族学校应当推广使用国家通用的语言文字，并结合实际，适时开设外语课。

此外，2014 年鄂伦春自治旗出台《鄂伦春自治旗鄂伦春民族民间传统文化保护条例》，该条例第三条指出，鄂伦春民族民间传统文化包括"鄂伦春族的语言"和"民间故事、歌谣、谚语、谜语、传说等口头文学"等九项内容。2015年莫旗颁布实施《莫力达瓦达斡尔族自治旗达斡尔民族民间传统文化保护条例》，该条例第二条指出，达斡尔民族民间传统文化包括"达斡尔民族的语言"和"传统口头文学"等十三项内容。

从以上政策中我们可以看到，内蒙古认真贯彻国家扶持人口较少民族发展规划，并结合当地实际，出台了一系列有利于人口较少民族教育发展的政策，确保了人口较少民族享有接受本民族语言教育的权利。内蒙古自治区政府本着加强人口较少民族语言文化传承，发展少数民族地区社会经济，维护内蒙古民族团结和谐的原则，对人口较少民族语言教育政策进行的调整，兼顾了内蒙古各民族的利益，提出的政策建议科学合理，为内蒙古人口较少民族学校语言传承提供了政策保证。

第五章

内蒙古民族语言广播电视与
人口较少民族语言生态

第一节 民族语言广播电视及其功能

一 民族语言广播电视的发展

民族语言广播电视，是指以少数民族语言为传播载体的广播和电视。民族语言广播电视事业是我国少数民族新闻事业的重要组成部分，它的兴起与发展是由我国多民族国家基本国情决定的。《中华人民共和国民族区域自治法》第三十八条规定："民族自治地方的自治机关自主地发展具有民族形式和民族特点的文学、艺术、新闻、出版、广播、电影、电视等民族文化事业。"

新中国成立后，民族语言广播得到了迅速发展，形成从中

央到地方全国性的民族语言广播网络。到 20 世纪 80 年代，
"四级办广播、四级办电视、四级混合覆盖"举措的实施，使
我国民族语言广播事业逐步发展繁荣起来。这一时期我国共有
近 200 个广播电台，有蒙古、藏、维吾尔、苗、彝、壮、锡
伯、鄂伦春等 25 种少数民族语言广播，用少数民族语言摄制
的故事片达 3410 部（集）、译制各类影片达 10430 部（集）。
到 2012 年 5 月，民族自治地方有广播电台 73 座，节目 441
套，民族语节目 105 个；电视台 90 座，节目 489 套，民族语
节目 100 个。中央人民广播电台和地方广播电台每天用 21 种
少数民族语言播音。① 目前，有本民族语言的民族几乎都有民
族语言广播电视，它传承着悠久的中华民族文化。

二 民族语言广播电视的功能

民族语言广播电视是我国广播电视事业的重要组成部分，
在现实发展中具有独特价值。

第一，民族语言广播电视可以增进民族情感与民族认同。
母语媒介是有效增进民族认同的黏合剂，因此，利用民族语言
进行传播能够强化广播电视传的亲密感和归属感，消除与受
众的距离感，起到增进民族情感与民族认同、增强传播效果的
作用。

---

① 陈章太：《语言规划概论》，商务印书馆 2015 年版，第 113 页。

第二，民族语言广播电视能够有效传播实用信息。少数民族地处边陲，交通不便、信息不畅，民族语言广播电视可以有效改善语言不通、沟通不畅带来的信息减损现象，从而大大提高接受信息的有效性。有报告显示，通过民族语言广播电视，广大少数民族受众能够掌握农牧业技术、了解市场信息和国内外大事。

第三，民族语言广播电视能够保护和传承民族文化。民族语言在保护语言文字、非物质文化遗产、维系民族感情、丰富民族地区受众精神生活等方面具有重要的作用。

第四，民族语言广播电视在沟通党和民族群众的联系、维护民族团结和社会稳定等方面发挥着重要作用。

第二节　内蒙古人口较少民族民族
语言广播电视

我国的民族语言广播是由民族自治地方最先办起来的。1950 年 11 月 1 日内蒙古乌兰浩特人民广播电台建立并正式播音，它是新中国成立后创建的第一个省级少数民族语言广播电台。1954 年 3 月 6 日改名为内蒙古人民广播电台。1979 年 6 月 25 日组建蒙古语新闻部，形成了包括自治区台和市台、旗县台（站）共同组建的广播网，内蒙古广播事业跨入了现代化的新里程。此后内蒙古自治区下属的少数民族自治旗和民族乡镇等广播电视台也办有民族语言广播电视节目。

　　内蒙古人口较少民族聚居的主要地区是呼伦贝尔市，新中国成立以来，呼伦贝尔市莫旗、鄂温克族自治旗、鄂伦春自治旗都有蒙古语和"三少"民族语言的广播电视节目，这些民族语节目有贴近性和亲近性，在少数民族受众中有非常高的影响力和知名度。

一　内蒙古达斡尔语广播电视节目

　　莫旗的广播事业始于1954年。1958年开始，莫旗广播站用达斡尔语、汉语两种语言播出自治旗新闻。特别是达斡尔语播音，在达斡尔族群众中影响很大，涌现出哈斯那布琪、苏荣、呼和、丽娜、苏少英、苏华、郭玉莲等专职达斡尔语播音员和那顺达来、斯荣、斡登挂、斯琴等兼职播音员。这些播音员都是看着汉文稿，直接用达斡尔语译播。莫旗广播站的达斡尔语新闻、文艺节目等，为山区不懂汉语的达斡尔族农牧民了解国家大事、了解各地的发展变化、接受先进的科学文化知识起到了很大作用，深受达斡尔族群众的欢迎。20世纪60年代至80年代，在莫旗还曾有自办的达斡尔语新闻、文艺、天气预报节目的广播，每天35分钟。

　　1985年2月，莫旗电视台建成，1993年旗电视台在尼尔基镇安装有线电视入户，使居民能够收看到八套电视节目。旗电视台除了转播中央电视台节目外，还播放本旗新闻，反映改革开放给自治旗带来的新气象。

目前，莫旗广播电视台有达斡尔语电视节目《达斡尔新闻》，每期10分钟，每周三、五固定播出，周一不固定播出；《唱响达斡尔》，每期12—15分钟，每周一期。

为充分了解当前莫旗民族语言广播电视节目的现状和存在的问题，2015年我们采访了莫旗旗委宣传部和莫旗广播电视台负责人。

问：咱们电视台用达斡尔语播音的节目有哪些？

答：我们有新闻节目。达斡尔语没有文字，我们用达斡尔语来翻译播出。还有访谈类节目中一半达斡尔语，一半汉语。有的嘉宾不会说汉语，他就只能用达斡尔语来表达。

问：咱们主持人都兼通达斡尔语和汉语吗？

答：我们有三种主持人：一个是专门做达斡尔语的，一个是专门做汉语的，一个是达斡尔语和汉语都懂的，双语的。

问：达斡尔语新闻播出后，受众的反馈如何？

答：我们没有专门统计，但是我们达斡尔语节目受众还是不少的，比如节目播出之后，会有受众反映播音员播得不准啊等问题。

问：除了达斡尔语新闻和个别访谈中使用达斡尔语外，其他还有用达斡尔语播出的节目吗？

答：我们还有《达斡尔语故事》这个栏目。用达斡尔语把故事讲出来。我们一直都在做，但不是每周都有。另外，我们一直想用达斡尔语翻译影片，做译制片，但由于设备问题始终也没做成。

问：咱们台里有用达斡尔语播出的广播节目吗？

答：现在广播还没有。因为我们广播人太少，开不了。旗里没有专项，现在基本就是我们台里自己在做。现在市里和省里都把经费投入到蒙古语播音上了，很少在"三少"上投入。我们"三少"民族人口本身比较少，再加上没有资金，莫旗也比较困难，这一块就没有投入。我们是在用一部分广告收入来做，或者就是有钱了做点，没钱就不做。

问：咱们的达斡尔语节目只在莫旗能够收看到吗？

答：对。只有莫旗能看，其他地方收不到。

二 内蒙古鄂温克语广播电视节目

新中国成立后，鄂温克族自治旗的广播电视事业得到迅速发展。1955 年鄂温克族自治旗成立后建立旗广播站，1965 年鄂温克族聚居的辉苏木成立广播站，除转播中央人民广播电台的新闻节目外，还转播内蒙古广播电台蒙古语节目、内蒙古广播电台第二台（现呼伦贝尔广播电台）的蒙古语节目。1980 年 5 月 1 日，鄂温克族自治旗广播站自办的《全旗新闻》（汉语、蒙古语）播出，每日10分钟。1983年，《全旗新闻》改由鄂温克语、蒙古语、汉语三种语言播出，时间为15分钟，此外还安排了鄂温克族民歌和舞曲、达斡尔族的"乌钦"、蒙古族说书等富有地区特点、民族特色的节目。《鄂温克语新闻》荣获三次盟级特别奖。在自办地方节目中，除用蒙古语和汉语开办了《全旗新闻》外，还开办了《每周一歌》《周末文艺》等综合节目，自办节目的播出时间每天30分钟。2011年，内蒙古人民广播电台与鄂温克族自治旗实施战略合作，开办了内蒙古人民广播电台"鄂温克之声"，"鄂温克之声"以鄂温克语、蒙古语、汉语3种语言播出，内容涵盖新闻资讯、生活服务和文艺娱乐等，自办直播节目占频率总时长的2/3。

1993年7月鄂温克族自治旗电视台开始试播，1995年1月10日鄂温克电视台正式播出，采用蒙古语、汉语两种语言播出《鄂温克语新闻》。1996年6月18日《鄂温克语新闻》节目使用鄂温克语、蒙古语、汉语3种民族语言播出，开创在全区乃至国内旗县级电视台使用三种语言播出电视节目的先河，该节目受到以鄂温克族为主体，蒙古族、达斡尔族、汉族等多民族聚居的广大鄂温克族自治旗观众的喜爱，掀开了鄂温克电视台走向辉煌的一页。[1] 2008年，鄂温克旗民族宗教事务局与鄂温克电视台联合制作完成鄂温克语特别栏目《鄂温克人》。2011年11月初，鄂温克族自治旗电视台的《看动漫学

① 《鄂温克族自治旗概况》编写组编写：《内蒙古：鄂温克族自治旗概况》，民族出版社2008年版，第184页。

鄂温克语》，每期5分钟，每天一期，通过电视教学形式普及和发展鄂温克民族语言，为广大青少年传承母语、使用母语创造了条件。目前，鄂温克族自治旗广播电视台的电视节目《鄂温克语新闻》每周一期，每期10分钟，广播节目开办了《鄂温克语新闻》每期10分钟，每周二、四、六、日播出。

为充分了解当前鄂温克族自治旗民族语言广播电视节目的现状，2015年我们采访了鄂温克族自治旗文体广电局、广播电视台负责人。

问：咱们旗民族语言播音的基本情况是怎样的？

答：现在我们电台一直有蒙古语节目和鄂温克语节目。鄂温克语基本上是一周十几分钟的新闻。除了这个，去年成立了一个鄂温克语译制中心，准备译制一些微电影。

问：参与译制工作的人员有什么要求？

答：必须会鄂温克语。因为鄂温克语没有文字，一般是口语。我们做鄂温克语节目的编辑、记者一般都是鄂温克族。他对这个鄂温克语掌握得非常好，同时还得会蒙古语。因为鄂温克语节目的文稿用的是蒙古语的音标。所以做这个节目，我们有专门的鄂温克语播音员、主持人，还有鄂温克语的编辑。

问：台里找这些人员应该比较难吧？

答：比较难。因为鄂温克族全国才3万多，在这个地方也就一万多人口，能够很好地传承这个母语的人也不是很多。

问：咱们节目播出后受众的反馈有调查吗？

答：没有一些成规模的调研，但是这个节目已经办了二十多年了，从受众角度来讲，还有一部分受众经常听、经常看。你像这个口语有了播音错误的时候，马上会有一些听众反馈。我们从这方面了解到有人还是在关注这个的。

问：我们了解到当地有个《看动漫学鄂温克语》，这个和咱们台有关系吗？

答：有。这个节目最早是我们和民委合办的。合办后在我们电视台播出，作为一个教学节目。后来他们民委觉得挺不错的，就做成了动漫的形式，便于在孩子们中推广。现在这个节目我们台也在播出。

三　内蒙古鄂伦春语广播电视节目

鄂伦春自治旗的广播电视事业始于 1953 年，鄂伦春自治旗在小二沟建立旗广播收音站。1959 年，旗广播收音站更名为鄂伦春自治旗广播站。1981 年 10 月，旗广播站开办了鄂伦春语广播节目，配备了一名鄂伦春族女播音员，用鄂伦春语和汉语两种语言预告节目。1987 年 6 月，开办了鄂伦春语专题节目，每周一次，每次 5 分钟。1989 年 10 月，鄂伦春广播电台成立，结束了有线广播的历史。1991 年 5 月，经国家广播电影电视部批准建立了鄂伦春自治旗第一个调频广播电台，呼号为"鄂伦春人民广播电台"。2001 年 9 月鄂伦春人民广播电台成功完成了建旗 50 周年庆祝大会和篝火晚会的现场直播，并与呼伦贝尔人民广播电台连线直播为期 11 天每天 10 分钟的大型节目《沧桑巨变鄂伦春》。1992 年广电部批准建立鄂伦春电视台，此后鄂伦春电视台开设了很多自办栏目，如《鄂伦春新闻》《今日鄂伦春》《鄂伦春语会话》《一周要闻》等。鄂伦春自治旗庆祝建旗 50 周年期间，电视台共拍摄制作了近 50 部专题片，40 集人物访谈系列片《鄂伦春人》，配合呼伦贝尔电视台采写系列报道 12 篇。

鄂伦春自治旗旗委、旗政府向来重视对鄂伦春语的宣传、普及工作。从 20 世纪 80 年代初开始，在旗有线广播节目中设立了鄂伦春语广播节目，无论在城镇还是在猎民村，都可以听到用鄂伦春语广播的节目。随着电视的普及，从 1994 年开始开办了电视节目《学说鄂伦春语》，每期 15—20 分钟，每天一期；《鄂伦春人讲自己的故事》，每期 10 分钟，每天一期；他们还靠自己的力量把电视连续剧《天神不怪罪的人》（上、下集）翻译成了鄂伦春语，为宣传和普及鄂伦春语起到了很好的推动作用，深受广大观众的欢迎。2010 年，呼伦贝尔市少数民族语言广播电视节目研讨会在鄂伦春自治旗召开，会议达成共识，计划在原有"三少"民族广播电视节目协作体以及蒙古语广播电视节目协作体的基础上，将各地的广播电视资源、优秀节目作品等内容进行整合，共同打造精彩的、具有浓郁民族特色的广播电视节目，使达斡尔族、鄂伦春族、鄂温克族、蒙古族的优秀文化、经济社会发展现状等内容得到更加全面、广泛的宣传报道。

为充分了解当前鄂伦春自治旗民族语言广播的历史和现状，2015 年我们采访了鄂伦春自治旗广播电视台负责人。

问：现在咱们台里有用鄂伦春语广播的节目吗？

答：我们台现在播音这块不做鄂伦春语节目。前几年做了，现在都停了。只有一些栏目，比如《和我学鄂伦春语》这样一些小的栏目。

问：这个《学说鄂伦春语》和电视台那个《学说鄂伦春语》一样吗？

答：不一样。我们是有一个小的短剧，大概几分钟，就像一个小故事，里面有鄂伦春语单词。

问：这个节目是什么时候开始做的？

答：从 2012 年开始做的，一周两期。

问：咱们调查过受众对播出节目的反馈吗？

答：这个节目做的时间不太长。节目中教的像"你好""吃饭""再见"啊，他们都已经学会了。太深入的话，我们一般没法做。

问：咱们广播电台只有这么一个用鄂伦春语播音的节目吗？

答：对，只有这么一个节目。但我们台里一直用鄂伦春语做片头，这个一直都有。但是后来由于播鄂伦春语的人，发音不太标准，我们就给取消了。

问：咱们鄂伦春语播音员是不是很难找？

答：现在特别难找，尤其是对鄂伦春语懂得比较多、口齿伶俐、语速和语调都掌握特别好的，这样的人才很难找。这是一个瓶颈。

四　内蒙古俄罗斯语广播电视节目

内蒙古俄罗斯族聚居区的广播电视事业是在新中国成立后才逐渐发展起来的。1966 年建立额尔古纳右旗广播站，同时建立了奇乾、吉拉林、黑山头三个边境广播站。1985 年建立电视台，电视人口覆盖率为 80%。1990 年建成人民广播电台。额尔古纳市的广播电视网络是 1991 年建成的，1997 年恩河村有线电视台建成，主要转播额尔古纳市电视台和各地电视台的节目。目前，额尔古纳市广播电视台除了转播中央电视台、内蒙古电视台等外地节目外，还自办节目，制作和播送本地新闻和有地方特色的文艺、科技节目，是当地政府推动工作的文化阵地，满足了群众文化生活的需要，受到群众的欢迎。

我国的俄语广播一直以来主要担负着对外宣传的责任，缺少针对国内俄罗斯族的民族语言广播电视。2001 年 9 月，额尔古纳市文体广电局专门制定了"俄罗斯族（华俄后裔）少数民族广播电视事业发展计划"，对俄罗斯族民族乡的有线电视网络进行改造，对全市范围内俄罗斯族聚居自然村屯"村村通广播电视"等问题做出了明确的规划，并以文件的形式上报内蒙古自治区广播电影电视厅，这些建议得到上级部门的重视和支持。

第三节　内蒙古民族语言广播电视与人口
较少民族语言传承

　　"广播电视是与语言文字关系最为密切的行业之一，播音用语的状况，屏幕用字的状况，直接关乎行业的工作质量，同时也关乎语言文字运用的社会导向。"[①] 在信息交流空前频繁、文化交融日渐深入的当代社会，广播电视媒体对语言生活的影响越来越大，强势语言通过媒体将强势民族的语言、文化和生活方式进行广泛传播，那些交流域更广的全国通用语和全球通用语被带到了家里，这进一步削减了弱势语言赖以生存的庇护所，少数民族语言的生存环境正面临着严重的危机。因此，《国家通用语言文字法》规定，国家通用语言文字为基本用语用字，同时，民族地区和方言地区经省级和省级以上广播电视主管部门批准，也可以用民族语言和方言进行传播，这是考虑媒体语言规划的一个法律依据。……就语种的规划来说，要贯彻《国家通用语言文字法》，要进行大量调研、调查，根据现实情况来规划。要加强对广播电视语种使用情况的普查和调查，制定具体的政策。[②] 此外，国务

---

　　① 李宇明：《中国语言规划三论》，商务印书馆 2015 年版，第 60 页。
　　② 姚喜双主编：《新媒体时代广播电视语言研究》，语文出版社 2013 年版，第 5 页。

院在《关于进一步促进内蒙古经济社会又好又快发展的若干意见》中也明确表示要大力支持广播影视数字化、民族语言广播电视和节目译制能力建设等。2012 年《内蒙古自治区扶持人口较少民族发展"十二五"规划》提出，提高少数民族语言广播影视节目制作能力，加强优秀广播影视作品少数民族语言译制工作，加强鄂温克语、鄂伦春语、达翰尔语、俄罗斯语广播电视节目配置译制制作能力，支持民族语文音像制品、书报刊等文化产品的出版发行。

内蒙古是以蒙古族为主体民族的自治地区，经过长期建设，内蒙古的蒙古语广播电视事业较为兴盛，但针对达翰尔族、鄂温克族、鄂伦春族、俄罗斯族的民族广播电视节目相对薄弱，尤其是面向额尔古纳市俄罗斯族的俄语广播电视节目一直未开通。由于不能收听俄语广播、收看俄语电视，与境外俄语的接触很少，再加上当地懂俄语的俄罗斯族大多不能阅读俄文报刊书籍，这大大地限制了额尔古纳市俄语的传播和使用。面对这种情况，有学者指出：俄语无线、在线广播不仅仅担负着对外宣传的责任，同时也承担着对内宣传的义务，其中当然包括为俄罗斯族人提供服务。……尽管国家在硬件投入方面已经取得很大成效，但对俄罗斯族广播电视软环境的关注却相当缺乏。我们可以利用俄语广播部的优势，寻求适当的方式来帮助我国俄罗斯族发展语言文化，帮助在俄罗斯族重点居住区建立旨在保护该少数民族语言文化的项目，为传承我国俄罗斯族文化出点力。这对于树立国家电台形象，维护全国各族人民大团结具有重要意义。①

保护少数民族语言文化是我国民族政策的重要内容。建立起少数民族语言的广播电视覆盖，是保护甚至抢救少数民族文化的重要一环。为此我们对达斡尔族、鄂温克族、鄂伦春族、俄罗斯族接触民族语言的渠道进行了调查，其中包括广播电视的接触情况，调查显示内蒙古4个人口较少民族母语人主要是通过日常交流等渠道进一步强化母语听说能力的，以广播、电视、网络等传播渠道接触母语的机会较少，这说明内蒙古4个人口较少民族在媒体传播工作中使用本民族语的概率很低。（见图5-1）

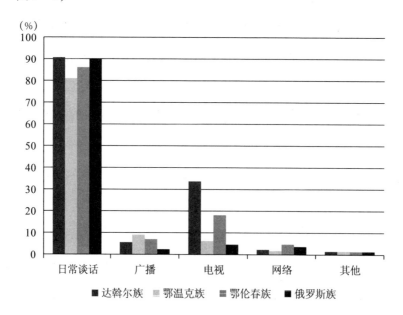

图5-1　内蒙古人口较少民族接触本民族语的渠道

---

① 陈敏毅主编：《国际广播论文集》第10辑，中国国际广播出版社2009年版，第170页。

在"你希望本地广播电视用什么语言播音"的调查中，我们发现，内蒙古 4 个人口较少民族选择"本民族语和汉语"作为广播电视用语的占比最高，达到 43.2%，其次是"本民族语"（32%），选择用汉语播音的比例最低（24.8%）。可见，内蒙古人口较少民族对母语有着很强的忠诚度，倾向于看到和听到更多的本民族语节目。

马学良《为实现新时期的总任务多做贡献》一文指出，多年的经验证明，在没有民族文字的地方开展民族语言广播，使用民族语言宣传党的方针政策，进行电影、幻灯配音等，对于提高群众的思想水平和文化水平，对于各民族的文化交流，都起到很好的作用，因而受到广大群众的欢迎。民族语文工作者必须研究怎样更好地发挥没有文字的语言在宣传、教育工作中的作用，认真总结群众创造的口译经验。① 内蒙古达斡尔语、鄂温克语、鄂伦春语都是无文字的语言，曾开办过本民族语言的广播或电视节目，虽然节目数量不多，但这些广播电视节目具有贴近性、亲民性，在少数民族受众中享有非常高的影响力和知名度；在没有专门经费、本民族语言采编播人员严重缺乏的情况下，相关部门通过开办民族语言广播电视节目，努力承担起拯救、传承、规范民族语言的重任，这些民族语言广播电视节目客观上起到了传承内蒙古人口较少民族语言、规范使用民族语言的作用。

---

① 马学良：《为实现新时期的总任务多做贡献》，《民族语文》1979 年第 1 期。

近年来，内蒙古呼伦贝尔市加大对达斡尔族、鄂温克族、鄂伦春族、俄罗斯族 4 个人口较少民族的扶持力度，大力发展当地民族广播影视事业。2014—2016 年间，我们三次前往呼伦贝尔市进行调研，调查中了解到呼伦贝尔媒体人在民族语言广播电视领域进行了很多新的探索，如积极筹划多民族语电视公共频道、大力发展民族语影视译制工作等。从语言生活的视角来看，这些探索无疑会对内蒙古人口较少民族语言传承和内蒙古和谐语言生态的构建产生积极的影响。

一 多民族语电视公共频道与人口较少民族语言传承

（一）多民族语电视公共频道的频道定位

为弘扬和传承呼伦贝尔地区多姿多彩的民族语言文化、更好地服务于人口较少民族，尤其是"三少"民族（达斡尔族、鄂温克族、鄂伦春族）观众，内蒙古呼伦贝尔广播电视台从 2012 年起致力于多民族语电视公共频道的筹办。调查过程中，我通过访谈了解到多民族语电视公共频道的频道定位和创办意义。多民族语电视公共频道主要宣传党的大政方针、民族政策、先进文化，服务于市委、市政府中心工作，服务于民族文化深度传播与传承。频道以新闻节目为主体，以民族文化、旅游、信息服务为依托，重点是要打造边疆民族地区多民族语公共服务频道。频道的播出拟定采用蒙古语、鄂温克语、鄂伦春语、达斡尔语和俄罗斯语。多民族语电视公共频道虽然至今未启动，但该频道的创办理念反映出呼伦贝尔媒体人高度重视内蒙古人口较少民族语言文化的传承和发展。

访谈对象：呼伦贝尔市委宣传部负责人

问：您觉得开办这个多民族语电视公共频道的意义在哪里？对地区发展有什么作用？

答：第一，开办多民族语电视公共频道，制作、播出民族语言节目不仅关乎边远地区农牧民的生产生活，更关乎边疆的稳定、民族的团结、社会和谐和意识形态的安全。对内可以满足蒙古族、达斡尔族、鄂温克族、鄂伦春族和俄罗斯等少数民族收听收看本民族语言节目的需求，对外可以更好地对呼伦贝尔毗邻的周边国家进行对外宣传，宣传我国改革开放的成果，宣传我们的文化艺术成果，宣传我们国家走向繁荣发展的形象，促进中俄蒙三国政治、文化、经济交流。

第二，这也是传承、发展民族语言文化和增强城市发展软实力的需要。呼伦贝尔历史悠久，民族众多，文化底蕴深厚。呼伦贝尔是以蒙古族为主体，达斡尔族、鄂温克族、鄂伦春族等少数民族共同缔造的北方少数民族历史文化家园，再加上俄罗斯族的融入，呼伦贝尔文化博大且异彩纷呈。此外，达斡尔族、鄂温克族、鄂伦春族都没有本民族文字，日常交流主要依靠本民族语言，且民族语言也呈现出衰亡趋势。开办多民族语电视公共频道可以抢救、发掘、留存这些民族濒临消亡的语言，可以用声音、图像记录、保存濒临险境的民族文化，进而实现民族文化传承、发展、创新。

第三，还能促进地方经济发展，也是建成美丽呼伦贝尔的需要。加大对鄂伦春族、鄂温克族、达斡尔族、俄罗斯族4个人口较少民族的扶持力度，可以起到普及法律知识、传播科学理念、改善知识结构、丰富精神生活的作用，对于建设社会主义新牧区、新林区，建设幸福呼伦贝尔都具有重要意义；开办以新闻、文化为载体的多民族语电视公共频道，可以大力宣传呼伦贝尔北疆重要生态屏障作用和生态文明建设成就，树立美丽中国形象。

（二）开办多民族语电视公共频道遇到的问题

2014年我们采访了呼伦贝尔广播电视台相关负责人，了解到多民族语电视公共频道设立的初衷、申报的过程和面临的困难。

问：咱们做"三少"民族语言节目吗？

答：我们没有做过，一直都是各个自治旗在做，但是我们台一直有个想法，想搭建一个多民族语的公共电视频道，一直在申请。后来内蒙古广电局同意了，但国家广电总局不同意。但是内蒙古广电总局挺支持，说这想法特别好，说你们报上去。因为内蒙古当时正在上内蒙古的第二套卫星节目——蒙古文化频道，当时上那个频道就挺费劲的。国家广电总局认为，地一级的只允许有三个频道，不允许有第四个频道。我们的想法是，这个东西非常重要，我们呼伦贝尔与内蒙古其他地区不一样，是一个多民族聚居的地方，达斡尔族、鄂伦春族、鄂温克族都在呼伦贝尔，还有三个自治县。这样我们想着要搭建一个公共平台，就是拼盘。我们要是单独设个达斡尔语频道，我觉得不太可能，鄂伦春语、鄂温克语也一样。所以我们想提供一个公共平台，具体做的时候还得由三个少数民族的人来做。过去广播电视系统中县一级的电视台也一直主张做公共平台，但他们没有必要做那么全的频道，那样他们也生存不下去。所以我们做一个公共频道，这里面可能蒙古语节目相对多一些，适当地做一些达斡尔语、鄂伦春语、鄂温克语节目。比如每天有一个15分钟的新闻节目。如果每天做有困难，可以隔天做，比如一、三、五做。这样就有一个播出平台，大家都能看。而且我当时想广电总局的直播卫星的平台和频道资源、带宽资源闲置很多，可以做我们的这个东西。上星之后，呼伦贝尔地广人稀，传输覆盖是很大的问题，你怎样传到各个县、乡镇？传到每户？这个是最难的。所以如果上卫星后，有这么一个平台，这么一套节目我觉得挺好的。但国家政策是只能省一级的一个频道上星，比如内蒙古的蒙古语、西藏的藏语、新疆的维吾尔语，都是国家和省里对外宣传可以上星的。但后来我们又听说了一些州和地区上星，比如延边朝鲜语上星，四川的康巴藏语、青海的安多藏语上星。每次有人说起这个话题，我们都积极探索，但这个申请真的挺难。后来我们听说四川、青海和西藏的藏语差别很大，彼此听不懂，所以可以上星。上次国家广电总局相关负责人上我们这里来，我们也说了这个多民族语频道，他觉得这个想法很好。后来与内蒙古自治区宣传部沟通，说你们呼伦贝尔有这个想法，我是很赞同的，你们从宣传部的角度再多考虑考虑。我们挺高兴的，但办的时候又有很多政策，现在还没有办下来。

问：多民族是内蒙古的特色，如果这个频道申请不下来，那能否借助内蒙古电视台现有的频道，把内容整合在他们那里去？

答：这个倒是可以的。但他那个定位，不是多民族语，就是蒙古语。在地方，三个自治旗，你让他们做个专门的频道或栏目，这个对他们来说压力很大。鄂温克语还好，鄂温克语和蒙古语之间交流共享多一些，鄂温克语的编辑、记者、播音员都会说蒙古语。达斡尔语和蒙古语很接近，但达斡尔人对蒙古语掌握得不多，文字记录很麻烦。你做节目总得有稿子，总局问你做节目没有稿子怎么审查把关呢？达斡尔语做，就得用汉语做记录，只能直译去播。鄂伦春族人口特别少，掌握本民族语言的人更少，他们找从业人员更难。但我觉得，越是没有文字记载的这种语言的传承，它越需要广播电视这样的载体。有文字的话，它有书能记录。像鄂温克语、鄂伦春语，如果没有广播电视这样的载体把它们记录传承下来的话，可能用不了几代，语言就消失了。所以，我觉得，从民族政策角度也好，从文化传承角度也好，这个特别重要。可能晚做二十年、三十年，你就没法再回来做了。就像我家的孩子，我们这一代都说蒙古语，我的孩子你让他回头再去学蒙古语，就像学外语一样难了。所以，少数民族的群众，就像蒙古族，他对本民族语言文化的传承，从国家政策看越来越重视，自己也就重视了。以前孩子们考虑到上学难、就业难，他宁可不学民族语，因为学了民族语就找不到工作。但现在蒙文也学，汉文也学。从我们自己在民族地区工作就是这样。我觉得电视也好，广播也好，你讲覆盖率，讲人口收听率，但少数民族这块，你不能单纯地追求像汉语节目一样，拿这个标准做衡量。这个甚至完全得是国家去养它，国家保证人员编制，保证经费，不能靠它去创收，让它自己养自己。

二 民族语影视译制工作与人口较少民族语言传承

译制工作是少数民族广播电视事业的重要组成部分，在发展繁荣少数民族广播电视事业中占据着重要的位置。2009年《少数民族语电影数字化译制、发行、放映实施细则》出台，经过多年的努力，各地少数民族语电影译制工作基本进入稳定阶段。

呼伦贝尔市民族语影视译制中心的前身是 1975 年成立的呼伦贝尔电影公司译制科，目前民族语影视译制中心主要承担巴尔虎蒙古语、布里亚特蒙古语、达斡尔语、鄂温克语、鄂伦春语、俄罗斯语等少数民族语言电影的译制工作。译制中心自 1975 年成立以来，共译制蒙古语故事影片 300 余部、蒙古语科教、纪录片 100 多部；达斡尔语故事影片 3 部，鄂温克语故事影片 2 部，鄂伦春语故事影片 1 部。单片放映场次，每年达到几十场，观众人数达到几千人到几万人次。粗略统计，40 年总的放映场次达到了上万场，观众达到了 200 多万人次，受到了广大牧民群众的热烈欢迎和好评。译制中心的影片还多次荣获国家、自治区、市级奖励。（见表 5－1）

表 5－1　　　　呼伦贝尔市民族语影视译制获奖作品

获奖影片	语种	获得奖项	年份
《傲蕾·一兰》（我国第一部达斡尔语电影）	达斡尔语	内蒙古自治区"优秀译制影片奖"	1981
《傲蕾·一兰》	达斡尔语	国家民委、国家文化部、国家广电部、中国文学艺术联合会颁发的少数民族语题材电影"优秀译制片奖"	1982
《悲情布鲁克》（我国第一部鄂温克语电影）	鄂温克语	国家民委、国家文化部、国家广电部、中国文学艺术联合会颁发的少数民族语题材电影"骏马奖"	1998

续　表

获奖影片	语种	获得奖项	年份
《成吉思汗和他的母亲》	达斡尔语	呼伦贝尔盟"五个一工程奖"	1999
《额吉》	鄂温克语	第29届伊朗国际电影节最佳编剧奖	2013

　　2003年国家启动保护民族民间文化遗产工程后，民族语影视译制中心又先后完成了多部作品。2006年第一部反映鄂伦春族生活的鄂伦春语译制片《最后的猎鹿者》上映。该片的译制仅用了18天。该片反映的是1958年鄂伦春族完全定居前的艰苦生活状态和汉族同胞用真情甚至生命动员鄂伦春族最后一个部落下山定居的动人故事，再现了鄂伦春民族在党和国家的关怀下命运大转变的历史场景，是鄂伦春民族历史、文化、语言、民俗风情的集大成者。2013年，鄂温克语译制影片《额吉》作为鄂温克旗建旗55周年献礼影片在鄂温克旗进行首映。影片以上海市3000名孤儿在草原扎根、生活为题材，通过草原母亲和上海孤儿之间的感人故事，再现草原母亲的博大胸怀和无私奉献精神，是一部集思想性、艺术性、观赏性于一体的优秀影片。2014年呼伦贝尔市民族语影视译制中心出版了全国唯一的民族语电影译制史志，并计划在2017年译制达斡尔语、鄂温克语、鄂伦春语影片各2部，至2020年增加到每年每个语种影片各译制5部。

　　少数民族语影视译制工作具有直观性、可视性等特点，在保留、挖掘、传承少数民族文化方面有着其他媒体无法替代的重要作用。随着社会经济的快速发展，城镇化的不断推进，达斡尔族、鄂温克族、鄂伦春族等人口较少民族语言正面临严重退化的局面。因此，抓好人口较少民族的电影译制工作实际是抢救、保护、挖掘、丰富人口较少民族语言，译制工作对丰富和活跃少数民族群众的文化生活、繁荣发展民族文化艺术事业，巩固、保护珍贵的非物质文化遗产和稳定边疆少数民族地区的安定团结均具有重大意义。

第六章

内蒙古人口较少民族语言传承与
内蒙古语言和谐

第一节　内蒙古人口较少民族语言濒危问题

一　人类语言的濒危趋势

语言是人类最重要的交际工具，是民族的重要特征之一，是文化的载体，是人类多元文化和人文生态得以传承和保持的主要工具。但从 20 世纪末开始，人类生态环境恶化，全球的生态危机使人类生存与发展问题变得十分严峻，语言生态随之发生巨大变革，这进一步推动了语言与生态的研究，很多语言学家开始探索语言在环境问题上所起的作用，并试图通过语言寻找缓解和解决生态危机的办法。尤其引人注意的是，世界范围内出现了人类语言濒危现象急速加剧的现象。据语言学家推算，公元前地球上曾有 12000 种语言存在，公元元年时降为10000 种，到 15 世纪时减少到 9000 种。2002 年联合国教科文组织用"语言地图"的形式直观展示了全球部分族群的濒危母语现状，《全球濒危语言地图》报告中指出，在联合国记录的现存人类 6000 多种语言中至少有 2500 种将面临消失的危险，这些语言按照濒危程度又被分为 5 个等级：不安全的、危险的（明确要灭绝的）、濒危的（严重濒临灭绝的）、垂危的（极度濒临灭绝的）、已灭绝的。其中 538 种语言属"垂危的"，502 种语言属"濒危的"，632 种语言是"危险的"，607种语言是"不安全的"。根据世界语言要览《民族学》的统计，仅剩一人作为母语使用的语言有 52 种，只有极少数高龄者使用的濒临消亡的语言多达 426 种。从消亡速度来看，人类语言的消亡速度超过了很多动物的灭绝速度，是哺乳动物濒临灭绝速度的两倍，是鸟类濒临灭绝速度的四倍。

在这种大背景下，越来越多的语言学家对世界范围内出现的人类语言濒危趋势表示担忧。有学者指出，语言正以惊人的速度消失，几乎每两个星期就有一种语言消失。还有学者认为21 世纪全世界现有的语言中大概有 80% 的语言将面临消亡。英国《卫报》的一项研究报告也预言，90% 的人类语言将于2050 年从地球上消失。随着人类语言消失速度的加快，全球语系、语族、语支、语种的失衡更为普遍，印度有 196 种语言濒临灭绝，是濒危语言数量最多的国家；美国和印度尼西亚的濒危语言数量分别为 192 种和 147 种。在拉美国家，约有 4000

多万印第安人使用着 600 多种印第安语言，其中 250 种目前存在濒临消失的危险。[①]在澳大利亚，母语遗失极为严重，殖民运动之前澳大利亚共有 700 多种语言和方言，现在只剩下不到 50 种，有 95% 的语言消失殆尽。有一组关于濒危语言的数据更为触目惊心：全世界目前有 150 种濒危语言的使用人数不足 10 人；有 80 种濒危语言的使用人数不足 5 人，其中 28 种属于极度濒危语言，只剩一人会说，而且只会说单词或简单句子。

健全的语言生态是多种语言共存，并与社会环境相互作用的动态平衡体系，语言的多样性是其显著特征。语言多样性反映了人类数千年来对复杂环境状况的适应性，不同语言不同程度地诠释了生物的多样性。因此，语言的保持和流传不单涉及表达和文字的传承，牵涉着人类文化生态的继续和繁衍，还会导致非物质文化遗产形式的消失。语言的消失同样损害人与生物多样性之间保持的关系，语言是人类数千年科学和艺术的储藏室，一种语言消失，失去的不仅仅是说这种语言的社群，还有人类关于数学、生物、地理、心理和农业等诸多领域的常识。

二　内蒙古人口较少民族语言濒危程度的评估

内蒙古人口较少民族语言的生存状况到底如何？濒危程度如何？我们可以从我国民族语言调查和相关研究中找到答案。

---

① 金林：《濒危语言的现状与抢救》，《南方周末》2011 年 5 月 27 日第 D26 版。

1988 年中国社科院民族研究所和加拿大魁北克拉瓦尔大学国际语言规划中心联合进行了调查，该调查对 20 世纪 80 年代末我国少数民族语言使用情况做了详细的调查，其成果《世界的书面语：使用程度和使用方式概况》（1995）中，除俄罗斯族外，内蒙古人口较少民族中的达斡尔族、鄂温克族、鄂伦春族的语言使用现状都被提及。（见表 6 - 1）

表 6 - 1　20 世纪 80 年代内蒙古人口较少民族语言使用情况

民族	总人口数	操本民族语单语的		本民族操双语的		转用其他语言的	
		总人数	占总人口的百分比（%）	总人数	占总人口的百分比（%）	总人数	占总人口的百分比（%）
达斡尔族	94126	19367	20.58	66159	70.28	8600	9.14
鄂温克族	19398	565	2.91	16435	84.73	2398	12.36
鄂伦春族	4103	29	0.71	2074	50.55	2000	48.74

从调查数据可以看出，鄂伦春族单语人比例很低，而转用其他语言的比例较高；鄂温克族操双语的比例达到 84.73%；达斡尔语保持相对较好，单语人比例超过 20%，转用其他语言的比例不足 10%。总体来看，20 世纪 80 年代，内蒙古达斡尔族、鄂温克族、鄂伦春族双语发展比较普遍，鄂伦春族单语人比例低、转用人比例高，说明该语言已具有典型的濒危迹

象，达斡尔族和鄂温克族的母语保持相对较好，只有少数人完全转用汉语。

《中国少数民族语言使用情况》（1994）一书从"使用""兼用"和"转用"三个角度把我国 55 个少数民族的语言情况作了综合分析。

从语言使用情况看，我国各少数民族语言可分为三类：①全部或绝大部分人使用本民族语言；②大部分使用本民族语言，但在少数聚居区有一部分人转用其他民族语言；③只有一部分人使用本民族语。内蒙古 4 个人口较少民族中，俄罗斯族属于第一类，达斡尔族、鄂温克族和鄂伦春族都属于第二类。

> 达斡尔族：人口为 9.4 万，62% 分布在内蒙古。居住在内蒙古的全部使用达斡尔语，达斡尔族总人口中估计有 90% 的人使用达斡尔语。
>
> 鄂温克族：鄂温克族人口为 1.93 万，93.7% 分布在内蒙古，居住在内蒙古的鄂温克族 77.8% 的人使用鄂温克语。
>
> 鄂伦春族：鄂伦春族有 4132 人，50% 左右的人使用鄂伦春语。
>
> 俄罗斯族：绝大多数人在聚居区内以本民族语言为主要交际工具。

从语言兼用情况看，我国各少数民族兼用其他民族语言的情况分为五个类型：①绝大部分人转用汉语，小部分人仍然使用本民族语。②大部分人（80%以上）兼通汉语。③兼通汉语的人数（已转用汉语的人口不算在内）占操本民族语人口的50%—80%。④兼通汉语的人数（已转用汉语的人口不算在内）占操本民族语人口的20%—50%。⑤兼通汉语的人只是极少数。内蒙古4个人口较少民族中，鄂伦春族属第一类"绝大部分人转用汉语"，鄂伦春族4103人当中，有超过50%的人使用鄂伦春语，而这部分人几乎全部兼通汉语。达斡尔族和鄂温克族属于第三类，兼用人口比例在50%—80%。内蒙古鄂温克族自治旗的鄂温克族大部分人兼通蒙古语，并约有三分之一的人兼通达斡尔语。俄罗斯族属第五类，只有极少数人转用汉语。

语言的转用是指一个民族或者其中的一部分人因某种原因放弃他们原来的语言，采用别的民族的语言。内蒙古人口较少民族语言转用情况如下：

达斡尔族：居住在黑龙江的达斡尔族有一部分人转用了汉语。（没有专门提及内蒙古）

鄂温克族：居住在内蒙古的鄂温克族1.8万人，约22%转用了汉语，约2000人转用了蒙古语。居住在莫力达瓦达斡尔族自治旗的约3000人转用了汉语。

鄂伦春族：内蒙古有鄂伦春族2000余人，其中青少年都转用了汉语。

黄行《中国少数民族语言活力研究》（2000）一书，
将我国各民族语言总体活力分为7类，第7类活力最低，活力
值为 0.78—39.90，属于这一类的民族语言共 40 种，占
语言总数的67%，这类语言的共同特点是使用范围窄，使
用层次低，一般都没有与民族语言相一致的民族文字。达斡尔
语、鄂温克语、鄂伦春语都属于活力值最低的这一类。另外，
黄行按照各民族使用母语和其他语言的程度，将各民族语言的
发展趋势分为"语言保持稳定""语言保持较稳定""语言保
持不稳定"三类。对内蒙古人口较少民族语言发展趋势的预
测是：达斡尔语和鄂温克语属于"语言保持较稳定"型，而
鄂伦春语属于"语言保持不稳定"型。（见表6–2）

表6–2　　　　内蒙古人口较少民族母语的发展趋势*

	母语人口比例	其他语言人口比例	本民族语言发展趋势
达斡尔语	高	高	语言保持较稳定
鄂温克语	高	高	语言保持较稳定
鄂伦春语	低	高	语言保持不稳定

　　戴庆厦《试论新时期的民族语文工作》（2004）一文把
我国的民族语言使用情况分为三类：90% 以上的人口使用本
民族语言（24 个民族）、70%—90% 的人口使用本民族语言

---

　　*　根据黄行《中国少数民族语言活力研究》第 249—251 页整理而成。

（13 个民族）、使用人口低于 50% 的民族语言（9 个民族）。内蒙古人口较少民族中，达斡尔族有 90% 以上人口仍使用本民族语言，鄂温克族有 70% 以上的人口使用本民族语言，鄂伦春语使用人口低于 50%。

李锦芳《中国濒危语言研究及保护策略》（2005）认为中国语言的等级分为强势语言、弱势语言和濒危语言三类。弱势语言是指使用人口在减少、受强势语言影响较深，但仍有一批稳固的单语者和双语使用者，近期内仍比较稳定的语言。濒危语言是指该语言在村社中已有部分儿童不使用，而使用的这部分儿童同时又是双语使用者。这部分语言很难保持语言活力，不出几十年将成为只有部分老年人掌握且在日常生活中不常使用的语言，但保护措施得当，可延缓其濒危过程。该文认为，达斡尔语属于弱势语言，鄂温克语、鄂伦春语都是濒危语言。

孙宏开《中国少数民族语言活力排序》（2006）一文将中国的少数民族语言分为 6 个级次：充满活力的语言；有活力的语言；活力降低，已经显露濒危特征的语言；活力不足，已经走向濒危的语言；活力很差，属濒危语言；无活力，已经没有交际功能的语言。内蒙古达斡尔语属于"活力降低，已经显露濒危特征的语言"，鄂伦春语、俄罗斯语、鄂温克语属于"活力不足，已经走向濒危的语言"。

孙宏开《中国的语言》（2007）一书反映了我国 56 个民族 129 种语言的情况和特点，其中包括达斡尔语、鄂温克语和鄂伦春语。该书未涉及俄罗斯族语言使用情况。

　　达斡尔语：说达斡尔语的人口约有 13 万人。

　　鄂温克语：由于在地域上和许多其他民族相邻，因此鄂温克族在使用本族语的同时还兼通其他民族语言。例如，鄂温克族自治旗内居住着相当数量的蒙古族，因此不少人兼通蒙古语，另外也有人懂汉语或通汉语。陈巴尔虎旗和自治旗锡尼河东苏木、孟根楚鲁苏木的鄂温克人几乎全部掌握蒙古语。居住在莫力达瓦达斡尔族自治旗、鄂伦春自治旗、阿荣旗、扎兰屯市、鄂温克族自治旗的巴彦托海镇、巴彦嵯岗苏木的鄂温克人多掌握达斡尔语或汉语。居住在根河市的一些鄂温克人懂或通汉语。鄂温克族自治旗、陈巴尔虎旗的青少年和学龄儿童多入蒙古文学校就读，少数人入汉文学校就读，而其他地区的青少年和学龄儿童则入汉文学校。

　　鄂伦春语：托河乡和古里乡语言使用情况好，乌鲁布铁镇、阿里河镇次之，诺敏镇的鄂伦春人由于和达斡尔族交往密切，50 岁以下的人都能使用达斡尔语。

　　丁石庆《内蒙古"四小民族"母语保持现状综析——以"四小民族"聚居区语言调查材料为依据》（2008）一文对内蒙古人口较少民族个体母语保持、家庭和社区母语环境进行了调查分析，认为母语保持现状可大致分为保持型和濒危型两类。内蒙古达斡尔族与鄂温克族聚居区无论是个人、家庭，还是社区均保持较好的母语使用状态，属于母语保持型；鄂伦春族和俄罗斯族聚居区母语已基本退出家庭环境，而只在局部的社区人群环境中使用，属于母语濒危型。另外，与达斡尔族、鄂温克族、鄂伦春族母语保持现状相比，俄罗斯族母语衰变速度应该更快。

根据我们对内蒙古人口较少民族语言使用现状的调查，内蒙古人口较少民族母语的使用都呈现出不同程度的衰变，其中鄂伦春语的语言活力最低，是已经濒危的语言；俄罗斯语衰变速度最快，目前也已显露出濒危的迹象；鄂温克语在一定区域内仍具有一定的语言活力，母语保持相对稳定；达斡尔族母语保持较好，但局部地区也出现代际传承中断问题。另外，内蒙古人口较少民族的双语人数量仍在逐年上升，青年人转用汉语的情况比例也有扩大的趋势。

值得说明的一点是，从 19 世纪开始，额尔古纳地区俄罗斯族居住区受政治、经济、自然等多种因素影响，语言生态发生了重大变化。尤其是改革开放、西部大开发和扶持人口较少民族发展政策实施以来，内蒙古额尔古纳市俄罗斯族居住地区社会各方面都得到长足发展，区域语言生态环境发生了巨大变化。但 20 世纪以来，我国进行的很多大规模的民族语言调查，都未涉及俄罗斯族，俄罗斯族语言使用状况调查长期处于空白。20 世纪 50 年代，中国民族语言调查先后对 15 个省、自治区的 42 个民族的语言进行普查，其中没有俄罗斯族语言概况。1988 年中国社科院民族研究所和加拿大魁北克拉瓦尔大学国际语言规划中心联合进行的调查项目"中国语言文字"也没有涉及俄罗斯族的语言使用情况。这一现象的出现与俄罗斯族民族识别进程有关。1953年我国开始民族识别运动，俄罗斯族成为中华民族大家庭中的一员，但内蒙古额尔古纳右旗的中俄混血人却被识别为汉族。1985年，内蒙古自治区发文允许中俄混血人自愿改报俄罗斯族，额尔古纳右旗政府动员和鼓励该旗的中俄混血人将民族成分由汉族改为俄罗斯族，直到1990年第四次全国人口普查时，7000多名中俄混血人中已有2063人把民族成分改为俄罗斯族。进入21世纪以后，俄罗斯族语言调查与研究才开始受到民族语言工作者的关注。

　　从以上调查分析的结果可以得出以下结论：第一，语言的活力是一个动态的过程，每一个语言的使用都处在不断的变化之中。因此，对于某种语言是否处于濒危状态，不同的学者可能会有不同的认识。第二，从调查分析的整体情况看，内蒙古人口较少民族的语言活力整体呈衰变趋势，民族语言的社会功能普遍弱化，汉语成为内蒙古人口较少民族家庭、社区和学校教育的主要交际用语。

第二节　内蒙古人口较少民族语言传承策略

　　语言是文化的载体，也是文化的组成部分，一种语言的消亡，意味着人类失去了一种文化和珍贵的历史遗产。动物物种的灭绝会降低世界的价值，语言的灭绝也是如此。鉴于世界文明的多样性很大程度上表现为世界语言的多样性，因此从 20 世纪 80 年代开始，很多有识之士奔走呼吁抢救世界濒危语言，联合国教科文组织为促进语言和文化的多样性以及多语种化也直接参与全球濒危语言的保护行动，将 1993 年确定为"抢救濒危语言年"，规定每年的 2 月 21 日为国际母语日，2001 年成立了濒危语言特别专家组，起草濒危语言保护和抢救的相关文件。此外，越来越多的人类学家、语言学家、社会学家集中关注世界范围内的语言濒危情况，采取了积极的保护措施和抢救对策，以推动各国语言及文化的多元发展，延缓濒危语言的消亡速度，复兴即将消失的语言。如以色列以文化复兴的方式，通过家庭、政府和教育机构、大众媒体、语言学者的不断努力成功唤醒了犹太民族所用的希伯来语，现有超过 700 万人说这种语言；美国政府以录音和录像的方式将尤奇语保存起来，并在儿童中间进行普及；日本通过建基金会、办文化馆、出版辞书等方式复兴了曾一度濒临灭绝的北海道阿伊努语；埃及科普特派基督教徒把只在宗教仪式时才使用的科普特语广泛应用于家庭中，从而避免了科普特语的消亡；英国剑桥大学启动"世界口头文学保护项目"，该项目将世界上那些正在迅速消失的歌曲、诗歌、传说等口头文学用音频、视频及其他多媒体形式予以记录存档，以此来抢救一些濒危语言。

自 2005 年我国制定出台和组织实施《扶持人口较少民族

发展规划》以来，人口较少民族经济和社会事业得到了快速发展。与此同时，随着社会制度、经济体制的变革以及外来文化的冲击，内蒙古人口较少民族的语言环境也发生了重大变迁，人们的语言观念发生转变，语言承载的传统文化也面临濒临消失的危险。李宇明指出，要根据不同的语言实态，制定切合实际的语言保护规划。对于即将消亡的语言，当务之急是"语言保存"，应尽快进行全方位的语言实态调查，建立永久保存的数据库，像保护非物质文化遗产那样确立"语言传承人"目录；对于濒危中的语言，要通过祖孙隔代传承、建立语言保护区、建设语言文字博物馆等办法进行"语言抢救"；对于有衰落倾向的语言，主要是通过教育传承、鼓励应用等办法，增加其语言活力；对于具有活力的语言，主要是在政策、教育、使用等层面保持其语言活力。① 根据目前内蒙古人口较少民族语言生活的实际情况，我们对内蒙古人口较少民族语言保护和传承提出以下六点建议。

一 政策传承

语言政策是国家通过立法或者政府手段保护少数民族语言和区域性语言的政策。语言政策的重要意义在于保护和发展语言和文化，尤其是在信息技术、互联网等现代通信技术快速发

---

① 李宇明：《科学保护各民族语言文字》，《语言文字应用》2012 年第 2 期。

展的今天，汉语和民族语之间的差距不断加大，一些少数民族语言文字的使用人口越来越少，使用功能越来越弱，有些甚至趋于濒危。少数民族在社会生活中一方面要尽快掌握国家通用语言文字，另一方面，也应依法享有和行使各项国家制定的倾斜性民族语言政策。这些倾斜性的民族语言政策使少数民族在区域自治、母语文化传承和语言群体认同等方面获得语言权利。我国"科学保护各民族语言文字"的政策，实质是在强调保护和开发我国民族语言资源，尤其是处于濒危状态下的少数民族语言。

基于以上分析，我们认为内蒙古人口较少民族语言传承面临的首要问题是得到政府的支持。政府应出台更为积极、科学、有效的民族语言政策措施，明确内蒙古人口较少民族语言在社会生活中的地位。语言地位是影响语言使用和发展的重要因素，地位高的语言在推广、使用和教学等方面都容易获得优势，而地位较低的语言处于相对的劣势，社会威望和使用功能可能受到限制或削弱，从而导致向优势语言的转用。因此，应该通过政策传承确定内蒙古人口较少民族在当地语言生活中的地位，为内蒙古人口较少民族长期生存和发展提供切实有效的保证和条件，形成语言的长效保护帮扶机制。

我们在调查中也听到很多少数民族群众的呼声，他们都期盼政府能实施一些切实可行的倾斜性政策，以促进当地民族语言文化的传承。

访谈对象（一）：呼伦贝尔学院蒙古学学院院长斯仁巴图教授（索伦鄂温克人）

问：您对保护鄂温克语、传承鄂温克语言有什么建议吗？

答：第一，建立保护鄂温克母语的环境，像辉苏木鄂温克集中的地方，保护好这样的语言文化环境。第二，现在鄂温克人保护语言的意识越来越不强了，加强本民族的意识，从孩子抓起，爱护、保护自己的母语。第三，领导要重视，鄂温克族自治旗的鄂温克族是主体民族，保护好这个民族的语言文化，保护好他们的历史，政府要大力支持。鄂温克语是一代一代保持下来的文化精髓，没有语言，文化的载体也没有了。

访谈对象（二）：敖鲁古雅鄂温克民族乡书记卜伶东

问：您觉得怎样才能比较好地传承民族语言文化？

答：应该有人口较少民族语言发展传承实施意见，比如你会本民族语言，你就高考加分，回来就业，因为会本民族语的，跟老百姓沟通没有障碍，公务员录取上应该加点分，有点倾斜政策。目前我们没有加分，都是国考。但我们事业编招录时，会有倾斜性政策，比如某些岗位是专门针对鄂温克族设的，明确必须是鄂温克族报考。

目前，国内外判定语言濒危等级主要依照语言的学习和使用状况，所以保护和发展内蒙古人口较少民族语言最有效的措施是由政府出台语言学习政策以及积极的鼓励政策，以法律法规的形式支持和扩大民族语的使用，包括支持和鼓励本民族语言在行政事务、学校教育、媒体和家庭中的广泛运用。

政府主导作用的发挥还应包括指导少数民族的语言教育，如加大义务教育投入，保障人口较少民族学生接受本民族语教育的权利，加大培养民族语教学师资力量，鼓励使用本民族语授课等。

此外，政府可以建立民族文化发展项目，把人口较少民族地区语言文化挖掘和保护列入政府和高校研究的重点项目，加大对人口较少民族语言文化事业的投资力度，从资金和技术上给予保障，从调查整理、文化生态、项目、活动、传承人等不同方面着手，开展深入的保护、传承工作，充分发挥政府在人口较少民族语言文化保护、传承中的主导作用。总之，做好内蒙古人口较少民族语言的抢救和保护工作，制度保障是关键，要建立系统的保护机制、传承机制和研究机制。

二 族群传承

人口较少民族是民族传统文化的主体，是现实的民族文化的传承者、享有者，人口较少民族自身的努力是实现人口较少民族语言保护和传承的内在力量，个体的母语精通度、语言态度等是决定该民族语言传承的重要条件之一。

内蒙古人口较少民族的语言传承首先应是从每个独立的母语个体开始。个人的母语水平，一方面可以反映母语人居住区域的母语环境，另一方面，一个个母语人相加后构成了整个民族的母语人，母语的实际使用人数将决定语言的使用密度和使用范围，这都是影响语言传承的重要指标。

　　此外，从语言生态学的角度看，母语人的语言态度对构建良好的语言生态十分重要。语言态度是指人们在语言生活中对待某种语言的基本意见、主张以及由此带来的语言倾向和言语行为。语言态度包括对母语的态度、对其他语言的态度以及双语的态度等，其中母语忠诚直接影响人们的母语能力和母语使用现状。所谓母语忠诚，主要是指少数民族在使用优势语言的同时竭力保持自己的民族语言的现象。长期习用母语，使他们习惯于接受母语承载的民族文化和道德规范，在心理上形成对母语的语言忠诚，自然会使语言的代际传承更加顺畅。"母语—汉语"双语人，应先习得母语，母语是他们描绘生活图景和诠释价值观念的出发点，因此即使日后学会了第二语言，也不会影响其对母语的忠诚度。但语言一旦面临传承的断代，年轻人的语言忠诚度就会随之改变，这会对人口较少民族的语言传承带来直接的影响。

　　当然，在多民族、多文化、多语言的社会里，内蒙古人口较少民族语言是典型的弱势语言，其使用者在散居或杂居的条件下要维持本民族语言并非易事。因此，"由社会、家庭和教育机构对年轻一代进行双语或三语教育时，更需要创造条件努力抓紧进行本民族的母语教育，使年轻人不忘母语，不致使他们成为语言转用人，而真正成为名副其实的双语人"①。

三　教育传承

语言教育对内蒙古人口较少民族的语言传承具有决定性的作用。首先，要认识到家庭教育对内蒙古人口较少民族语言传承的重要性。学者利特贝尔曾指出，最有效的语言教学实践就是家庭语言文化传承，因为家庭语言文化传承已经实践了数千年之久，家庭是教学语言的恰当场所，应该在家庭里重新慢慢灌输语言文化的价值，而不只是希望学校去做这些，对于家庭和社区而言，学校教育的资源是有限的，学校也只能在家庭语言习得的基础上强化儿童语言学习。另外，社会语言学家费什曼曾指出，少数族群语言的复兴最关键的是父母和孩子的参与，在家庭中的跨代使用是这种语言存续的根本。② 达斡尔语、鄂温克语、鄂伦春语都是无文字的民族语言，其传承主要依靠家庭代际传播、社区社团交流等传统口耳相传的方式进行，一旦出现语言的断代，民族语言很

　　① 张兴权：《接触语言学》，商务印书馆 2012 年版，第 207 页。
　　② 潘天舒、赵德余：《政策人类学：基于田野洞见的启示与反思》，上海人民出版社 2016 年版，第 21 页。

容易消亡。随着内蒙古人口较少民族青年人母语使用人数的锐减，家庭语言使用情况不容乐观，语言传承受到严重威胁。因此，提高家长的语言保护意识、语言传承意识对人口较少民族语言发展具有重要意义。

其次，一种语言文字要想发展，特别是弱势的语言文字，除了在家庭、社区内使用外，更重要的是通过学校教育扩大使用人群和使用范围。如果不通过学校教育加以及时保护，仅凭借口耳相传是很难长期维系的。李锦芳认为，保护和发展人口较少民族语言的关键是保持或扩大语言的学习和使用范围。①因此，开展正规的学校民族语言教学是现阶段内蒙古应对语言生态危机的对策之一，也是实现内蒙古人口较少民族语言传承的主要途径之一。学校应承担起传承民族文化的责任，利用教学资源开展民族文化传承教育，特别是在少数民族地区的幼儿教学和小学课程中设立本民族语言文化课程，充分尊重他们保护、使用、发展和传授本民族语言文化的权利，这是实现内蒙古人口较少民族语言保护和传承的必要途径。

四 行业传承

语言社会功能的强弱，主要是由社会各领域的语言运用引起的。大众传媒和社会各行业的语言运用构成语言活力

---

① 李锦芳：《中国濒危语言认定及保护研究工作规范》，《广西大学学报》（哲学社会科学版）2015 年第 2 期。

层，其中新闻出版、广播电视语言引导大众语言的走向，反映大众的语言创造。人口较少民族语言保护的目的是保持与增强民族语言活力，因此提供良好的语言环境是保护少数民族语言的必要条件。从这一视角来看，增加人口较少民族语言在行政、司法、传媒、商业和公共服务等各种社会生活领域的使用，可以为人口较少民族语言注入更多活力。基于内蒙古人口较少民族的实际发展情况，我们认为加大这些民族语言在媒体和旅游中的使用，可以切实提高内蒙古人口较少民族的语言活力。

媒体语言，尤其是广播电视语言对社会语言和民族文化的走向有着其他载体不能比拟的影响力。如今，媒体正以前所未有的速度和规模向前发展，与此同时，媒体对受众的影响也越来越深刻、越来越广泛。媒体通过语言、图像等传播信息、交流思想，进而满足人们求知、娱乐等各项需求。值得注意的是，媒体语言除了具有传播、宣传、教育和审美娱乐等功能外，还是国家的语言资源。媒体语言的资源功能在于，通过现代媒体技术，将多种语言资源通过文字、声像保存下来，便于后人了解、学习、掌握。媒体利用好语言资源不仅能保护语言资源，还能促进语言的和谐健康发展。① 内蒙古人口较少民族语言大都是没有文字而使用人数又少的语言，对于这些语言的传承首先应当使其在广播、电视方

---

① 刘子琦、姚喜双：《媒体语言功能及媒体语言功能规划原则初探》，《社会科学战线》2011 年第 11 期。

面占有一席之地，在人口较少民族聚居的地区应尽可能地开办民族语言广播电视频道或节目，或者借助媒体以多种艺术形式记录和宣传内蒙古人口较少民族语言文化。总之，媒体语言种类越多，越能为国家提供丰富多样的社会精神文化财富，加强内蒙古人口较少民族广播电视事业的发展，对传承和发扬内蒙古人口较少民族语言文化、丰富我国社会文化具有重要作用。

近年来，内蒙古人口较少民族居住区快速发展的旅游业，在民族经济中占有重要的地位，甚至逐步成为当地的支柱产业。民族地区旅游经济开发过程中，民族语言既遇到挑战，也存在机遇。朝克认为，政府部门在民族地区或濒危语言文化区兴建经济园区时，一定不能以牺牲濒危语言文化为代价。要避免因追求经济效益而给濒危语言文化保护工作带来负面影响。① 语言资源本身是旅游资源的重要组成部分，应该把发展少数民族地区的文化旅游和保护少数民族语言结合起来，用旅游的发展促进民族语言的保护和传承；反过来，也可以用民族语言文化的发展促进旅游事业的发展。总之，民族语言的开发和旅游的发展具有双向互动的关系。内蒙古人口较少民族居住区旅游资源得天独厚，既有天造神设的自然景观，又有北方游牧文化的人文景观。因此，内蒙古人口较少民族的旅游事业应侧重

---

① 朝克：《坚决夯实文化强国战略——强化濒危民族语言及优秀传统文化抢救保护工作》，《中国社会科学报》2016年12月20日第3版。

文化消费和审美消费，应把开发和利用民族语言资源、提高旅游从业人员民族语言能力作为旅游开发的突破口，有效地吸引旅游者，使旅游者得到审美享受和精神满足。

五　文化传承

文化是维系一个民族凝聚力的重要纽带，语言作为文化的载体，是传承民族文化最直接的方式。近年来，随着民族语言濒危现象的加剧，许多非物质文化遗产面临消失或绝迹的可能；传承人的不断减少和老龄化使民族非物质文化遗产面临传承危机，因此"中国民族民间传统文化保护工程"把"传统的口述文学和语言文字"看成"民间传统文化"的首要内容，全国第三次文物普查也把语言文化作为普查的对象。可见，民族语言在文化保护中居于重要地位。

内蒙古人口较少民族具有丰富的非物质文化遗产，这些遗产为广大少数民族群众喜闻乐见，它们最能反映群众的心声和智慧，是中华民族智慧与文明的结晶，也是联结民族情感的纽带和维系国家统一的重要基础。近年来，为了保护和利用好非物质文化遗产，国家先后公布了四批非物质文化遗产项目名录，其中，与内蒙古人口较少民族有关的非遗项目共 15 项。（见表 6 - 3）

表6-3 内蒙古人口较少民族的国家级非物质文化遗产

	项目名称	申报地区与单位	备 注
第一批	达斡尔族鲁日格勒舞	内蒙古自治区莫力达瓦达斡尔族自治旗	
	达斡尔族传统曲棍球竞技	内蒙古自治区莫力达瓦达斡尔族自治旗	
	桦树皮制作技艺	内蒙古自治区鄂伦春自治旗	
	达斡尔族乌钦	内蒙古自治区莫力达瓦达斡尔族自治旗	扩展名录
	桦树皮制作技艺(鄂温克族桦树皮制作技艺、鄂伦春族桦树皮船制作技艺)	内蒙古自治区根河市	扩展名录
第二批	鄂温克族民歌(鄂温克叙事民歌)	内蒙古自治区鄂温克族自治旗	
	鄂伦春族民歌(鄂伦春族赞达仁)	内蒙古自治区鄂伦春自治旗	
	达斡尔族民歌(达斡尔扎恩达勒、罕伯岱达斡尔族民歌)	内蒙古自治区莫力达瓦达斡尔族自治旗	
	鄂温克抢枢	内蒙古自治区鄂温克族自治旗	
	鄂伦春族狍皮制作技艺	内蒙古自治区鄂伦春自治旗	
	鄂温克驯鹿习俗	内蒙古自治区根河市	

续　表

	项目名称	申报地区与单位	备　注
第三批	俄罗斯族巴斯克节(民俗)	内蒙古自治区额尔古纳市	
	鄂温克族萨满舞(传统舞蹈)	内蒙古自治区根河市	
第四批	达斡尔族服饰(民俗)	内蒙古自治区呼伦贝尔市	
	鄂温克族服饰(民俗)	内蒙古自治区根河市	

　　内蒙古人口较少民族中，达斡尔族、鄂温克族、鄂伦春族的语言都是无文字的语言，许多非物质文化的保护传承都依赖于口耳相传的民族语言，如传统文学、戏剧、曲艺、音乐等都与民族语言文字有着密切的关系。国家非物质文化遗产项目中，达斡尔族乌钦、达斡尔族民歌（达斡尔扎恩达勒、罕伯岱达斡尔族民歌）、鄂温克族民歌（鄂温克叙事民歌）、鄂伦春族民歌（鄂伦春族赞达仁）、俄罗斯族巴斯克节（民俗）和内蒙古自治区非物质文化遗产名录中的鄂温克族民间故事、敖鲁古雅鄂温克族神话、达斡尔族民歌等都以民族语言为载体。例如，"乌钦"（乌春）是达斡尔族民间说唱艺术的遗存，被誉为达斡尔族历史文化的"活化石"、民族记忆的背影；"扎恩达勒"是达斡尔民歌的主要形式。二者均属达斡尔族的口头文化遗产，以达斡尔语为载体。然而，新时期莫旗达斡尔族聚居区语言生态发生了巨大变化：达斡尔族青少年民族语言能力退化，老一辈著名的乌钦艺人或年岁已高，或相继离世，这

使作为活态文化的达斡尔族民间艺术乌钦、扎恩达勒处于濒临消亡的境地。可以说，达斡尔语使用功能的弱化成为达斡尔族非物质文化遗产濒危的主要原因之一。

因此，传承内蒙古人口较少民族语言应该使非物质文化遗产保护工作与少数民族语言保护工作同步进行，通过搜集、整理人口较少民族民间文学来保存人口较少民族语言，通过传唱人口较少民族民歌、曲艺等来保护人口较少民族语言，通过发扬传统礼仪、节庆等民俗活动来促进人口较少民族语言的自然传承。近年来，内蒙古人口较少民族在保护传承非物质文化遗产的同时，也逐步加大了对人口较少民族语言的保护。例如，2006 年达斡尔族民间曲艺"乌钦"被列为国家级第一批非物质文化遗产名录，2008 年达斡尔族民歌"扎恩达勒"入选国家级第二批非物质文化遗产名录。这两项非遗保护工作的开展客观上促进了对达斡尔语的保护和传承。近年来莫旗通过政府参与、搭建平台，记录、整理了百余首"乌钦"，制作出版了《达斡尔民族民歌集》《达斡尔民间故事集》《达斡尔族文物图录》等书籍，录制了乌钦传承人鄂灵巧、斯琴挂、图木热等人的影像资料。莫旗还大力搜集整理流传于民间的达斡尔族口传文化，将无形文化转化为有形文化，为完整保存和传承达斡尔族语言提供了新平台。此外，莫旗还开展了一系列以复兴达斡尔语为目标的文艺活动，如 2011 年举办莫旗乌钦演唱会和达斡尔语演讲比赛，莫旗达斡尔中学还开设了"非遗课"，其中包括说达斡尔族故事、唱达斡尔民歌等兴趣班；2017 年 1

月，"鲁日格勒——呼伦贝尔·中国达斡尔母语首届电视文艺晚会"在呼伦贝尔市举办，该晚会的主持、歌曲、语言类节目等全部使用达斡尔语表达，鲁日格勒、扎恩达勒、乌钦、哈尼卡等独具特色的民族文化精彩纷呈，让观众们更加全面地了解了达斡尔族。上述活动不仅有力地弘扬了达斡尔族文化，进一步推进达斡尔语的传承，还展现出对达斡尔民族文化的自信和自豪。总之，民族文化的保护能为内蒙古人口较少民族语言的生存和发展提供新的契机，能为内蒙古人口较少民族语言创造一个更广阔的生存空间。

内蒙古人口较少民族语言保护还可以通过建立语言文化保护示范区、语言生态博物馆等形式进行文化的整体保护。相关政府部门应在内蒙古人口较少民族语言文化资源丰富的地区，设立"语言保护示范区"，在示范区最大化地营造母语使用环境，播放母语广播电视节目、鼓励大家传唱或传诵民族语歌谣，通过示范区扩大民族语言的使用范围和社会影响力。另外，对民族文化整体保护最有效的办法是建立语言生态博物馆。所谓生态博物馆就是选择一定的社区，通常是一个村庄或一个小镇，使生活在其中的人们按照其固有的传统生活方式生活。① 内蒙古人口较少民族具备建立语言生态博物馆的条件，尤其是莫旗的腾克乡、根河市敖鲁古雅鄂温克族的猎民点、额尔古纳市恩和俄罗斯民族乡，建立语言生态博物

---

① 唐戈、陈伯霖：《达斡尔、鄂温克、鄂伦春族文化保护漫谈》，《民族文学研究》2006 年第 1 期。

馆可以最大限度地展示和彰显这些民族的民族文化特色。

此外，从语言经济的视角出发，培育内蒙古人口较少民族语言文化创意产业，发展内蒙古人口较少民族居住地区的语言经济，也是保护和传承人口较少民族语言的重要方式。我国在扶持人口较少民族发展的过程中，将"大力发展民族文化事业和文化产业，繁荣民族文化"作为扶持人口较少民族的主要任务和重点工程之一。《扶持人口较少民族发展规划(2011—2015 年)》中提出要支持民族语文音像制品、书报刊等文化产品的出版发行，要加快人口较少民族文化资源数字化建设进程。……这些措施的制定以及政策的实施，对人口较少民族语言文化的传承及保护起到重要的推动作用。语言是一种资源，因此可以推向大众市场，实现语言的价值。现阶段，对内蒙古人口较少民族语言保护的相关工作主要停留在学术层面，多以学者调查、词典教材编写等方式加以记录，没能让内蒙古人口较少民族语言冲出学术殿堂的樊篱。因此，我们还要充分挖掘内蒙古人口较少民族语言潜在的市场价值，开发内蒙古人口较少民族语言艺术背后具有的较高的经济价值，使其走向大众文化领域。

六　技术传承

民族语言文字信息化建设是我国民族语文现代化工作的重要组成部分，信息化建设的目的是为保持民族语言的活力。《扶持人口较少民族发展规划（2011—2015 年）》中也提到，要推进人口较少民族语言文字规范化、标准化和信息化处理。虽然现在国内开展的民族语言文字信息化建设大多针对的是有传统文字并保持一定语言活力的民族语言，但内蒙古人口较少民族语言也可以充分利用现代通信设备和高科技手段，给人口较少民族语言文化注入强大活力。内蒙古可以在广泛调查和收集人口较少民族语言文字资源的基础上，采用现代科技手段，将 4 个人口较少民族语言的语音、词汇、语法和有关语料等数据化，最终建立图文音像并茂、向社会开放、可供学习研究和开发使用的内蒙古人口较少民族语言资源网站，满足国内外学习、研究和使用内蒙古人口较少民族语言的实际需要。黑龙江省建立的"互联网＋民族语言"网络学习平台，有效保护了当地人口较少民族语言，黑龙江省搭建的"鄂伦春族语言文化传承与保护网"，是以现代互联网技术为依托的网上交互式学习平台，该平台集声音、图像、视频、动画等内容于一体，内容深入浅出，引人入胜，具有很强的吸引力和实用功能，其做法值得我们借鉴和学习。

语言资源库的建设也应该成为内蒙古人口较少民族语言信息化的一个重要组成部分。近年来，内蒙古已在语言资源库方面做了大量工作，其中也涉及内蒙古人口较少民族语言资源。如《蒙古语语料库》工程的语料搜集工作是内蒙古自治区建设民族文化大区的重点项目，项目覆盖区内使用蒙古语、达斡尔语、鄂温克语、鄂伦春语的 54 个旗县（市、区）。该项目把蒙古语、达斡尔语、鄂温克语、鄂伦春语的真实口语和蒙古文文献原始语料存入大型计算机，并进行储存、检索、分析、研究、开发、利用。该语言工程的实施对于保护和发展内蒙古人口较少民族语言文化具有非常重要的意义。

第三节　内蒙古语言多样性与和谐语言生态的构建

一　内蒙古语言多样性

语言多样性是文化多样性的基本内容之一。保护人类的语言遗产，鼓励用尽可能多的语言来表达思想、进行创作和传播；提倡在尊重母语的情况下，在所有可能的地方实现各级教育中的语言多样化，鼓励自幼学习多种语言……这些主张都是联合国教科文组织关于保护语言多样性的主要观点。

内蒙古自治区是一个多民族、多民俗的文化资源区，是以北方民族为主的多民族聚居的家园，自治区共有蒙、汉、满、回、朝鲜、达斡尔、鄂伦春、鄂温克、俄罗斯等 55 个民族，这些民族共同构成了一个多元文化的和谐统一体。内蒙古历史上就已形成了一个文化多样性共生、共容、共存的环境，这里既有游牧民族所创造的草原文化、蒙元文化，也有其他民族所创造的农耕文化、黄河文化，还有地域性的鄂尔多斯文化、河套文化、敕勒川文化等，这些文化相互补充，相互依存，构筑了内蒙古以蒙古族和蒙古族文化为主体的多民族、多文化的民族文化生态。

内蒙古文化多样性的特征，在当地语言的使用和分布上也有鲜明的呈现。内蒙古自治区是由汉族、蒙古族和其他少数民族共同组成的一个民族团结的大家庭，这些少数民族大多都有自己的民族语言，有些民族还有自己通用的文字。内蒙古地区语言多样性首先表现在语言的谱系分类上。内蒙古地区的蒙古语、达斡尔语属于阿尔泰语系蒙古语族，二者分属于不同的语支，其中蒙古语属于蒙古语支，达斡尔语属于达斡尔语支。鄂温克语和鄂伦春语都属于阿尔泰语系满—通古斯语族通古斯语支。俄罗斯语属于印欧语系斯拉夫语族。满语属于阿尔泰语系满—通古斯语族满语语支等。

内蒙古语言多样性还体现为各语言的方言分区具有复杂性。在内蒙古自治区行政区域内，通用汉语和蒙古语，其他少数民族语言文字主要通用于少数民族聚居地区，如内蒙古少数民族自治旗和民族乡通用达斡尔语、鄂温克语、鄂伦春语、俄罗斯语等。据内蒙古自治区 2000 年对全区语言文字使用情况进行的调查显示，内蒙古自治区能使用普通话与他人交流的人口比例为 58.98%，用汉语方言交流的为 47%，用民族语言交流的为 24.94%。① 汉语普通话是汉族不同方言区之间的共同语，也是内蒙古各民族之间相互沟通的交际语。内蒙古地区的汉语又因地域差别产生方言差异，内蒙古的汉语方言包括东部方言区和西部方言区，两个方言区差别比较大。东部方言区包括呼伦贝尔市、兴安盟、通辽市、赤峰市，东部方言区分东北片和东南片。西部方言区包括呼和浩特市、乌兰察布市、锡林郭勒盟、包头市、鄂尔多斯市、巴彦淖尔市、乌海市以及阿拉善盟，西部方言区又划分为中东片、中西片、最西片。

内蒙古的民族语言情况也很复杂。内蒙古地区的蒙古语主要包括内蒙古方言和巴尔虎布里亚特方言，内蒙古方言又分为察哈尔土语、巴林土语、鄂尔多斯土语、科尔沁土语、喀喇沁土默特土语和阿拉善额济纳土语，其中内蒙古自治区中部正蓝旗的察哈尔蒙古语是我国蒙古语的标准方言。察哈尔土语分布在内蒙古锡林郭勒盟、乌兰察布市、巴彦淖尔市以及赤峰市克什克腾旗等地；巴林土语分布在内蒙古赤峰市的巴林、阿鲁科尔沁、翁牛特地区和通辽市的奈曼旗等地；鄂尔多斯土语分布在鄂尔多斯市和巴彦淖尔市部分旗县；科尔沁土语分布在内蒙古通辽市和兴安盟地区；喀喇沁土默特土语分布在内蒙古赤峰市和通辽市的部分地区；阿拉善额济纳土语分布在内蒙古阿拉善盟。内蒙古方言区中，东段的科尔沁土语、喀喇沁土默特土

---

① 陈俊杰:《内蒙古自治区贯彻实施国家通用语言文字政策法规研究报告》，哈森:《新时期内蒙古地区语言文字规范研究》，内蒙古人民出版社 2006 年版，第1页。

语和西段的阿拉善额济纳土语、鄂尔多斯土语之间差别较大，
而邻近区域的土语差别较小。蒙古语的另一个主要方言是巴尔
虎布里亚特方言，主要分布在内蒙古呼伦贝尔市新巴尔虎右
旗、新巴尔虎左旗、陈巴尔虎旗及鄂温克族自治旗等地，使用
人口约有 7 万多人，巴尔虎布里亚特方言又分为新陈巴尔虎土
语、陈巴尔虎土语和布里亚特土语，其中新陈巴尔虎土语使用
人口约 4 万多人，陈巴尔虎土语使用人口约 2 万多人，布里亚
特土语使用人口不足 1 万人。我国达斡尔语可分为 4 个方言
区，内蒙古地区使用的达斡尔语主要属于布特哈方言和海拉尔
方言，其中达斡尔语布特哈方言是达斡尔族使用人口最多的方
言，操该方言者约占达斡尔族人口的 50%，布特哈方言又可
分为纳文、讷莫尔、墨尔根和爱辉四个土语。海拉尔方言使用
人口约 15000 人，下分南屯和莫克尔图两个土语，该方言受蒙
古语影响较深。鄂温克语和鄂伦春语属于阿尔泰语系通古斯语
支。内蒙古地区的鄂温克语包括三大方言：辉河方言（索伦
鄂温克语）、莫日格勒河方言（通古斯鄂温克语）和敖鲁古雅
方言（雅库特鄂温克语），辉河方言使用人口约占鄂温克族总
人口的 90% 左右；莫日格勒河方言（通古斯鄂温克语），使用
人口占鄂温克族总人口的 8% 左右；敖鲁古雅方言（雅库特鄂
温克语），使用人口不足百人，占鄂温克族总人口的 1% 左右。
鄂伦春语也有方言土语的差别，以内蒙古自治区的鄂伦春语为
中心的是北部方言区，阿里河方言和楠木方言是内蒙古鄂伦春
族使用的方言，其中使用人口较多的是阿里河方言。俄罗斯语

属于印欧语系斯拉夫语族东斯拉夫语支。

除了语言系统外，内蒙古各民族的文字系统也具有多样性。汉族使用汉文，蒙古族使用蒙文，朝鲜族使用朝鲜文；其他没有文字的民族，如达斡尔族、鄂温克族、鄂伦春族历史上都曾使用满文，现在大多都使用汉文，也有使用蒙文或其他民族文字的；满族原本有自己的文字，后来大都转用了汉文，也有一些人转用了其他民族的语言文字，回族的来源比较复杂，没有自己的民族语言和文字，一般都使用汉文或其他少数民族的文字。

二 内蒙古和谐语言生态的构建

（一）内蒙古地区的语言竞争与互补

内蒙古是一个多民族共生、多语言共用、多文化共存的典型的多元文化地区，是中华文化多元一体格局中的次级多元文化圈。内蒙古地区客观存在的多种语言文字，不仅具有重要的实用价值、文化价值、审美价值，还具有资源价值、情感价值与认同价值，它们是中华民族重要的文化遗产，是取之不尽的资源。

不同的语言共存于内蒙古这个统一的社会中，必然会导致语言竞争，从而出现强势语言与弱势语言的区别。语言的"强势"与"弱势"是就局部地区而言的。使用人口多，使用范围广的语言是强势语言；反之，使用人口少、使用范围窄的

就是相对弱势的语言。汉语是我国各民族之间相互交际的通用
语言，是强势语言。在内蒙古自治区，除汉语具有通用语言地
位外，蒙古语也是内蒙古自治区的通用语言。《内蒙古自治区
蒙古语言文字工作条例》明确指出，蒙古语是内蒙古自治区
的通用语言，是行使自治权的重要工具。自治区各级国家机关
执行职务时，同时使用蒙汉两种语言文字的，可以以蒙古语言
文字为主。与汉语和蒙古语这两种强势语言形成对比的是人口
较少民族使用的语言，达斡尔语、鄂伦春语、鄂温克语和俄罗
斯语使用人口少、分布窄，一般只在民族聚居的自治旗、民族
乡使用，是内蒙古地区的弱势语言。

内蒙古地区的语言竞争主要表现在两个方面：第一，强势
语言内部的竞争，主要是指汉语和蒙古语的竞争。内蒙古自治
区把蒙古语言文字规定为自治区的通用语言文字，要求从各级
党政机关的行文到新闻出版、文化、艺术事业，乃至交通、邮
电、商业服务行业等单位部门必须注意使用蒙古语言文字。内
蒙古已经建立起了从幼儿园、中小学到大学的蒙汉双语教育体
系，"蒙古语授课，加授汉语""汉语授课，加授蒙古语"的
教学模式为内蒙古经济建设和社会发展培养了大量"民汉兼
通"的双语型人才。但是改革开放后，内蒙古地区汉语和蒙
古语之间的竞争不断加剧，社会文化环境的不断变化使蒙古族
中小学学校数和在校生持续减少。据统计，1980—2001 年间
内蒙古民族中小学数量从 4888 所减少到 1926 所，蒙古族中小
学生从 40 万减少到 28 万。大量蒙古族学生自愿选择到汉族学

校学习，这反映出在急剧变迁的社会文化环境中，蒙汉两种语言之间的竞争和调适。第二，强势语言和弱势语言的竞争，主要指汉语、蒙古语与人口较少民族语言之间的竞争。普通话的推广和内蒙古蒙汉双语政策的实施，使内蒙古处于弱势的少数民族语言的功能日益萎缩，汉语被广泛应用于社会生活的各个方面，阅读报刊、文学作品以及收听广播、看电视等都需使用汉语，学习现代文明更离不开汉语，再加上民汉通婚现象增多，在内蒙古人口较少民族家庭内部，其成员间交流也大多以汉语为主。在内蒙古牧区，因人口较少民族长期与蒙古族杂居，当地民族学校多用蒙古语授课，人口较少民族中出现了大量兼用甚至转用蒙古语的人，内蒙古鄂温克族自治旗及陈巴尔虎旗等纯牧业区生活的鄂温克族人就属于这一类，在该地区生活的鄂温克族适龄儿童，大都愿意到用蒙古语文授课的小学或中学读书。由以上分析可以看出，近年来内蒙古人口较少民族语言在与蒙古语、汉语两种强势语言的竞争中，功能大幅下降，有些语言出现衰变，有些甚至走向濒危。需要明确的一点是，语言竞争虽然导致内蒙古人口较少民族语言的使用功能在一定条件下被兼用语所代替，但这些民族对母语的民族感情依旧存在，即便是处于濒危的鄂伦春语，其母语人对母语仍怀有强烈的民族认同感，因此，一定时期内内蒙古人口较少民族语言仍会在民族聚居区发挥重要作用。

语言接触必然导致语言间的竞争，同时也使各种语言在相互接触中彼此吸纳和渗透，产生语言互补关系。在内蒙古多语、多文化社会里，各种语言的功能总是在互补中得到完善，尤其是语言词汇系统的互补，增强了语言的表达能力，使语言的发展与社会的发展同步，在互补中形成了多语和谐的基本格局。例如，内蒙古地区的汉语和民族语言带有鲜明的多民族接触印迹。内蒙古汉语方言词汇吸收了区内各少数民族语言，尤其是蒙古语和满语的词汇，是以汉语词汇为主体的多民族语汇的聚合体。内蒙古鄂温克语三大方言里，辉河方言受蒙古语或汉语影响较大，莫日格勒河方言受布里亚特蒙古语以及巴尔虎蒙古语的影响较深，敖鲁古雅族方言在早期受俄语和汉语影响较大。鄂伦春语中表现狩猎、捕鱼、花草和飞禽走兽等自然事物的词汇非常丰富，完整记录了鄂伦春族的狩猎文化，但当他们放下猎枪实现定居，进入到以农业为主体的社会时，原有词汇的表达能力就显得十分贫乏，于是鄂伦春语借用了大量的汉语及蒙古语词汇，并将这些借词发展成为其日常用语，语言互补大大提升了鄂伦春语的表达能力。

李宇明指出，内蒙古自治区主要有蒙古语、汉语、达斡尔语、鄂温克语、鄂伦春语等五种语言。蒙古语分布在我国的内蒙古、新疆、青海、甘肃、辽宁、吉林、黑龙江、河北等八省区，蒙古国、俄罗斯的布里亚特共和国和卡尔梅克共和国、哈萨克斯坦等国也在使用。处理好我国蒙古语的标准语与蒙古语各方言的关系，做好国内八省区蒙古语的协调工作，做好与国外蒙古语的协调工作，是内蒙古语言规划的重要内容。内蒙古的达斡尔语、鄂温克语、鄂伦春语也是跨区跨国的语言；保护

"三小"民族的语言，做好与自治区之外的乃至国外的达斡尔语、鄂温克语、鄂伦春语的协调，也是内蒙古语言规划不应忽视的内容。①

（二）构建内蒙古和谐语言生态

和谐社会的构建是一个系统工程，社会各种因素都会影响到和谐社会的构建。语言文字的属性决定了语言生活是社会生活的重要组成部分，语言生活和谐是社会和谐的重要体现，也是促进社会和谐的重要因素。多语言、多方言是我国宝贵的文化资源，多语言、多方言的共存共荣、各种语言或方言都能各就各位，各司其职，这是语言和谐的追求。

在一个多语、多文化社会中，各民族之间不断发生着的语言接触导致语言功能不一致，这必然引发语言竞争，某一地区哪种语言会在竞争中成为强势语言，是人们在长期的生产、生活实践中，根据实际需要做出的自愿选择。这与自然界不同物种的竞争一样，是语言演变的自然法则。语言竞争决定了矛盾的存在，而矛盾的存在决定了语言环境中必然蕴含着和谐和不和谐两种可能性。语言竞争虽然会引发不同语言使用功能的消长，甚至可能导致语言衰变和消亡；但另一方面，语言竞争是语言关系的产物，语言关系主要取决于语言之外的社会、人文因素，因此合理地实施人为干预，采取适当的语言规划政策可

---

① 李宇明：《中国语言规划三论》，商务印书馆2015年版，第63页。

以调和不同语言之间的关系，语言关系处理得当，就会实现不同的语言"各尽所能，各守其位"，从而形成和谐的语言生态，反之就会激化语言矛盾，甚至导致民族矛盾。语言是把双刃剑，既是黏合剂，又是离心力，语言是治理国家的重要工具，积极有效的语言管理有利于社会安定和地区发展。

基于上述分析，笔者认为构建内蒙古和谐语言生态，保护内蒙古语言多样性应从以下几方面进行：第一，提升各民族语言在各领域的影响力，维护各民族对母语的文化认同。内蒙古是多语言、多文化的多民族聚居区，要建立和谐语言社会，首先需要维护少数民族对母语文化的认同，在此基础上大力促进多语共同发展，实现符合现实状况的多语平衡。多语发展的前提是扩大弱势语言在各领域的使用。语言在各领域功能的不断增强，必然会提升语言使用者对母语的认同感，这对有效地保护语言多样性具有重要意义。具体来看，就内蒙古媒体语言的多样性而言，应该在使用共同语传播的同时，在少数民族聚居地区充分创造条件使用民族语和方言进行传播；就内蒙古学校教育而言，应该在少数民族数量占优势的民族小学开设民族语课程，充分创造条件尽量使用民族语开展教学活动。第二，把民族语言保护与文化保护、发展民族语言经济结合起来。语言是文化的载体，也是文化的重要组成部分，把语言的保护和文化的传承有效地结合起来，才能为语言的生存提供肥沃的土壤。语言是一种经济资源，可反复利用，内蒙古具有丰富的语言资源，这些资源具有广阔的开发前景，把语言文化的保护与当地经济的发展结合起来，大力提升民族语言资源的开发能力，才能维护弱势语言的生态环境，为保持语言多样性提供必要的条件。第三，提升弱势语言的语言竞争力。语言的综合竞争力决定了语言发展的方向，保护内蒙古语言多样性就要从提高弱势语言的语言竞争力做起。邹嘉彦、游汝杰指出，语言的综合竞争力主要体现在五项指标上：政治竞争力、文化竞争力、经济竞争力、人口竞争力和文字竞争力。[①] 因此，政府应制定对弱势语言有利的语言计划和语言政策，提高弱势语言所依存的语言社区的经济发展水平和经济实力，弘扬弱势语言所依托的传统文化，鼓励少数民族使用本民族语言，为无文字民族创制文字。第四，大力开发各民族语言资源的经济价值。要真正实现语言权利，发展该语言的语言经济，使其成为具有相当经济价值的语言是较好的选择之一。与一线城市相比，内蒙古经济发展相对滞后，在建设和谐社会、全面建设小康社会的当代中国，民族地区更需要全面、科学、可持续地发展地方经济。而语言作为一种具有多重价值的重要资源，可以在发展经济过程中发挥积极的作用。发展内蒙古民族语言经济，可以成为内蒙古地区经济发展的新增长点，同时也是繁荣和发展内蒙古地方文化的重要途径。

总之，内蒙古是多民族共同组成的大家庭，在"中华民族多元一体格局"中处于极其重要的地位，研究内蒙古地区

---

① 邹嘉彦、游汝杰：《汉语与华人社会》，复旦大学出版社、香港城市大学出版社 2001 年版，第 209—210 页。

的语言和谐问题，对深化认识"中华民族多元一体格局"思想具有积极的作用。此外，在经济全球化、世界市场一体化的发展趋势下，捍卫语言的多样性已经成为人类维护自身良好生存的最佳对策，就内蒙古地区而言，保护好内蒙古丰富多彩的语言资源，构建和谐的语言生态，对于内蒙古地区的发展、繁荣，维护民族团结和地区稳定都有重要意义。

内蒙古自治区扶持人口较少民族
发展"十二五"规划

为贯彻落实党中央、国务院关于扶持人口较少民族加快发展的一系列重大决策部署，加快我区人口较少民族发展步伐，根据国家民委、国家发展改革委、财政部、中国人民银行、国务院扶贫办联合编制的《扶持人口较少民族发展规划（2011—2015 年)》有关要求，特编制本规划。

本规划所称的人口较少民族是指全国总人口在 30 万人以下的 28 个民族。其中聚居在我区的有鄂伦春族、鄂温克族、俄罗斯族、达斡尔族 4 个民族。本规划实施范围是指我区呼伦贝尔市的人口较少民族聚居区，包括 9 个旗县（市）、48 个（苏木）乡、192 个嘎查（村）。

本规划实施期限为 2011—2015 年。

一 人口较少民族聚居区发展现状和主要问题

(一) 人口较少民族分布情况

2010 年, 我区 9 个旗县 (市) 的人口较少民族聚居区总人口 219.68 万人, 其中, 192 个聚居村总人口 140671 人, 占 9 个旗县 (市) 总人口的 6.4%, 人口较少民族 44816 人, 占 192 个聚居村总人口的 31%。鄂伦春族主要分布在呼伦贝尔市所属的鄂伦春自治旗、扎兰屯市等 2 个旗县 (市), 共建有 5 个乡镇 (苏木) 和 6 个村。鄂温克族主要分布在呼伦贝尔市所属鄂温克自治旗、阿荣旗、莫力达瓦达斡尔族自治旗、鄂伦春自治旗、陈巴尔虎旗、扎兰屯市、根河市等 7 个旗县 (市), 共建有 8 个民族乡和 15 个民族村 (嘎查)。达斡尔族主要分布在呼伦贝尔市所属莫力达瓦达斡尔族自治旗、鄂伦春自治旗、鄂温克自治旗、扎兰屯市、根河市等 5 个旗县 (市), 共建有 3 个民族乡和 12 个村 (嘎查) 社区。俄罗斯族主要分布在呼伦贝尔市所属的额尔古纳市的室韦俄罗斯民族乡, 建有 1 个民族村。

(二) 扶持人口较少民族发展现状

2005 年 8 月, 国务院批准实施《扶持人口较少民族发展规划 (2005—2010 年)》, 自治区发改委、民委共同编制了《内蒙古自治区扶持人口较少民族发展专项建设规划》。五年来, 内蒙古加大投入力度, 促进项目建设, 全区扶持人口较少民族发展工作取得新进展。我区规划共投入各项 (包括国家和地方) 建

设项目 746 个，总投资 12.15 亿元。其中，少数民族发展项目
431 个，投资 1.39 亿元；自治区发改委专项资金项目 185 个，
投资 8134.9 万元；交通、水利、农牧业等部门实施项目 103 个，
投资 9.66 亿元；旗市自筹 1260.6 万元；呼伦贝尔市本级投资
1600 万元，实施项目 27 个。重点解决部分达斡尔族、鄂温克
族、鄂伦春族农牧民群众危旧（茅草）房改造等。五年来，我
区人口较少民族面貌发生了新的历史性变化。人口较少民族聚
居区基础设施显著改善，社会事业稳步推进，发展能力逐步增
强，呈现出生产发展、生活提高、生态改善、民族团结、社会
和谐的良好局面，为全面建设小康社会奠定了坚实基础。

一是乡村基础设施建设显著增强。截至 2010 年，已经实
施完成的 61 个扶持人口较少民族重点嘎查（村）全部通过国
家验收，实现了"四通五有三达到"的目标。全区纳入国家
规划的 3 个人口较少民族村全部实现出行到乡、县通达路或通
畅路，彻底解决了人口较少民族乡村各族群众出行难的问题。
3 个人口较少民族村全部通电、通邮、通公交车，主巷道全部
铺设了水泥路，修建了排水沟，安装了路灯，乡村基础设施建
设显著增强。

二是群众日常生活环境显著改善。5 年来，重点改善人口
较少民族群众的居住条件，按照建设新农村新牧区标准，新建
具有民族特色的砖瓦房比例、安全饮用水的比例、有线电视入
户率都有明显提高。

三是农牧民经济收入水平显著提高。5 年来，经济结构调

整步伐加快，人民生活明显改善，初步形成了产业发展多业并举、收入来源多元化的良好态势。人口较少民族的生产生活自我支持能力明显提高，初步走上了生产发展、生活富裕、生态良好的发展路子。"十一五"时期确定的鄂伦春族、鄂温克族、俄罗斯族 3 个人口较少民族贫困群众基本实现了脱贫，人均纯收入从过去的 2000 多元增加到 6350 元，高于呼伦贝尔市 6295 元的平均水平。鄂温克族自治旗通过高效发挥生态和资源优势，用仅为全旗国土面积 1.05% 的土地，打造了一批新型特色产业，先后引进华能、鲁能、光明等 20 多家大企业大集团，建成了集约化能源重化工、绿色食品、进出口产品加工 3 大产业园区。农牧业产业化步伐不断加快，目前，全旗鲜奶年产量达到 21.5 万吨，牧业合作组织已发展到 88 家，牧民纯收入由 2005 年的 4781 元提高到 9324 元，年均增长 14.3%。自 2005 年以来鄂温克族自治旗连续 7 年入围"中国西部百强县"，目前排名第 88 位。莫力达瓦达斡尔族自治旗自 2003 年以来连续 9 年获得"全国粮食生产先进县"。

四是各项社会事业稳步发展。5 年来，人口较少民族聚居区的教育条件明显改善，健康水平明显提高，文化生活更加丰富。各类学校教育设施均得到改善，适龄儿童入学率、初中毛入学率稳定提高，实现"两基"达标。乡村均建有卫生院、卫生室、文化站和文化活动室，有的地方还建有民族博物馆或展览室。通过实施扶持人口较少民族发展规划，全区人口较少民族过上了安居乐业的幸福生活。

（三）人口较少民族发展面临的主要困难和问题

由于历史、自然以及民族生活习惯和劳动技能等多方面影响，与其他民族比较，人口较少民族各项事业发展相对滞后，主要表现在：基础设施落后，农田水利设施不完善，交通道路建设滞后，通行标准比较低，柏油路比例少；缺乏特色产业支撑，人口较少民族村经济发展相对滞后，群众收入仍然较低；生态环境恶化，水土流失严重；产业结构不合理，缺少支柱产业；社会事业发展滞后，民生问题仍然突出，部分村存在人畜饮水困难，部分群众居住条件较差，教育质量低，教学设施不完善、看病就医难等情况普遍存在。公共文化服务体系不完善，文化室面积较小，配套设施不够完善，民族传统文化面临的形势仍然相当严峻。

二　指导思想、基本原则和主要目标

（一）指导思想

以邓小平理论和"三个代表"重要思想为指导，深入贯彻落实科学发展观，坚持各民族共同团结奋斗、共同繁荣发展的主题，以全面建设小康社会和构建社会主义和谐社会为目标，以切实改善民生为核心，以转变发展方式、增强自我发展能力为主线，加强基础设施建设，提升发展保障能力；培育壮大特色优势产业，提高人民生活水平；发展社会事业，提升基本公共服务水平；加强民族文化建设，促进民族文化大发展大繁荣；加强人力资源开发，培养造就各类人才；增强民族团结，构建和谐家园，实现人口较少民族聚居区经济社会又好又快发展和长治久安。

以科学发展观为主题，立足于人口较少民族聚居区欠发达的基本区情，坚持发展第一要务不动摇，把发展作为解决人口较少民族聚居区所有问题的关键，作为富民强区的根本途径，使各民族群众共享发展成果。

基本原则是：

——坚持综合开发与重点突破相结合原则。项目建设必须走综合治理、开发致富的路子，社会效益、经济效益与生态效益并重。在抓好基础设施建设项目的同时，要统筹兼顾，搞好生态建设和社会公益事业建设，使人口较少民族村的基础条件、经济结构、社会发育程度得到全面发展。同时，从实际出发，集中资金，优先解决群众生产生活中难点问题，在产业开发上实行多业并举、一业突破的方式。

——坚持整体推进与重点扶持相结合原则。把保障和改善民生作为加快转变经济增长方式的根本出发点和落脚点，重点解决贫困群众整体生活水平的提高问题，以村为单位，整体推进。在此基础上，针对贫困户的特殊情况，因户制宜，因人施策，用特惠政策和方法扶持其尽快解决温饱问题，完善基本公共服务体系，使各民族群众共享发展成果。

——坚持政府主导与社会参与相结合原则。强化政府主导作用，充分发挥市场机制作用，加强对口支援，组织经济较发达地区和人口较少民族所在地区开展对口帮扶，鼓励和引导社会各界广泛参与，激发各族群众发掘自身潜力和发挥主观能动性，自力更生、艰苦奋斗，共同创造美好生活。

——坚持因地制宜与分类指导相结合原则。尊重人口较少民族发展规律，充分考虑民族特点、地域特征和发展水平，实事求是、因族举措、突出重点、体现特色，采取有效措施夯实基础，加快发展步伐。

——坚持民族团结与和谐发展相结合原则。大力推进民族团结进步事业，以发展促稳定，以稳定保发展，共建各民族和睦相处、和衷共济、和谐发展的美好家园，巩固和发展平等团结互助和谐的社会主义民族关系。

（二）发展目标

1. 到 2015 年，人口较少民族聚居区基本实现"一消除、二达到、三提升"，即基本消除绝对贫困现象；经济社会发展水平总体达到当地平均或以上水平，人口较少民族人均纯收入基本达到全国平均水平；基础设施保障水平大幅提升、民生保障水平大幅提升、自我发展能力大幅提升。

2. 到 2015 年，人口较少民族聚居行政村基本实现"五通十有"，即通油路、通电、通广播电视、通信息、通沼气（清洁能源）；有安全饮用水、有卫生厕所、有安居房、有稳定解决温饱的基本农田（草场、经济林地）、有卫生室（或流动医疗卫生工作站）、有文化室、有农家书屋、有体育健身场所、有活动中心、有农家超市。

3. 到 2015 年，在国家扶持和自治区、盟（市）、旗（县）、苏木（乡镇）的共同努力下，使人口较少民族聚居嘎查（村）综合经济实力得到明显增强，经济总收入明显提高，基础设施得到明显改善，经济结构日渐合理，产业结构逐步优化，生态环境良好，资源循环利用，社会事业协调发展，人口较少民族乡村整体受教育程度、医疗条件明显改善，民族整体素质明显提高。群众生产生活存在的突出问题得到有效解决，重点解决现有贫困人口的生产生活问题，经济社会发展基本达到小康社会水平，平等、团结、互助、和谐的社会主义民族关系得到全面巩固和发展。

到 2020 年，人口较少民族聚居区发展更加协调、生活更加富裕、环境更加美好、社会更加和谐，与自治区同步实现全面建成小康社会的宏伟目标。

三　主要任务和重点工程

（一）加强基础设施及配套建设，大幅提升发展保障
　　　能力

基础设施是人口较少民族加快发展的重要保障。要继续把加强和完善基础设施建设放在优先地位，着力提升发展保障能力。

1. 加快交通基础设施建设。基础设施建设主要集中在公路、铁路建设。公路建设规划主要以海拉尔—牙克石、新林北—扎兰屯高速公路，扎兰屯—碾子山（蒙黑界）、阿里河—加格达奇、那吉屯—尼尔基和海拉尔—拉布大林一级公路以及拉布大林—室韦口岸一级公路为主干线，形成贯通主要城市的高等级公路，连接各边境口岸的边境公路以及辐射林区乡村的公路网建设。重点推进行政村通沥青（水泥）路建设，加强具备条件的自然村通公路和村庄内道路硬化建设，满足人口较少民族群众的基本出行需求。加强农村牧区公路危桥改造和安保工程建设，改善农村牧区公路网络状况，提高农村牧区公路安全水平和整体服务能力。推进乡镇客运站建设，加强口岸公路、国边防公路建设。铁路则以海拉尔—黑山头铁路、室韦—莫尔道嘎铁路、阿荣旗—莫旗—讷河铁路，根河市满归—漠河铁路为主，连接伊敏线及两伊铁路复线铁路以及岭东工业开发区专用铁路的路网建设。

2. 加强农田水利基础设施建设。加强基本农田和草场建设，加快中低产田改造步伐，支持农田排灌、土地整治、土壤改良、机耕道路（牧道）和农田林网建设。重点保障尼尔基水利枢纽下游内蒙古灌区工程等重点项目开工建设。加快解决农村牧区饮水安全问题，加大水源工程建设力度，加强中小河流地质灾害治理和农村牧区河道水系整治，加强水源保护及水污染防治。

3. 完善农村牧区配套设施建设。加快信息基础设施建设，加快实施村村通电话工程、移动网广覆盖和宽带通信工程，提高农村牧区和边远地区的信息网络覆盖率。加强农村牧区能源建设。实施新一轮农村电网改造升级，提升供电可靠性和供电能力，因地制宜发展太阳能、风能等可再生能源，解决不通电行政村、自然村用电问题，实现无电地区电力全覆盖。加强农村人居环境建设。加快农村危房改造步伐，推进游牧民定居，鼓励和支持农牧民建设富有地方特点、民族特色、传统风貌的抗震安全节能环保型住房。实施农村牧区清洁工程，推进农村牧区环境综合治理，支持农牧民改善人居环境。实施农村社区建设创建活动，加快农村社区便民、利民网点建设。加强防灾减灾工作，指导灾害应急救助旗县级指挥系统建设和救灾物资储备库建设。以人口较少民族的民族乡、自治旗为重点，积极稳妥推进小城镇建设，促进城乡良性互动和协调发展。加强小城镇的基础设施和公共服务能力建设，促进特色产业和农村人口向小城镇集聚。

4. 加强生态环境保护建设。加快人口较少民族聚居区发展步伐，必须正确认识和处理经济建设与生态保护的关系，实现美丽与发展双赢。继续实施天然林保护二期工程，巩固退耕还林成果，继续推进退牧还草、防护林体系建设、沙漠化综合治理等生态建设工程。加大对天然草原植被恢复、防沙治沙工程、水土保持的支持力度，加大自然保护区建设和生物多样性保护力度。加快完善生态补偿机制。积极稳妥地推进生态移民，搞好易地扶贫搬迁，做到搬得出、稳得住、能脱贫。对守边固土不能实施移民搬迁的边民实施更加有效的生活保障措施，努力改善边民的生存环境。

（二）发展特色优势产业，促进农牧民群众增收

发展特色优势产业是增强人口较少民族聚居区发展内生动力、增加群众收入的重要途径。要着眼于打造人口较少民族加快发展的产业支撑，加强农牧业综合生产能力建设，发展现代农牧业，加快推进农牧业产业化进程，大力推广先进适用技术，加快结构调整和传统种养方式转变，大力推进二、三产业发展，全面繁荣城乡经济，促进农牧民增收。

1. 推进现代农业建设。大力发展特色农业、生态绿色农业、设施农业、循环农业和节约型农业，加快农业发展方式转变。加快农业科技进步和推广，健全农业服务体系，提高农业装备水平。促进和优化优势农畜产品区域化布局和专业化生产，形成一批区域布局合理的优质特色农畜产品产业基地。

2. 推进农牧业产业化经营。大力发展质量和效益型农牧业，加速推进"乳、肉、草、药、薯"几大产业发展进程，提升产业化发展整体水平。适度安排产业化项目配套资金，推进农牧业产业化建设。加快推进特色农牧产品精深加工，培育扶持一批龙头企业，延长产业链，提升农牧业综合效益，提高市场占有率。健全农牧业社会化服务体系，发展多种形式的适度规模经营，大力发展农牧民合作社、农村牧区专业技术协会、经济联合体等农村牧区专业合作经济组织和专业大户，提高农

牧业生产经营组织化程度，壮大农村牧区集体经济组织实力。

3. 大力提升改造传统产业，大力发展养殖业，不断拓宽增收渠道。加快发展特色种养业、庭院经济、休闲农牧业、乡村旅游、特色民族文化旅游等优势产业，支持特色产业旗、乡（苏木）、村（嘎查）的发展。在大力发展传统农牧业的同时，加大二、三产业的发展力度。做大做强民族特色建筑业、民族文化产业、民族贸易、民族特需商品生产、民族传统手工业、民族医药、民族特色餐饮等一批民族特色产业，打造民族品牌，拓宽增收渠道。发展乡村集市贸易，推动连锁经营向农村牧区延伸，加快实施人口较少民族聚居区"万村千乡"市场工程、新农村新牧区现代流通网络工程和农畜产品批发市场升级改造。大力发展对外贸易及对外经济合作，扩大边民互市贸易点设置，开展对外劳务合作。同时，要加大对人口较少民族聚居贫困地区扶贫开发的支持力度，切实解决人口较少民族群众生产生活面临的突出困难，帮助人口较少民族贫困群众拓宽致富门路，不断增加收入。

4. 以重点项目建设为核心，加快新型工业化进程。深入实施项目带动战略，保持工业经济平稳较快发展势头。按照"点状布局、集中发展、深度开发、循环利用"的原则，推动工业向园区集中，产业向园区集聚，企业向园区集结。同时，项目建设坚持以低碳和环保为前提，重点发展循环经济，以最低的能耗、最少的排放实现最大的产出。要更加合理有序地开发煤炭等矿产资源。

（三）保障和改善民生，促进基本公共服务均等化

保障和改善民生是促进经济发展、社会和谐的基本保障。要进一步确立以富民为首要任务的思想，关注民生、和谐发展。以解决群众最关心、最直接、最现实的利益问题为重点，努力提高少数民族群众的幸福指数，积极构建和谐社会。加快推进以改善民生为重点的社会建设，建立覆盖人口较少民族聚居区群众的基本公共服务体系，推进基本公共服务均等化，实现人口较少民族"人人享有基本生活保障"的目标。

1. 优先发展教育事业。积极发展学前教育，基本普及学前教育。加快义务教育学校标准化建设和农村寄宿制学校建设，加强教师队伍建设，落实好人口较少民族寄宿生生活费补助政策，巩固提高"普九"水平。加快普及高中阶段教育，支持改善高中阶段学校办学条件，普通高中助学金政策向人口较少民族倾斜。大力发展职业教育，加强中等职业教育基础能力建设，积极落实中等职业学校助学政策、免学费政策。在民族院校继续设立人口较少民族预科班，高校民族班、预科班适当向人口较少民族倾斜。大力推进鄂伦春族、鄂温克族、俄罗斯族、达斡尔族的双语教育，开发少数民族语言教学资源，加强双语教学质量监测和双语师资队伍建设。推进现代远程教育。

2. 加快发展医疗卫生事业。加强医疗卫生机构基础设施建设，加快农村牧区三级卫生服务网络建设，推进人口较少民族的自治旗旗级医院、民族乡卫生院、聚居村卫生室建设。支

持基层医疗卫生机构提升综合服务能力，提高基本公共卫生服务水平。巩固提高新型农村牧区合作医疗参合率，逐步提高筹资水平及政府补助标准。加强疾病预防控制体系能力建设，加大对地方病、传染病的防治力度，提高突发公共卫生防控和应急处置能力。加强旗乡村人口和计划生育服务体系和基层妇幼保健机构能力建设。加强农村牧区卫生服务队伍建设，提高乡村医生服务能力。推进民族医药事业加快发展，支持民族医药基础设施、民族医药能力和人才队伍建设，推进民族医药标准化建设，扶持民族医药业发展。

3. 促进就业和社会保障，加快建设社会服务体系。加强农村牧区劳动力转移就业服务和职业技能培训能力建设，加大对劳动力的培训，支持劳动力转移就业。政府投资的建设项目以及提供的公益性岗位，优先吸纳当地就业困难人员就业。大力拓宽就业渠道，鼓励创业带动就业。做好新型农村牧区社会养老保险试点工作，实现全制度覆盖。加快建立健全社会服务体系，完善社会救助政策，建立健全救助标准正常调整机制，实现社会救助全覆盖；改善福利设施基础条件，支持人口较少民族聚居区市、旗县级综合性老年养护院、儿童福利机构和农村牧区五保供养机构建设。

（四）发展文化事业和文化产业，繁荣民族文化

要以完善公共文化服务体系为重点，加强基础设施建设，保障人口较少民族群众的基本文化权益，保护和发展少数民族

优秀传统文化，促进人口较少民族聚居区经济社会全面发展。

1. 加强公共文化基础设施建设。加强人口较少民族聚居地区旗县级图书馆、文化馆、广播电视台和发射台（站）、互联网公共信息服务、新华书店、数字影院建设等公共文化基础设施建设。继续实施广播电视村村通工程，力争基本实现"户户通"。重点建设一批人口较少民族标志性文化设施（特色博物馆、民俗馆或民族文化体育场馆等）。加大农村电影放映工程、农家书屋工程、文化信息资源共享工程对人口较少民族聚居地区的倾斜力度。

2. 加强公共文化服务能力建设。加快建立公共文化服务运行经费保障机制，对人口较少民族给予优先支持。重点扶持体现人口较少民族特色的少数民族文艺院团建设。加大对少数民族文学艺术作品创作的支持力度，打造一批精品力作。鼓励举办具有民族特色的文化展演和体育活动，支持基层开展丰富多彩的群众性民族传统节庆文化活动。提高少数民族语言广播影视节目制作能力，加强优秀广播影视作品少数民族语言译制工作，加强鄂温克、鄂伦春、达斡尔、俄罗斯等4种语言广播电视节目配置译制制作能力。支持民族语文音像制品、书报刊等文化产品的出版发行。

3. 保护民族文化遗产，大力支持民族文化产业发展。加强人口较少民族非物质文化遗产发掘和保护，积极推进非物质文化遗产生产性保护，培育一批非物质文化生产性保护企业和示范基地。实施少数民族特色村寨保护工程，推进民族特需商品传统工艺和技术保护。要充分发挥人口较少民族文化资源优势，把文化产业作为推动人口较少民族文化繁荣发展的重要引擎和经济发展新的增长点，大力扶持培育壮大文化骨干企业。提升文化创新能力，大力培育文化精品和文化品牌，改造提升文艺演出、节庆活动、特色文化活动、民族音像业等传统产业。鼓励文化产业与教育、科技、信息、体育、旅游、休闲等领域联动发展和多样化发展。加强领军人物和各类专门人才培养。

（五）加强人力资源开发，增强自我发展能力

坚持人力资源开发优先战略，以提高少数民族群众科学素质为基础，鼓励和引导各类人才向人口较少民族聚居区流动，为人口较少民族加快发展提供强大的人力和智力支撑。

1. 加强干部教育培训。重点加强对人口较少民族聚居区旗县和苏木乡镇主要领导干部、人口较少民族领导干部和后备干部、以乡镇干部为主体的农村牧区基层干部以及扶持人口较少民族发展工作队伍的培训。继续实施人口较少民族干部教育培训计划。加强对人口较少民族干部的培养选拔工作，加大干部交流和挂职锻炼。

2. 培养专业技术人才。进一步扩大人口较少民族专业技术人才培养规模，提高专业技术人才创新能力。加快构建分层、分类的专业技术人才继续教育体系，实施人口较少民族专业技术骨干人才培训计划。加强职业培训，着重培养行业紧

缺、产业发展急需的技能人才，实现技能人才总量明显增加。对农村牧区未能继续升学并准备进入非农产业就业或进城务工的应届初高中毕业生实施劳动预备制培训。以农村牧区青壮年劳动力作为培训重点，大规模培养种养殖能手、致富带头人、农牧民技术员、手工艺制作人才和农业产业化急需的企业经营管理人员、农民合作组织带头人和农村经纪人。大力开展城乡人才对口扶持，推进城镇医生、教师、社会工作者、科技人才服务新农村新牧区建设。

（六）促进民族团结，建设和谐的社会主义民族关系

要切实加强基层组织建设，全面提升社会管理和服务水平，扎实推进民族团结进步事业，维护社会和谐稳定。

1. 认真贯彻落实党的民族政策，积极维护民族团结和谐。确保民族团结进步创建活动深入有效开展，健全完善旗、乡、村三级工作网络体系，增强党组织抓好民族团结进步创建工作的自觉性和积极性，形成党委领导、政府管理、部门支持、乡村负责、齐抓共管的工作格局。

2. 加大民族教育培训力度。在中小学校开设民族知识专题课，利用春冬农闲季节，举办各种政策法规、致富科学技术培训班，进一步增强民族团结意识；组织人口较少民族群众到外地考察学习，开阔眼界，增长知识。在维护社会稳定上，严格按照"小事不出村，大事不出乡"的原则，坚持经常性排查，及时将矛盾纠纷化解在萌芽状态，避免矛盾纠纷的扩大和

上移，夯实民族团结的基础工作，建立长效机制。

3. 加强少数民族干部队伍建设。每年安排一定数量的人口较少民族干部到呼伦贝尔市、自治区的有关部门挂职锻炼，加大对人口较少民族干部培养、选拔的审核检查力度。确保少数民族考生特别是人口较少民族考生的录用，努力使人口较少民族干部迅速成长，满足其经济社会事业发展的需要。

四　政策措施

（一）加强领导，落实责任

各级政府、各有关部门要高度重视，加强领导，创新扶持人口较少民族发展的体制机制，成立扶持人口较少民族发展工作领导小组，落实自治区、呼伦贝尔市、旗县（市）、乡镇（苏木）、村（嘎查）五级工作责任制，做到认识到位、领导到位、措施到位、投入到位、服务到位。各级政府要切实负起总责，认真履行统筹规划、组织实施、监督检查的职责，把扶持人口较少民族发展放到经济社会发展全局进行规划，加强指导和协调，落实好有关配套资金，制定实施配套政策措施，确保实现规划目标。各有关部门要充分发挥职能作用，加强分类指导，把人口较少民族发展纳入本部门规划和计划，加大资金投入，加快项目安排，支持人口较少民族聚居区改善生产生活条件，发展当地特色优势产业，并围绕特色优势产业加强劳动技能和生产技术培训，落实和强化政策措施，支持和督促地方相关部门，确保工作落到实处，促进人口较少民族群众增收致富。

（二）整合资源，形成合力

加大金融服务力度。根据实际情况，灵活运用再贷款、再贴现等多种货币政策工具，积极鼓励和引导金融机构加大对人口较少民族聚居区的有效信贷投放。认真落实好小额担保贷款政策，支持人口较少民族聚居区就业。加大国家助学贷款政策的落实力度，支持人口较少民族聚居区学生完成高等教育，提高人口较少民族素质。加大农业保险对人口较少民族聚居区的覆盖面，支持融资性担保机构从事人口较少民族聚居区中小企业和农户的融资担保业务。建立扶持人口较少民族发展部门之间的协调机制，交流情况，协调解决规划实施中的重大问题。充分发挥各职能部门作用，动员和组织区直有关部门及大型企业，积极争取项目和资金，开展经济、干部、人才、教育、文化、卫生和科技等支援，共同扶持人口较少民族乡村发展。

（三）推进落实，加强管理

全面贯彻落实党和国家已出台的保障民族平等、促进少数民族和民族地区繁荣发展的法律法规和政策措施，切实把政策扶持转化为推动人口较少民族发展的强大动力。继续坚持"优先支持、重点倾斜"的原则，在实施国家和地方批准的其他规划过程中，优先解决涉及人口较少民族聚居区的相关问题，并在政策、资金、项目上予以重点支持。要严格按照国家、自治区有关部门的规定，强化项目资金管理，杜绝挤占、挪用，将党和国家的民族政策落实到位，使人口较少民族群众真正受益，推进人口较少民族乡村各项事业又好又快发展。

（四）加强宣传，营造氛围

广泛宣传党和国家关于扶持人口较少民族发展工作的方针、政策，宣传扶持人口较少民族发展的重大意义，充分发挥民族村干部群众的主体作用，励精图治、奋发进取，为规划实施营造良好的社会环境和舆论氛围。加强教育培训能力建设，建立健全分级、分层、分类教育培训的长效机制。加大对人口较少民族干部的培养选拔力度，把更多优秀人口较少民族干部，特别是年轻干部选拔到各级领导岗位上来。加大对人口较少民族各类专业技术人才培养的支持力度，提高劳动者素质，为人口较少民族提供良好的人才政策环境。

附件二

内蒙古自治区民族教育条例

（2016 年 9 月 29 日内蒙古自治区第十二届人民代表大会常务委员会第二十六次会议通过）

第一章 总则

第一条 为了保障和发展民族教育事业，根据《中华人民共和国民族区域自治法》《中华人民共和国教育法》和国家有关法律、法规，结合自治区实际，制定本条例。

第二条 本条例所称民族教育，是指对自治区行政区域内的蒙古族及其他少数民族公民所实施的以学校教育为主，以使用本民族语言文字和国家通用语言文字教学为重点，以科学文化知识传授和本民族优秀传统文化传承发展为基本内容的各级各类教育。

第三条 自治区行政区域内各级各类民族学校、民族教育机构和开设民族语言文字教学班的各级各类普通学校，开展民族教育活动适用本条例。

各级各类民族学校是指以少数民族公民为主要教育对象的民族幼儿园、中小学校、中等职业学校、高等学校等学校。

民族教育机构是指旗县级以上人民政府批准设立的民族教育科学研究、教学研究等机构。

第四条 自治区坚持国家教育方针同民族政策相结合，优先发展、重点扶持民族教育，以立德树人为根本，加强社会主义核心价值观教育，弘扬以爱国主义为核心的民族精神，开展中华民族共同体思想教育。

第五条 民族教育应当坚持教育与宗教相分离的原则，任何组织和个人不得利用宗教妨碍民族学校的教育教学工作。

第六条 旗县级以上人民政府应当将民族教育事业纳入国民经济和社会发展总体规划，积极推进民族教育的创新发展。

第七条 自治区对民族教育实行财政优先保障制度，切实保障各级各类民族学校和民族教育机构的发展需求以及办学经费的稳定增长。

第八条 自治区人民政府教育行政部门负责全区民族教育工作的统筹规划、综合协调和宏观管理。

旗县级以上人民政府教育行政部门应当根据本地实际情况，设置民族教育工作机构或者配备专职人员，负责民族教育工作。

旗县级以上人民政府其他有关部门在各自的职责范围内，分别负责有关的民族教育工作。

第九条 旗县级以上人民政府对在发展民族教育事业中做出显著成绩的单位和个人，给予表彰和奖励。

第二章 办学形式与管理

第十条 民族教育应当结合民族特点和地区实际，完善办学形式和发展体系。

民族学前教育、义务教育、普通高中教育、中等职业教育和高等教育实行自治区统筹规划、分级办学分级负责的管理体制。

第十一条 旗县级以上人民政府应当将民族幼儿园、中小学校建设纳入城乡规划，合理布局，保障少数民族适龄儿童、少年在户籍所在地及现居住地就近入园入学。

第十二条 旗县级以上人民政府应当在少数民族聚居地区独立设立民族幼儿园、中小学校；在少数民族散杂居地区设立相应的民族幼儿园、中小学校或者在当地普通幼儿园、中小学校开设民族语言文字教学班。

第十三条 旗县级以上人民政府应当根据需要，设立民族中等职业学校或者在普通中等职业学校独立开设民族语言文字教学班。

第十四条 高等学校应当设立民族语言授课为主的院系、专业或者民族班、民族预科班。

第十五条　旗县级以上人民政府应当保障少数民族残疾儿童、青少年受教育的权利。

第十六条　民族幼儿园、中小学校的设立、变更和终止，应当由旗县级以上人民政府教育行政部门审核批准后报上一级教育行政部门备案。

民族幼儿园、中小学校的名称按照地方名称、民族名称、办学层次的顺序组成。

第十七条　民族幼儿园园长、中小学校校长应当由具备国家和自治区规定的任职条件、符合岗位要求的相应少数民族公民担任。

第三章　教育教学

第十八条　自治区人民政府根据国家的教育方针，依照法律和有关规定，决定民族教育的发展规划以及各级各类民族学校的设置、学制、办学形式、教材建设、教学内容、教学用语和招生办法。

第十九条　自治区各级各类民族学校应当使用本民族语言文字或者本民族通用的语言文字进行教学，重点发展民族学校的双语教学工作。

第二十条　蒙古族幼儿园、中小学校，应当主要招收蒙古族学生，实施以蒙古语授课为主加授汉语或者以汉语授课为主加授蒙古语的双语教学。

朝鲜族幼儿园、中小学校，应当主要招收朝鲜族学生，实施以朝鲜语授课为主加授汉语或者以汉语授课为主加授朝鲜语的双语教学。

其他少数民族幼儿园、中小学校，应当主要招收本民族学生，使用本民族通用的语言文字教学，开设适合学生特点的民族传统文化教育课程。

自治区支持鄂伦春族、鄂温克族、达斡尔族以学校教育形式学习传承本民族语言和本民族文化。

第二十一条　实施双语教学，应当在学前教育阶段培养幼儿学习本民族语言能力和学习汉语兴趣，义务教育阶段基本掌握本民族语言文字和汉语言文字，高中阶段教育熟练应用本民族语言文字和汉语言文字。

双语教学民族中小学校，应当按照自治区规定的课程计划开设一门外国语课程。

第二十二条　高等学校应当加强具有民族特色的重点学科和专业建设，设置适应经济社会发展的学科专业，培养研究型、创新型、应用型少数民族优秀人才和蒙汉兼通的高素质人才。

蒙古语授课为主加授汉语的高中毕业生考入区内高等学校，选择蒙古语授课专业学习的，鼓励辅修宜于就业创业的第二学位、第二专业或者汉语授课的应用类课程；通过民族班和民族预科班形式选择汉语授课专业学习的，应当继续学习大学蒙古语文课程。

汉语授课为主加授蒙古语的高中毕业生考入区内高等学

校，选择汉语授课专业学习的，鼓励继续学习大学蒙古语文课程。

第二十三条　自治区对蒙古语授课为主加授汉语的民族学校学生，实行"中国少数民族汉语水平等级考试"制度。对汉语授课为主加授蒙古语的民族学校和开设蒙古语文选修课的普通学校学生，实行"蒙古语文应用水平等级考试"制度。

鼓励各民族学生互相学习语言文字，互相了解文化传统和风俗习惯。

第二十四条　自治区对少数民族毕业生实行升学优惠政策。

对报考区内外高等学校的蒙古族、鄂伦春族、鄂温克族、达斡尔族考生实行加分录取政策。对其他少数民族考生实行同等条件下优先录取政策。

第二十五条　自治区根据实际需要，逐步扩大蒙古语授课高等教育办学规模，优化专业结构，提高教育教学质量。

招收蒙古语授课为主加授汉语的高考学生，应当单列招生计划、单独划定录取分数线、统一录取。允许考生兼报区内外高等学校的汉语授课专业。

区内高等学校举办的民族班和民族预科班，蒙古语文协作省区高等学校下达的协作招生计划，应当招收蒙古语授课为主加授汉语的高考学生。

自治区教育行政部门对区外高等学校下达自治区的民族班、民族预科班和其他招生计划，应当划出一定比例招收蒙古语授课为主加授汉语的高考学生。

区内具备条件的高等学校应当为鄂伦春族、鄂温克族、达斡尔族考生举办民族预科班。

第二十六条　自治区建立健全符合民族教育实际的双语教学课程教材体系，建设蒙古文教材编译专兼职队伍，提高国家课程教材编译质量，突出地方课程和校本课程教材特色。

制定蒙古语言文字中小学、大中专教材和教辅资料及教学资源开发建设的中长期规划，加强编译、审查、出版、发行工作。

充分利用现代信息技术手段和教育信息化工程，实现民族教育的优质教育资源共享。

第二十七条　自治区加强民族文化普及教育，在民族学校开设民族文化教育选修课，弘扬崇尚自然、践行开放、恪守信义的草原文化核心理念。

第四章　教师和其他教育工作者

第二十八条　各级各类民族学校教师应当具备国家和自治区规定的教师资格和任职条件，严格遵守教师道德规范。

从事双语教学工作教师的专业化水平和应用蒙（朝）汉两种语言文字能力应当符合岗位要求。

第二十九条　旗县级以上人民政府应当逐步提高各级各类民族学校教师待遇，改善工作条件和生活条件，保障教师合法权益。

双语教学民族幼儿园、中小学校教师工资待遇应当适当高于同级同类学校的其他教师。

民族学校设置的教师专业技术岗位，高级岗位比例应当高于同级同类其他学校。

第三十条　自治区对双语教学民族幼儿园园长、中小学校校长和教师实行免费培训。

对民族幼儿园园长、中小学校校长和少数民族优秀中青年教师组织进修、挂职锻炼。

第三十一条　自治区优先保障民族师范院校和民族师资培训基地的建设发展。

民族师范院校根据实际需要，应当面向边远贫困少数民族地区免费定向培养师范生。

鼓励各民族优秀教师和符合任职条件的各民族优秀毕业生到民族学校任教、支教。

第五章　科学研究与协作交流

第三十二条　各级教育科学研究机构应当配备一定比例的民族教育研究人员。各级教学研究机构应当配齐蒙古语授课主要学科研究人员。

第三十三条　自治区加强与蒙古语文协作省、自治区在蒙古语授课教育领域内的协作，共同协商不同行政区域蒙古语授课教育的学制年限、课程计划、教材建设、教育科研、协作培养学生、教师培训等事项。

第三十四条　自治区鼓励对农村牧区及边境旗市民族学校开展对口支援。

第三十五条　自治区依照国家规定，积极开展国际教育交流与合作。鼓励和支持民族学校利用地缘优势和语言文字条件开展有关活动。

第六章　投入与保障

第三十六条　自治区优先保障民族教育投入。提高义务教育阶段民族学校的经费保障标准，加大对民族学前教育、普通高中教育、职业教育、高等教育的经费投入。

第三十七条　自治区对中央财政安排的少数民族发展资金、边境地区事业补助费和基本建设费、扶贫开发资金等，应当安排一定比例用于民族教育。

自治区财政安排的少数民族地区补助费和民族机动金用于民族教育的比例应当逐年增加。

民族教育经费应当实行专款专用，任何单位和个人不得挤占、截留、挪用。

第三十八条　旗县级以上人民政府在核定民族幼儿园、中小学校公用经费时，补助标准应当高于当地同级同类学校标准。

旗县级以上人民政府对民族幼儿园、中小学校所需的水、电、取暖费用，应当按照实际支出纳入预算，足额核定并及时拨付到位。

第三十九条　各级财政应当设立民族教育专项补助资金。

对少数民族聚居且人口多，民族教育工作任务重、困难大的地区，自治区财政应当给予适当倾斜。

各级财政设立的民族教育专项补助资金，应当根据需要足额核定，纳入财政预算，按时拨付。

第四十条　建立和完善少数民族学生助学金自治区、盟市、旗县三级分担机制。

助学金标准由自治区人民政府财政、教育行政部门统一规定，纳入各级财政预算，保证按时足额发放。

第四十一条　自治区对双语教学民族幼儿园在园幼儿减免保教费，所需资金由地方财政承担。

对双语教学民族中小学校在校学生免学费、免费提供教科书和一套教辅资料，对寄宿制学生补助生活费，所需资金由自治区财政承担。

第四十二条　自治区对考入区内高等学校的蒙古语授课为主加授汉语学生，减收百分之二十学费，所需资金由自治区财政承担。

区内高等学校蒙古语授课专业学生，辅修宜于就业创业的第二学位、第二专业和汉语授课的应用类课程，取得合格证书或者合格成绩单的，由政府补助选修费用，所需资金按学校隶属关系由各级财政纳入生均定额补助。

少数民族预科生应当享受生源地政府贴息贷款。少数民族家庭经济困难、品学兼优学生优先享受国家及自治区各项助学奖励。

第四十三条　公务员考录、事业单位招聘人员时，每年应当从录用计划总数中，划定不低于百分之十五的职位用于蒙古语授课大学毕业生。

国有企业招录人员时，同等条件下优先录用蒙古语授课大中专毕业生。

第四十四条 自治区重视民族文化传承发展事业和蒙古文图书、音像制品的出版发行工作。

对蒙古文教材、教辅资料、图书、音像制品等出版物出版发行实行财政补贴政策。

对蒙古文教材和教辅资料的编译、审查等给予资金保障。

第四十五条 自治区应当加强民族教育督导评估与办学条件保障工作。旗县级以上人民政府应当把各级各类民族学校的基础设施建设和教学设备购置纳入公共财政保障范围并建立长效机制。

各级各类民族学校的办学条件应当达到标准化要求，满足特色化发展需要。

第四十六条 各级各类民族学校在不影响正常教育教学的前提下，可以开展勤工俭学和社会服务。

第四十七条 自治区鼓励企业事业组织、社会团体、其他社会组织及个人对民族教育捐资助学。

第七章 法律责任

第四十八条 违反本条例规定的行为，《中华人民共和国教育法》等法律、法规已经作出具体处罚规定的，从其规定。

第四十九条 违反本条例规定，有下列行为之一的，对直接负责的主管人员和其他直接责任人员依法给予处分；构成犯罪的，依法追究刑事责任：

（一）未经旗县级以上人民政府教育行政部门审核批准，擅自设立、变更和终止各级各类民族学校的；

（二）挤占、截留、挪用民族教育经费的；

（三）妨碍民族学校教育教学秩序的；

（四）其他侵害民族教育的行为。

第八章 附则

第五十条 本条例自 2016 年 11 月 1 日起施行。

莫力达瓦达斡尔族自治旗
民族教育条例

（1998 年 4 月 8 日莫力达瓦达斡尔族自治旗第八届人民代表大会第六次会议通过；2000 年 10 月 15 日内蒙古自治区第九届人民代表大会常务委员会第十九次会议批准；根据 2011 年 5 月 26 日内蒙古自治区第十一届人民代表大会常务委员会第二十二次会议关于批准《莫力达瓦达斡尔族自治旗人民代表大会关于修改〈莫力达瓦达斡尔族自治旗民族教育条例〉的决定》的决议修正）

第一条 为了发展自治旗的民族教育事业，保障少数民族公民接受教育的权利，根据《中华人民共和国民族区域自治法》《中华人民共和国教育法》《莫力达瓦达斡尔族自治旗自治条例》和有关法律法规，结合自治旗实际，制定本条例。

第二条　本条例所称民族教育是指在自治旗行政区域内，对达斡尔族和其他少数民族公民所实施的各级各类教育。

本条例所称的民族学校是指公办的民族幼儿园、民族小学、民族中学。

第三条　民族教育是自治旗教育事业和民族团结进步事业的重要组成部分。自治旗人民政府对民族教育要坚持优先发展、重点扶持的方针，积极采取特殊政策和优惠措施，实现自治旗民族教育事业的持续健康发展。

第四条　少数民族适龄儿童、未成年人的父母或者其他监护人，应当积极配合学校及其他教育机构，对其未成年子女或者其他被监护人进行教育，保证他们接受并完成自治旗依法实施的普及教育。

第五条　自治旗人民政府教育行政部门主管本行政区域内的民族教育工作，并组织实施本条例。

自治旗人民政府其他有关部门在各自的职责范围内，负责有关的民族教育工作。

第六条　自治旗人民政府应当统筹规划、合理确定和调整各类民族教育的学校布局，发展规模、教育结构和办学形式，提高教育质量和办学效益。

第七条　自治旗加强对民族教育工作的组织领导，在自治旗教育工作机构中，设置民族教育工作机构，安排专职人员，负责民族教育工作。

第八条　自治旗民族学校的设置，应当经自治旗人民政府批准，并报自治区和呼伦贝尔市教育行政主管部门备案。

第九条　自治旗和乡镇人民政府为边远地区居住分散的少数民族村屯，兴办以寄宿和助学金为主的公办民族学校。民族乡镇初中学生应当并入旗所在地就读。

第十条　自治旗人民政府应当组织优质教育资源，对口帮助乡镇民族学校。

第十一条　民族幼儿园、民族小学、民族中学应当用民族语言辅助教学，使用本民族语言辅助教学的民族中小学、幼儿园，提倡安排具体课时学习本民族语言会话。

民族幼儿园、民族小学、民族中学应当推广使用全国通用的普通话和规范汉字。

第十二条　自治旗人民政府应当保障达斡尔族、鄂温克族、鄂伦春族、蒙古族学生基本接受高中阶段教育。

第十三条　自治旗加强民族教育科学研究工作，积极推广和应用民族教育的科研成果和改革实验成果。

自治旗设立专项奖励资金，奖励在民族教育科学研究中，做出突出贡献和取得优异成果的人员。民族教育科研专项奖励资金纳入自治旗财政预算，额度应当不少于上年度财政收入的千分之一。

第十四条　对边远地区的少数民族学校、民族幼儿园的教职工编制应当适当放宽。

第十五条　自治旗各级人民政府及其有关部门应当采取具体措施，改善民族学校教师的工作条件，提高教师的社会地位和待遇，稳定民族学校教师队伍。

招聘教师，应当优先录用具备国家规定学历的达斡尔族、鄂温克族、鄂伦春族、蒙古族师范类院校的毕业生。

第十六条　民族学校设置的教师专业技术岗位中，中高级职务（职称）所占比例，应当高于同级同类其他学校的比例。

第十七条　自治旗人民政府教育行政部门，应当加强少数民族在职教师的继续教育、学历教育和民族中小学校校（园）长的培训工作，依照国家和自治区的规定，有计划地选送教师和校（园）长到师范院校或者教师进修院校进行培训。

民族学校教师和校（园）长的培训经费，应当纳入自治旗财政预算。

第十八条　自治旗人民政府要建立稳定的民族教育经费投入机制和监督机制，保障民族学校教职工工资，学校正常运转经费和建设、维修、改造校舍等所需资金。

民族教育经费应当逐年增加，增加幅度应当高于自治旗财政经常性收入的增长幅度。

国家和自治区、市人民政府下拨的各类民族教育专款，要全额用于民族教育事业，不得挤占、挪用和截留，不得抵顶自治旗财政预算内的民族教育正常经费。

第十九条　自治旗人民政府设立民族教育专项资金，纳入自治旗财政预算，用于帮助因家庭贫困而辍学的少数民族学生继续就读，资助升入高中和大中专院校的达斡尔族、鄂温克族、鄂伦春族，蒙古族家庭贫困学生，奖励品学兼优的少数民族学生和在民族教育事业中做出突出贡献的教师和职工。

第二十条　自治旗人民政府根据自治旗财政收入的增长情况和物价总水平，适时提高达斡尔族、鄂温克族、鄂伦春族、蒙古族学生助学金标准。

第二十一条　自治旗人民政府在发展教育事业过程中，应当优先使民族学校达到标准化、优质化。

第二十二条　自治旗大力发展各种形式的少数民族职业技术教育和以扫盲、岗位培训以及继续教育为重点的成人教育，逐步加以规范，自治旗人民政府应当保障少数民族职业技术教育和成人教育的经费投入。

自治旗有计划地选送少数民族学生到区内外高等职业技术院校学习，培养专业技术教师和各类技术人才，加强师资力量和教师队伍建设。

第二十三条　自治旗和各乡镇人民政府，依照各自职责，保障民族学校具备劳动实习基地和农科教实训基地。

第二十四条　自治旗鼓励和支持社会力量创办各种形式的民族学校。鼓励自治旗境内外组织及个人对少数民族教育捐资助学和集资办学。

第二十五条　民族幼儿园、民族小学、民族中学应当重视对学生进行本民族优秀文化传统教育，开展具有本民族特色的文化和体育等各种教育教学活动，促进本民族语言、文化、艺术和体育事业的发展。

民族学校对列入国家非物质文化遗产的民族传统文化项目

的教授和传承费用，应当列入自治旗财政预算，并予以保障。

第二十六条　自治旗人民政府和各乡镇人民政府，应当共同办好乡镇人民政府所在地民族幼儿园，保证城镇和村屯少数民族适龄儿童普遍接受学前三年教育。

对达斡尔族、鄂温克族、鄂伦春族、蒙古族适龄儿童，实行免费入园，对其他少数民族家庭贫困的适龄儿童，适当减免入园费用。

第二十七条　民族学校要对学生进行爱国主义、集体主义、社会主义的教育，进行理想、道德、纪律、法制、国防和民族团结教育。

第二十八条　自治旗人民政府教育督导部门应当加强对民族教育的督导工作。

第二十九条　违反本条例的单位和个人，依照《中华人民共和国教育法》和《中华人民共和国义务教育法》等有关法律、法规承担相关法律责任。

第三十条　自治旗人民政府根据本条例制定实施细则。

第三十一条　本条例自公布之日起施行。

鄂温克族自治旗民族教育条例

（2003 年 3 月 7 日鄂温克族自治旗第九届人民代表大会第五次会议通过；2003 年 7 月 25 日内蒙古自治区第十届人民代表大会常务委员会第四次会议批准；根据 2011 年 5 月 26 日内蒙古自治区第十一届人民代表大会常务委员会第二十二次会议关于批准《鄂温克族自治旗人民代表大会关于修改〈鄂温克族自治旗民族教育条例〉的决定》的决议修正）

第一条　为了发展鄂温克族自治旗的民族教育事业，根据《中华人民共和国民族区域自治法》《中华人民共和国教育法》《中华人民共和国义务教育法》《中华人民共和国教师法》《鄂温克族自治旗自治条例》和有关法律、法规，结合自治旗实际，制定本条例。

第二条　本条例所称民族教育，是指在自治旗行政区域内，对鄂温克族及其他少数民族成员实施的各级各类教育。

本条例所称民族学校，是指公办和民办的幼儿园、小学、中学、职业中学、教师进修学校等各级各类学校。

第三条　民族教育是自治旗经济社会发展的重要基础。自治旗人民政府必须把民族教育摆在优先、重点发展的战略地位，把民族教育发展规划列入国民经济和社会发展总体规划。

自治旗人民政府采取特殊政策和措施，在适龄儿童、少年中逐步普及学前三年教育和高中阶段教育，巩固提高九年制义务教育，办好十五年规范国民教育。发展各种形式的职业技术教育和以岗位培训、实用技术培训、继续教育为重点的成人教育，促进自治旗各级各类教育协调发展，建立和完善终身教育体系。

采取措施扫除青壮年文盲。

第四条　自治旗人民政府教育行政部门主管本行政区域内的民族教育工作。

自治旗人民政府其他有关部门，在各自的职责范围内，负责有关的民族教育工作。

第五条　自治旗行政区域内适龄儿童、少年的父母或者其他监护人，应当配合学校及其他教育机构对其未成年子女或者其他被监护人进行教育，保证他们接受并完成九年制义务教育。

第六条　自治旗人民政府应当统筹规划，合理确定和调整民族教育结构、学校布局，优化教育资源配置，提高办学水平，促进义务教育均衡发展，全面实施素质教育，率先实现民族教育现代化。

第七条 按照"两主一公，集中办学"的基本要求，自治旗人民政府为居住分散、走读困难的边远地区学生，建立以寄宿和助学金为主的民族学校，并不断提高其集中办学的质量和水平。

第八条 自治旗民族学校的设置，应当经自治旗人民政府批准，并报自治区和呼伦贝尔市人民政府教育行政部门备案。

第九条 教育行政部门和各苏木乡镇人民政府应当共同办好其所在地民族幼儿园，鼓励支持民办幼儿园，使牧区适龄儿童普遍接受学前三年教育。对于鄂温克族、达斡尔族、鄂伦春族适龄儿童实行免费入园，对其他民族家庭贫困的适龄儿童适当给予减免学费，保证其能够接受规范的学前三年教育。

第十条 自治旗人民政府应当注重民族教育科学研究工作，积极推广各类民族教育的科研成果和改革实验成果。按自治区标准要求，安排教育科研人均经费，并纳入自治旗政府财政预算。

加大远程教育网络建设的投入力度，加强标准化学校建设，不断提高民族教育现代化水平。

第十一条 除国家对牧区义务教育阶段经费保障机制改革的投入资金外，自治旗人民政府要建立稳定的民族教育经费投入机制和保障机制，确保民族教育学校教职工工资、正常运转经费和建设、维修、改造校舍等所需资金。

第十二条　民族教育经费要全额纳入自治旗财政预算。民族教育经费由自治旗财政部门核拨，教育行政部门管理，专款专用。民族学校学生人均经费和公用经费标准应当逐年增加，增长幅度应当高于自治旗财政经常性收入的增长幅度。

自治旗收取的教育费附加，应当重点用于民族教育事业，可适当补充教育经费不足。

第十三条　自治旗人民政府每年安排鄂温克民族专项教育资金，重点用于发展自治旗民族语言授课的学校。

第十四条　鼓励自治旗境内外组织和个人对民族教育捐资助学，自治旗设立民族教育基金会，用于奖励教师、学生和资助少数民族贫困学生。

第十五条　国家下达的民族教育补助专款，要全部用于民族教育事业，任何组织和个人不得挤占、挪用和截留。

国家下达的民族机动金，每年应当安排一定比例的资金用于扶持民族教育学校改善办学条件。

第十六条　随着经济的发展，自治旗人民政府应当提高鄂温克族学生助学金标准，并逐步提高鄂伦春族、达斡尔族学生以及其他少数民族贫困学生的助学金标准。在现有的基础上，进一步提高义务教育阶段贫困家庭学生的助学金标准。

户籍在自治旗的鄂温克族学生（含民办学校考生）考入国内高等院校的，享受自治旗提供的学费补助和奖学金。

第十七条　自治旗对发展民族教育事业做出突出贡献的组

织和个人，给予奖励。设立专项奖励资金，纳入旗政府财政预算。

第十八条　民族学校校办企业，按照国家和自治区的有关规定，享受减免税费待遇。

第十九条　自治旗人民政府人事、财政、教育等有关部门在聘任教师专业技术岗位时，根据国家有关规定和自治旗的实际情况，以现有高级岗位设置数额为基数，适当增加一定比例的竞争名额，由学校择优聘任，蒙语授课学校要予以适当倾斜。

对边远地区民族学校的教职工编制，应当适当放宽。

实行绩效工资后，班主任津贴在现有的基础上逐步提高。

第二十条　自治旗各级人民政府及其有关部门，应当采取具体措施，改善民族学校教师的工作条件和生活条件，保障教师的合法权益，提高教师的社会地位，稳定教师队伍。

鼓励大、中专毕业生到边远少数民族聚居的苏木中小学校、幼儿园任教。对在边远少数民族聚居的苏木中小学校、幼儿园工作的教师、职工，在原工资基础上，实行向上浮动工资制度，并享受交通费补贴等待遇，随着自治旗的经济发展在现有的基础上逐步提高。

第二十一条　自治旗人民政府教育行政部门，可以根据实际需要，有计划地聘请自治旗内外优秀教师到民族学校任教，聘任期间的工资待遇要优于国家现行有关规定，其经费列入旗财政预算。

第二十二条　民族学校的教师必须具备国家规定的相应学

历，取得教育行政部门颁发的教师资格证书。

教育行政部门，要逐年提高民族教育中小学校具有专科和本科学历的教师比重，采取措施引进具有双学历和研究生学历的教师到学校任教，提高教师队伍的整体素质。

第二十三条　自治旗人民政府教育行政部门，应当加强民族学校、幼儿园在职教师的继续教育、学历教育和中小学校长、幼儿园长的培训工作，有计划地选送民族学校、幼儿园优秀教师和校长、园长，到师范院校或者教师进修院校培训。除各学校必须用于教师培训的经费外，自治旗人民政府应当在教师培训经费上给予保证，保障教师培训需要。

第二十四条　自治旗人民政府采取多种形式，帮助少数民族学生接受高等教育，根据自治旗对各类人才的需求，有计划地制定并实施对鄂温克族、达斡尔族、鄂伦春族和其他少数民族学生定向招生培养。

第二十五条　自治旗人民政府教育行政部门，对民族学校所需教材、图书、仪器、音体美教育器材和现代化教学设备等，应当优先安排。任何组织和个人不得侵占学校室外活动场地和体育设施。

自治旗青少年校外活动中心、学生校外社会实践基地等校外教育机构，教育培训所需的经费，设施的必要维护费，应当列入自治旗财政预算。

第二十六条　高中教育阶段学校，在录取鄂温克族、达斡尔族、鄂伦春族等少数民族考生时，应当放宽录取分数线，并保证一定的录取比例，使鄂温克族、达斡尔族、鄂伦春族等少数民族学生基本接受高中阶段教育。

鄂温克族自治旗户籍的初中毕业升学的学生，享受上级教育行政部门分配给自治旗的中考统招和分招名额指标。

第二十七条　民族学校可以使用民族语言辅助教学。使用民族语言辅助教学的民族学校，提倡利用活动课学习本民族语言会话。

使用蒙古语言文字授课的民族学校，要加强汉语文教学和外语教学。

第二十八条　民族教育学校应当重视对学生进行民族优秀文化和民族历史教育，开展具有少数民族特色的文化和体育等各种活动，促进少数民族语言、文化、艺术和体育事业的发展。按国家规定标准，设立体育、卫生、艺术专项经费，纳入自治旗政府财政预算。

第二十九条　民族教育学校要对学生进行爱国主义、集体主义、社会主义的教育，进行理想、道德、纪律、法制、国防和民族团结教育及心理健康教育。

第三十条　自治旗督导机构应当加强对民族教育的督导工作。

第三十一条　违反本条例的组织和个人，依据有关法律、法规承担法律责任。

第三十二条　自治旗人民政府根据本条例制定实施细则。

第三十三条　本条例自公布之日起施行。

附件五

鄂伦春自治旗民族教育条例

（2002 年 3 月 6 日鄂伦春自治旗第十一届人民代表大会第四次会议通过；2002 年 5 月 25 日内蒙古自治区第九届人民代表大会常务委员会第三十次会议批准）

第一条　为了发展自治旗民族教育事业，根据《中华人民共和国民族区域自治法》《中华人民共和国教育法》《内蒙古自治区实施〈中华人民共和国教师法〉办法》等法律、法规和《鄂伦春自治旗自治条例》，结合自治旗的实际，制定本条例。

第二条　本条例适用于自治旗行政区域内对少数民族实施的各级各类教育。

本条例所称民族学校是指公办的民族幼儿园、民族小学、民族中学、民族职业技术学校、普通学校民族班等以少数民族成员为主要教育对象的民族教育单位和民族教育机构。

第三条　自治旗各级人民政府应当把民族教育放在优先发展、重点扶持的地位，纳入国民经济和社会发展规划。

自治旗根据民族特点和地区特点，采取特殊政策和措施，保障少数民族基础教育、职业技术教育和成人教育，与全旗教育事业协调发展。

第四条　自治旗人民政府教育行政部门主管全旗的民族教育工作。

自治旗人民政府其他有关部门在各自的职责范围内，负责有关的民族教育工作。

第五条　自治旗人民政府统筹规划、合理确定和调整民族教育结构、学校布局和办学形式，深化教育改革，全面推进素质教育。

第六条　自治旗应当加强对民族教育的领导和管理，在自治旗人民政府教育行政部门设立民族教育工作机构，指导和管理民族教育事务。

第七条　自治旗对少数民族学生，努力普及高中阶段教育。对鄂伦春族学生要优先普及高中阶段教育。实施高中阶段教育的学校，对少数民族考生要给予照顾。

第八条　自治旗采取多种形式，帮助少数民族学生接受高等教育。依照国家规定和自治旗实际需要，有计划地选送鄂伦春族、鄂温克族、达斡尔族和其他少数民族学生到区内外高等院校学习。

第九条　举办各类民族幼儿园（班），发展民族幼儿教育。

民族学校学前班应当纳入学校管理。

第十条　自治旗大力发展职业技术教育和成人教育，培养各类适用人才，全面提高少数民族劳动者的素质。

采取特殊措施，扫除少数民族青壮年文盲。

第十一条　自治旗支持、鼓励和组织民族教育科学研究，推广民族教育科学研究成果和改革实验成果。

第十二条　民族学校要以提高学生素质为宗旨，坚持面向现代化、面向世界、面向未来，培养学生的创新精神和实践能力，促进学生德智体美全面发展。

民族学校应当对学生进行爱国主义、集体主义、社会主义的教育，进行理想、道德、纪律、法制、国防和民族团结的教育。

第十三条　民族学校应当重视对学生进行本民族优秀文化传统教育，开展具有民族特色的文化、艺术、体育等活动。

第十四条　民族学校可以使用本民族通用的语言进行教学。

民族学校应当推广使用国家通用的语言文字，并结合实际，适时开设外语课。

第十五条　自治旗适当增加民族学校教师、职工编制。

自治旗人民政府人事、教育行政主管部门在评聘教师专业技术职务时，应当适当提高民族学校中、高级职务数额。

第十六条　自治旗人民政府应当采取措施，改善民族学校教师、职工的工作条件和生活条件，提高他们的待遇。

第十七条　鼓励大、中专毕业生到鄂伦春族聚居的乡（镇）学校任教。自治旗对在鄂伦春族聚居的乡（镇）学校工作的教师、职工，在原工资基础上，实行向上浮动工资的制度。

第十八条　自治旗教育行政部门应当加强民族学校校长的培训和民族学校教师的继续教育，培养高素质的民族教育教师队伍。

第十九条　民族教育经费全额纳入财政预算。自治旗各级人民政府应当优先保证民族教育经费。

第二十条　自治旗逐步增加对民族教育的投入，努力改善民族学校的办学条件，加快教育技术现代化装备的进程。

第二十一条　自治旗设立民族教育专项资金。民族教育专项资金主要用于扶持、奖励少数民族学生、培训民族学校校长、教师和改善民族学校办学条件。

第二十二条　逐步提高鄂伦春族、鄂温克族和达斡尔族中小学生享受的民族助学金标准。鄂伦春族学生考入大、中专院校的，享受学费补助，并获得由自治旗提供的奖学金。

第二十三条　自治旗设立民族教育助学基金，救助少数民族贫困学生完成学业。

第二十四条　自治旗鼓励、扶持民族学校开展勤工俭学、兴办校办产业和建立学生实习基地，并依照国家规定享受减免税费待遇。

第二十五条　自治旗鼓励和支持社会力量办学，鼓励对民族教育捐资助学。

在民办民族中小学就学的鄂伦春族、鄂温克族、达斡尔族学生，与在公办民族中小学就学的鄂伦春族、鄂温克族、达斡尔族学生享受同等待遇。

第二十六条　自治旗教育督导机构，应当加强对民族教育的督导工作，保证有关教育的法律、法规和政策措施的贯彻实施。

第二十七条　违反本条例的组织和个人，依照《中华人民共和国教育法》《中华人民共和国教师法》等有关法律、法规承担法律责任。

第二十八条　自治旗人民政府根据本条例制定实施细则。

第二十九条　本条例自 2002 年 7 月 1 日起施行。

莫力达瓦达斡尔族自治旗达斡尔民族民间传统文化保护条例

（2015 年 2 月 26 日莫力达瓦达斡尔族自治旗第十二届人民代表大会第四次会议通过；2015 年 7 月 26 日内蒙古自治区第十二届人民代表大会常务委员会第十七次会议批准）

第一条　为了保护、抢救、挖掘、传承、弘扬达斡尔民族民间传统文化，培育民族文化产业，促进经济社会协调发展，根据《中华人民共和国民族区域自治法》《中华人民共和国非物质文化遗产法》《中华人民共和国文物保护法》等有关法律法规，结合莫力达瓦达斡尔族自治旗（以下简称自治旗）实际，制定本条例。

第二条　达斡尔民族民间传统文化是中华民族传统文化的有机组成部分，凝结着达斡尔民族的智慧和文化独特性。

护和传承。

第九条 自治旗加强从事达斡尔民族民间传统文化保护工作的队伍建设，培养民族民间传统文化保护、研究、传承等各类专门人才，支持代表性传承人和代表性传承单位开展达斡尔民族民间传统文化传承活动。

第十条 自治旗人民政府表彰和奖励在达斡尔民族民间传统文化保护工作中做出显著成绩的单位和个人。

第十一条 自治旗文化行政主管部门对自治旗境内的达斡尔民族民间传统文化进行普查、确认、登记，运用文字、录音、录像、数字化多媒体等方式，对达斡尔民族民间传统文化进行真实、系统、全面的记录、存档和备案。

第十二条 自治旗人民政府各相关部门和达斡尔民族研究会等社会组织，依照各自的职责做好有关民族民间传统文化保护工作。加强达斡尔民族民间传统文化的交流与协作，共同保护开发达斡尔民族民间传统文化。

第十三条 对列入国家、自治区非物质文化遗产代表性项目名录的达斡尔族非物质文化遗产项目所涉及的建筑物、场所、遗迹及其附属物，自治旗人民政府应当划出保护范围，作出标志说明，建立专门档案，并在城乡规划和建设中采取有效措施予以保护。

第十四条 自治旗人民政府建立达斡尔民族民间传统文化代表性传承人、代表性传承单位确定和命名制度。

申请命名达斡尔民族民间传统文化代表性传承人和代表性

传承单位的，应当在媒体上进行公示，征求公众以及有关部门、社会组织、专家学者的意见。确定和命名代表性传承人和代表性传承单位后，应当于十五日内向社会公布。

第十五条 符合下列条件之一的公民，可以申请确定和命名为达斡尔民族民间传统文化代表性传承人：

（一）掌握并保持某项达斡尔民族民间传统文化代表作的表现形态或者技艺，在一定区域内被公认为具有较大影响的；

（二）积极开展传承活动，培养后继人才的；

（三）掌握和保存民族民间传统文化原始资料、实物和场所的；

（四）掌握民族民间传统文化资料、实物，并有一定研究成果的。

第十六条 符合下列条件的组织和团体，可以申请确定和命名为达斡尔民族民间传统文化代表性传承单位：

（一）有掌握某种达斡尔民族民间传统文化的表现形态或者技艺的传承人，或保存某项达斡尔民族民间传统文化的原始资料、代表性实物，并对此开展研究的；

（二）传承、抢救、挖掘达斡尔民族民间传统文化，并坚持开展相关活动的。

第十七条 达斡尔民族民间传统文化代表性传承人和代表性传承单位，依照相关法律法规，享有下列权利：

（一）开展传艺、讲学、艺术创作、学术研究等活动并取得报酬；

（二）向他人有偿提供其掌握的知识和技艺以及有关的原始资料、实物、场所等；

（三）开展传承活动有经济困难的，可以向自治旗人民政府提出资助申请，获得资助。

第十八条　达斡尔民族民间传统文化代表性传承人和代表性传承单位应当履行下列义务：

（一）培养传承人；

（二）完整保存所掌握的知识、技艺及有关的原始资料、实物、建筑物、场所等；

（三）依法开展传播、展示达斡尔民族民间传统文化等活动；

（四）开展达斡尔民族民间传统文化公益性宣传活动。

第十九条　达斡尔民族民间传统文化代表性传承人和代表性传承单位无正当理由不履行义务，或者代表性传承人和代表性传承单位丧失确定和命名条件的，由自治旗人民政府取消其代表性传承人和代表性传承单位资格并向社会公布。

第二十条　自治旗文化行政主管部门对具有代表性的达斡尔民族民间传统文化资料和实物进行征集、收购时，应当遵循自愿原则。

第二十一条　自治旗文化行政主管部门征集、收购和受赠的达斡尔民族民间传统文化珍贵资料、实物属国家所有，应当建档立册，妥善保管。任何单位和个人不得侵占、损毁。

第二十二条　自治旗人民政府鼓励和扶持有关单位和个人

在依法保护的前提下，合理利用优秀达斡尔民族民间传统文化资源，进行弘扬优秀达斡尔民族民间传统文化的文艺创作，开发具有达斡尔民族民间传统文化特色的文化产品，拓展达斡尔民族民间传统文化旅游的开发与服务。

开发、利用达斡尔民族民间传统文化资源，应当尊重其原真性和文化内涵，保持原有文化生态资源和文化风貌，不得歪曲、滥用。

第二十三条　凡列入达斡尔民族民间传统文化代表性项目名录的传统工艺、制作技艺和艺术表现方法以及其他技艺，涉及国家秘密的，按照国家有关法律法规执行。

第二十四条　对于限制摄影、摄像、录音的达斡尔民族民间传统文化资料和实物，未经自治旗文化行政主管部门批准或资料、实物所有者同意，不得摄影、摄像和录音。

第二十五条　境外非政府组织和个人在自治旗境内进行民族民间传统文化学术性研究，须报自治旗文化行政主管部门和外事行政部门备案。

考察、研究活动结束后，应当向自治旗文化行政主管部门提交相关材料。

第二十六条　自治旗鼓励通过公民、法人和其他组织捐赠等方式，依法设立达斡尔民族民间传统文化保护基金，任何单位和个人不得侵占、挪用。

第二十七条　自治旗在各级各类教育中开设相关课程，传播、弘扬优秀达斡尔民族民间传统文化。

第二十八条　自治旗图书馆、文化馆、博物馆等公共文化机构，应当展示和传播具有代表性的达斡尔民族民间传统文化知识。

第二十九条　自治旗报刊、广播电台、电视台、网络等公共传媒应当介绍、宣传优秀的达斡尔民族民间传统文化，普及保护知识。

第三十条　违反本条例第二十一条规定的，由自治旗文化行政主管部门责令限期改正，并处 5000 元以上 2 万元以下罚款，没收违法所得；构成犯罪的，依法追究其刑事责任。

第三十一条　违反本条例第二十二条第二款规定的，由自治旗文化行政主管部门给予警告，责令其改正，有违法所得的，没收其违法所得；情节严重的，由自治旗文化行政主管部门给予行政处分或者行政处罚，并处 5000 元以上 2 万元以下罚款；构成犯罪的，依法追究其刑事责任。

第三十二条　违反本条例第二十四条规定的，由自治旗文化行政主管部门给予警告，责令其改正，没收其违法获得的影像资料；情节严重的，并处 5000 元以上 3 万元以下罚款。

第三十三条　违反本条例第二十五条规定的，由自治旗文化行政主管部门给予警告，责令其改正，没收其考察资料及实物；情节严重的，对个人并处 5000 元以上 2 万元以下罚款，对单位并处 2 万元以上 5 万元以下罚款。

第三十四条　有关部门工作人员在达斡尔民族民间传统文化保护工作中玩忽职守、滥用职权、徇私舞弊的，依法给予行政处分；构成犯罪的，依法追究其刑事责任。

第三十五条 本条例中所称的达斡尔民族民间传统文化资料、实物和场所等，已被确定为文物的，适用文物保护法律法规。

第三十六条 本条例自 2015 年 10 月 1 日起施行。

附件七

鄂伦春自治旗鄂伦春民族民间
传统文化保护条例

（2014 年 3 月 26 日鄂伦春自治旗第十四届人民代表大会第三次会议通过；2014 年 7 月 31 日内蒙古自治区第十二届人民代表大会常务委员会第十一次会议批准）

第一条　为了加强对鄂伦春民族民间传统文化的保护，传承和弘扬优秀的鄂伦春民族民间传统文化，培育鄂伦春民族民间传统文化产业，促进经济社会协调发展，根据《中华人民共和国民族区域自治法》和《中华人民共和国非物质文化遗产法》及有关法律、法规，结合鄂伦春自治旗（以下简称自治旗）实际，制定本条例。

第二条　自治旗行政区域内的单位和个人，应当遵守本条例。

第三条　本条例所称鄂伦春民族民间传统文化（以下简称民族民间传统文化），是指鄂伦春族世代相传的民族民间传统文化所表现的形式、形态以及与民族民间传统文化表现形式相关的实物和场所。包括：

（一）鄂伦春族的语言；

（二）具有民族传统的美术，民间故事、歌谣、谚语、谜语、传说等口头文学和赞达仁、摇篮曲、斗熊舞、萨满舞等民族歌舞；

（三）集中反映鄂伦春族生产生活特点的民居、饮食、服饰、器皿、用具等；

（四）具有代表性的建筑物、设施、标识以及开展民族民间传统文化活动时使用的特定场所；

（五）具有代表性的传统节日、庆典、礼仪、体育、游艺、祭祀、宗教活动和文明健康、具有研究价值的民俗；

（六）民族民间传统文化传承人和传承单位所掌握的传统技术和技艺；

（七）与鄂伦春民族历史发展有关的重要古迹；

（八）具有学术、史料、艺术价值的各种文字手稿、经卷、典籍、文献、图片、碑碣、楹联等的原件；

（九）民族民间传统文化的其他表现形式。

第四条　自治旗人民政府文化行政主管部门负责本行政区域内民族民间传统文化的保护工作。

自治旗人民政府各相关部门和鄂伦春民族研究会等社会组

织，依照各自的职责做好有关的民族民间传统文化保护工作，加强与相关地区和部门的交流协作，共同保护、发掘、传承鄂伦春民族民间传统文化。

第五条　自治旗民族民间传统文化保护工作，实行保护为主、抢救第一、合理开发、传承发展的原则。

第六条　自治旗人民政府将民族民间传统文化保护工作纳入自治旗国民经济和社会发展规划。

第七条　自治旗人民政府应当将民族民间传统文化保护工作经费纳入本级财政预算，确保民族民间传统文化的繁荣发展。

自治旗民族民间传统文化保护经费主要用于：

（一）抢救、征集民族民间传统文化的珍贵资料和实物；

（二）保护、研究重要的民族民间传统文化项目，整理、出版民族民间传统文化资料；

（三）培养、资助民族民间传统文化传承人；

（四）扶持民族民间传统文化传承单位和民族民间传统文化生态保护区建设；

（五）表彰奖励在民族民间传统文化保护工作中做出显著成绩的单位和个人。

第八条　自治旗鼓励通过社会组织和个人捐赠等方式募集资金，建立民族民间传统文化基金，参与民族民间传统文化事业。

第九条　属于集体和私人所有的民族民间传统文化实物、

场所及其他表现形式，其所有权受法律保护。

第十条　自治旗成立由自治旗文化、民族宗教事务等行政主管部门和鄂伦春民族研究会等社会组织有关人员及专家组成的民族民间传统文化评审鉴定委员会（以下简称评审委员会），负责民族民间传统文化项目及其传承人、传承单位、民族民间传统文化生态保护区的评审事宜和专业咨询工作。

第十一条　自治旗应当建立自治旗、乡（镇）、村三级民族民间传统文化保护工作网络，做好民族民间传统文化保护的具体工作。

第十二条　列入自治旗民族民间传统文化保护名录的项目，由自治旗评审委员会评审后，报自治旗人民政府批准，并向社会公布。

尚未列入名录的民族民间传统文化项目，公民、法人和其他组织可以向自治旗文化行政主管部门推荐或者提出申请，由文化行政主管部门依照前款规定做好相关工作。

第十三条　自治旗人民政府文化行政主管部门列入限制摄影、录像、录音的民族民间传统文化项目，报自治旗人民政府批准后，向社会公布。

凡列入限制名录的民族民间传统文化项目，未经自治旗文化行政主管部门批准，任何组织和个人不得擅自摄影、录像、录音。

第十四条　自治旗民族民间传统文化保护名录中的资料和

实物，未经自治旗文化行政主管部门批准，不得用于经营性活动。

第十五条　整理、出版民族民间传统文化资料，应当尊重民族风俗习惯，保持其原有内涵和风貌。禁止以歪曲、贬损等方式使用民族民间传统文化。

民族民间传统文化资料出版前应当向自治旗文化行政主管部门备案。

第十六条　国内外团体或者个人在自治旗行政区域内进行民族民间传统文化考察研究活动，应当经自治旗人民政府文化行政主管部门批准。考察研究活动应当遵循有利于促进自治旗民族民间传统文化的保护和研究，有利于促进文化学术交流的原则。

考察研究结束后，应当向批准考察的文化行政主管部门提交考察研究报告和考察研究中取得的实物图片及说明、文字、音像等资料的复印件，以及文化行政主管部门要求提交的其他材料。

第十七条　自治旗人民政府应当建立民族民间传统文化传承人、传承单位命名制度。

申请命名为民族民间传统文化传承人、传承单位的个人和单位，向自治旗文化行政主管部门申报，经评审委员会评审，报自治旗人民政府批准后向社会公布。

第十八条　符合下列条件之一的公民，可以申请命名为自治旗民族民间传统文化传承人：

（一）熟练掌握某项民族民间传统技艺的；

（二）只有本人和其徒弟掌握某项民族民间特殊技艺的；

（三）掌握和保存重要民族民间传统文化原始文献、资料原件或者实物，并且有一定研究成果的；

（四）积极参与民族民间传统文化公益性宣传活动的；

（五）其他符合认定民族民间传统文化传承人条件的。

第十九条　符合下列条件的，可以申请命名为自治旗民族民间传统文化传承单位：

（一）掌握一项或者多项民族民间传统文化表现形式的技能，开展相关研究并有一定研究成果的；

（二）以弘扬优秀的民族民间传统文化为宗旨，坚持开展传播、传承民族民间传统文化活动的；

（三）保存民族民间传统文化重要资料原件或者实物的；

（四）其他符合认定民族民间传统文化传承单位条件的。

第二十条　自治旗人民政府在具备下列条件的区域，设立民族民间传统文化生态保护区：

（一）鄂伦春族居住相对集中，生态环境原始自然的；

（二）居民生产生活特点突出，民俗保留比较完整的；

（三）民族民间传统文化表现形式丰富，传承和发展民族民间传统文化产业有潜力的；

（四）其他符合认定民族民间传统文化生态保护区条件的。

设立民族民间传统文化生态保护区的乡（镇）、村，向自治旗文化行政主管部门提出申请，经评审委员会评审，报自治旗人民政府批准后向社会公布。

第二十一条　民族民间传统文化传承人、传承单位和生态保护区，应当妥善保存民族民间传统文化原始资料和实物，开展传播、传承民族民间传统文化活动，培养民族民间传统文化的后继人才。

第二十二条　自治旗、乡（镇）人民政府，应当从政策、资金上支持和扶持民族民间传统文化传承人、传承单位和民族民间传统文化生态保护区，开展保护、传播、传承民族民间传统文化活动。

第二十三条　自治旗人民政府对民族民间传统文化传承人、传承单位和民族民间传统文化生态保护区实行动态管理。

丧失民族民间传统文化传承人、传承单位命名条件和民族民间传统文化生态保护区设立条件的，由自治旗人民政府予以撤销命名并向社会公布。

第二十四条　自治旗城乡规划建设应当体现民族建筑风格，公共场所、主要街道、公路沿线新建、改（扩）建永久性建筑物及标识，其建筑设计方案在报有关部门审批前应当征求自治旗人民政府文化行政主管部门意见。

第二十五条　自治旗人民政府鼓励单位和个人，在依法保护的前提下，发展下列民族民间传统文化项目和民族文化产业：

（一）开发、生产具有民族特色的传统工艺、服饰、器具；

（二）发掘、整理、创作、拍摄具有民族和地方特色的文学、影视作品；

（三）开发经营具有民族和地方特色的传统饮食；

（四）建立、经营民族民间传统文化网站；

（五）建设具有民族特色的民居、场所等；

（六）开发具有民族特色的旅游项目；

（七）其他符合民族民间传统文化产业的项目。

第二十六条　自治旗人民政府工商行政管理、质量技术监督、税务等有关行政管理部门和金融机构，对开发、生产、经营民族民间传统文化项目的单位和个人，在收费、纳税、信贷等方面，应当给予优惠和支持。

第二十七条　自治旗人民政府教育行政主管部门，应当组织编写民族民间传统文化教材，作为学校民族特色教育内容。

自治旗各级各类学校，应当根据本校实际，开设民族民间传统文化课程，开展传播、传承民族民间传统文化活动。

第二十八条　自治旗报刊、电台、电视台、网站等公共传媒，应当开设专刊、专栏，制定计划，以各种形式介绍、宣传民族民间传统文化。

第二十九条　自治旗图书馆、文化馆、博物馆等公共文化机构，应当展示和传播具有代表性的民族民间传统文化，普及民族民间传统文化知识。

第三十条　自治旗境内各企事业单位应当支持自治旗民族民间传统文化保护工作。在民族民间传统文化生态保护区建设、民族民间传统文化传承、民族工艺品制作、获取民族工艺品制作材料和开展民族民间传统文化旅游等方面给予支持。

第三十一条　违反本条例第十三条第二款规定的，由自治旗文化行政主管部门给予警告，责令改正，没收其违法影像资料；情节严重的，处 5000 元以上 3 万元以下罚款。

第三十二条　违反本条例第十四条规定的，由自治旗文化行政主管部门给予警告，责令改正，没收其违法所得；情节严重的，并处资料、实物价值一至五倍罚款；造成民族民间传统文化资料和实物损坏，构成犯罪的，依法追究其刑事责任。

第三十三条　违反本条例第十五条规定的，由自治旗文化行政主管部门给予警告，责令改正，没收其违法所得；造成严重后果的，处 5000 元以上 3 万元以下罚款；构成犯罪的，依法追究其刑事责任。

第三十四条　违反本条例第十六条规定的，擅自进行民族民间传统文化考察活动的，由自治旗文化行政主管部门责令其停止考察活动，补办手续，并给予警告；拒不改正的，没收其考察资料、实物；情节严重的，对个人处 5000 元以上 3 万元以下罚款，对单位或团体处 3 万元以上 5 万元以下罚款。

第三十五条　自治旗文化行政主管部门和其他有关部门工作人员，在民族民间传统文化保护工作中玩忽职守、滥用职权、徇私舞弊的，由其所在单位或者上级行政主管部门给予行政处分；构成犯罪的，依法追究其刑事责任。

第三十六条　自治旗人民政府根据本条例制定实施细则。

第三十七条　本条例自 2014 年 10 月 1 日起施行。

参考文献

1.《俄罗斯族简史》编写组编：《俄罗斯族简史》（修订版），民族出版社 2008 年版。

2.《鄂温克族自治旗概况》编写组编：《内蒙古：鄂温克族自治旗概况》，民族出版社 2008 年版。

3.《中国人口较少民族发展研究丛书》编委会编：《中国人口较少民族经济和社会发展调查报告》，民族出版社 2007 年版。

4.《中国少数民族社会历史调查资料丛刊》修订编辑委员会编：《达斡尔族社会历史调查》（修订本），民族出版社 2009 年版。

5. 阿拉腾：《文化变迁的动力及方式——驯鹿鄂温克田野调查笔记》，《满语研究》2008 年第 2 期。

6. 白萍：《内蒙古额尔古纳俄罗斯语研究》，中国社会科学出版社 2011 年版。

7. 薄守生、赖慧玲：《当代中国语言规划研究——侧重于区域学的视角》，中国社会科学出版社 2009 年版。

8. 薄守生、董照辉：《有关语言生态危机的研究对当前语言政策的影响》，《语言文字应用》2007 年第 2 期。

9. 孛·蒙赫达赉、阿敏：《莫日格勒鄂温克人传统文化保护与传承》，《呼伦贝尔学院学报》2012 年第 4 期。

10. 蔡永良：《语言规划与政策的语言文化生态观》，《语言政策与规划研究》2014 年第 2 期。

11. 朝克：《鄂温克语研究》，民族出版社 1995 年版。

12. 朝克等：《东北人口较少民族优秀传统文化》，方志出版社 2012 年版。

13. 陈丽君、胡范铸：《语言资源：一种可以开发利用的旅游资源》，《旅游科学》2010 年第 6 期。

14. 陈烨：《达斡尔族经济变迁略论》，《内蒙古社会科学》1999 年第 2 期。

15. 陈章太：《语言规划研究》，商务印书馆 2005 年版。

16. 崔桂华：《生态语言学：语言系统的整体性与多样性》，《社会科学战线》2012 年第 11 期。

17. 寸红彬、张文娟：《云南濒危少数民族语言的生态环境》，《学术探索》2016 年第 7 期。

18. 戴庆厦、邓佑玲：《城市化：中国少数民族语言使用功能的变化》，《陕西师范大学学报》（哲学社会科学版）2001 年第 1 期。

19. 戴庆厦、张景霓：《濒危语言与衰变语言——毛南语语言活力的类型分析》，《中央民族大学学报》（哲学社会科学版）2006 年第 1 期。

20. 戴庆厦：《"濒危语言热"二十年》，《云南师范大学学报》（哲学社会科学版）2012 年第 4 期。

21. 戴庆厦：《构建我国多民族语言和谐的几个理论问题》，《中央民族大学学报》（哲学社会科学版）2008 年第 2 期。

22. 戴庆厦：《论新时期我国少数民族的语言国情调查》，《云南师范大学学报》（哲学社会科学版）2008 年第 3 期。

23. 戴庆厦：《试论新时期的民族语文工作》，《民族教育研究》2004 年第 4 期。

24. 戴庆厦：《语言竞争与语言和谐》，《语言教学与研究》2006 年第 2 期。

25. 戴庆厦：《中国少数民族双语的现状及对策》，《语言与翻译》2007 年第 3 期。

26. 单辉：《生物学视角下的语言生态研究》，《中州大学学报》2008 年第 2 期。

27. 丁石庆：《达斡尔语言与社会文化》，中央民族大学出版社1998 年版。

28. 丁石庆：《内蒙古"四小民族"母语保持现状综

析——以"四小民族"聚居区语言调查材料为依据》，《鄂伦春研究》2008 年第 1 期。

29. 丁石庆：《双语族群语言文化的调适与重构》，中央民族大学出版社 2006 年版。

30. 董杰、苏格拉：《内蒙古自治区非物质文化遗产的保护工作现状与展望》，《前沿》2015 年第 4 期。

31. 杜哈热主编：《鄂温克族自治旗概况》，民族出版社 2008 年版。

32. 恩和巴图：《关于达斡尔语与达斡尔文字问题》，《达斡尔资料集》第七集，民族出版社 2007 年版。

33. 范俊军：《生态语言学研究述评》，《外语教学与研究》2005 年第 2 期。

34. 范俊军：《我国语言生态危机的若干问题》，《兰州大学学报》（社会科学版）2005 年第 6 期。

35. 方小兵：《语言保护的三大着眼点：资源、生态与权利》，《民族翻译》2013 年第 4 期。

36. 冯广艺：《论语言接触对语言生态的影响》，《中南民族大学学报》（人文社会科学版）2012 年第 5 期。

37. 冯广艺：《语言和谐论》，人民出版社 2007 年版。

38. 冯广艺：《语言生态学引论》，人民出版社 2013 年版。

39. 格兰特·D. 麦克康奈尔主编：《世界的书面语：使用程度和使用方式概况·中国》第 4 卷，第 1、2 册，拉瓦尔大学出版社 1995 年版。

40. 谷文双、王琦、马国利：《多元化：达斡尔族传统经济结构的特征与优势》，《黑龙江民族丛刊》2000年第1期。

41. 关金芳、李显国：《鄂伦春民族文化传承与发展研究》，《黑龙江省社会主义学院学报》2013年第3期。

42. 郭龙生：《中国当代语言规划的理论与实践》，广东教育出版社2008年版。

43. 国家民族事务委员会文化宣传司编：《构建多语和谐的社会语言生活：民族语文国际学术研讨会论文集》，民族出版社2009年版。

44. 海日、方征：《鄂伦春族非物质文化遗产的保护与传承——以摩苏昆为例》，《佳木斯大学社会科学学报》2012年第1期。

45. 韩有峰等：《鄂伦春族历史、文化与发展》，哈尔滨出版社2003年版。

46. 郝时远、张世和、纳日碧力戈：《"驯鹿之乡"敖鲁古雅鄂温克族猎民现状研究——34年后的追踪调查（1960—1994)》，中国社会科学院民族研究所，1994年印。

47. 何群：《定居化过程：文化碰撞的悲喜剧——1958年前后的鄂伦春社会》，《满族研究》2007年第2期。

48. 何群等：《狩猎民族与发展：鄂伦春族社会调查研究》，内蒙古人民出版社2002年版。

49. 贺宏志主编：《语言产业引论》，语文出版社2013年版。

50. 胡增益、朝克编著：《鄂温克语简志》，民族出版社 1986 年版。

51. 胡增益：《鄂伦春语研究》，民族出版社 2001 年版。

52. 胡增益编著：《鄂伦春语简志》，民族出版社 1986 年版。

53. 黄光成：《云南人口较少民族文化多样性研究》，中国社会科学出版社 2013 年版。

54. 黄行：《中国少数民族语言活力研究》，中央民族大学出版社 2000 年版。

55. 黄健英主编：《敖鲁古雅——鄂温克族猎民新村调查》，中国经济出版社 2009 年版。

56. 姜勇：《东西方文化交汇的家庭：俄罗斯族》，云南人民出版社、云南大学出版社 2003 年版。

57. 蒋楠楠：《从回迁现象透视鄂温克族社会文化变迁及自我调适问题——以内蒙古根河市敖鲁古雅乡鄂温克族回迁现象为例》，《四川民族学院学报》2010 年第 3 期。

58. 金炳镐等编著：《民族地区和谐社会建设》，中央民族大学出版社 2006 年版。

59. 孔繁志：《敖鲁古雅的鄂温克人》，天津古籍出版社 1989 年版。

60. 李国正：《生态汉语学》，吉林教育出版社 1991 年版。

61. 李锦芳：《中国濒危语言研究及保护策略》，《中央民族大学学报》2005 年第 3 期。

62. 李启华:《中国俄罗斯族文化形态演化研究》,《社会科学辑刊》2013 年第 1 期。

63. 李若青编:《云南扶持人口较少民族发展政策实践研究》,中国社会科学出版社 2013 年版。

64. 李瑛:《鄂伦春族教育史稿》,吉林教育出版社 1987 年版。

65. 李宇明:《科学保护各民族语言文字》,《语言文字应用》2012 年第 2 期。

66. 李宇明:《语言竞争试说》,《外语教学与研究》2016 年第 2 期。

67. 李宇明:《语言资源观及中国语言普查》,《郑州大学学报》(哲学社会科学版) 2008 年第 1 期。

68. 李宇明:《中国语言规划三论》,商务印书馆 2015 年版。

69. 李宇明编著:《中国语言规划论》,商务印书馆 2010 年版。

70. 林青主编:《中国少数民族广播电视发展史》,北京广播学院出版社 2000 年版。

71. 刘世海主编:《内蒙古民族教育研究》,内蒙古大学出版社 1989 年版。

72. 逯广斌、韩有峰、都永浩:《鄂伦春族 40 年》,中央民族大学出版社 1994 年版。

73. 马学良：《为实现新时期的总任务多做贡献》，《民族语文》1979 年第 1 期。

74. 毛艳、毅松主编：《达斡尔族：内蒙古莫力达瓦旗哈力村调查》，云南大学出版社 2004 年版。

75. 内蒙古人民广播电台编：《内蒙古广播四十年》，内蒙古人民出版社 1990 年版。

76. 潘世松：《语言生态伦理的性质及原则》，《南昌大学学报》（人文社会科学版）2014 年第 3 期。

77. 潘世松：《语言生态伦理概念提出的理论依据及实践可能》，《南昌大学学报》（人文社会科学版）2013 年第 1 期。

78. 普丽春：《少数民族非物质文化遗产的教育传承研究——以云南省为例》，民族出版社 2010 年版。

79. 普忠良：《从全球的濒危语言现象看我国民族语言文化生态的保护和利用问题》，《贵州民族研究》2001 年第 4 期。

80. 祁惠君：《内蒙古额尔古纳市俄罗斯族经济和社会发展调查报告》，《黑龙江民族丛刊》2003 年第 5 期。

81. 全国人民代表大会民族委员会办公室编：《内蒙古自治区额尔古纳旗使用驯鹿的鄂温克人的社会情况》，1958 年。

82. 全国政协文史和学习委员会等编：《俄罗斯族百年实录》，中国文史出版社 2007 年版。

83. 邵宜：《语言与语言生态研究》，暨南大学出版社 2016 年版。

84. 沈斌华、高建纲：《鄂温克族人口概况》，内蒙古大学出版社 1991 年版。

85. 沈斌华、高建纲：《中国达斡尔族人口》，内蒙古大学出版社 1998 年版。

86. 苏民、文化主编：《抢救·保护非物质文化遗产——西北各民族在行动》，民族出版社 2006 年版。

87. 孙东方：《达斡尔族的文化变迁》，《西南民族大学学报》（人文社科版）2007 年第 6 期。

88. 孙东方：《论有语言无文字小民族双语教育问题——以达斡尔族为例》，《中南民族大学学报》（人文社会科学版）2006 年第 4 期。

89. 孙东方：《文化变迁与双语教育演变》，中央民族大学出版社 2010 年版。

90. 孙宏开：《语言濒危与非物质文化遗产保护》，《云南师范大学学报》（哲学社会科学版）2011 年第 2 期。

91. 孙宏开：《中国濒危少数民族语言的抢救与保护》，《暨南学报》（哲学社会科学版）2006 年第 5 期。

92. 孙宏开：《中国少数民族语言活力排序研究》，《广西民族大学学报》（哲学社会科学版）2006 年第 5 期。

93. 孙宏开等主编：《中国的语言》，商务印书馆 2007 年版。

94. 唐戈、陈伯霖：《达斡尔、鄂温克、鄂伦春族文化保护漫谈》，《民族文学研究》2006 年第 1 期。

95. 唐戈编：《满—通古斯语言与文学宗教研究》，民族出版社 2008 年版。

96. 滕绍箴、苏都尔·董瑛：《达斡尔族文化研究》，辽宁民族出版社 2014 年版。

97. 铁林嘎主编：《莫力达瓦达斡尔族自治旗志》，内蒙古人民出版社 1998 年版。

98. 王海飞：《文化传播与人口较少民族文化变迁——裕固族 30 年来文化变迁的民族志阐释》，民族出版社 2010 年版。

99. 王建民、张海洋、贾仲益等：《厚德载物——人口较少民族文化保护与发展》，中央民族大学出版社 2010 年版。

100. 王晋军：《生态语言学：语言学研究的新视域》，《天津外国语学院学报》2007 年第 1 期。

101. 王倩、张先亮：《语言生态在新型城镇化生态建设中的地位和作用》，《语言文字应用》2015 年第 3 期。

102. 王锡宏主编：《中国边境民族教育》，中央民族学院出版社 1990 年版。

103. 吴守贵：《鄂温克族社会历史》，民族出版社 2008 年版。

104. 吴雅芝：《最后的传说：鄂伦春族文化研究》，中央民族大学出版社 2006 年版。

105. 肖自辉、范俊军：《语言生态的监测与评估指标体系——生态语言学应用研究》，《语言科学》2011 年第 3 期。

106. 徐大明：《语言资源管理规划及语言资源议题》，《郑州大学学报》（哲学社会科学版）2008 年第 1 期。

107. 徐佳：《生态语言学视域下的中国濒危语言研究》，博士学位论文，上海外国语大学，2010 年。

108. 许晋：《内蒙古莫力达瓦旗达斡尔语言生态的变迁与保护》，《内蒙古大学学报》（哲学社会科学版）2015 年第 4 期。

109. 旭远、杨宏丽：《无文字民族文化传承中的教育选择：以鄂伦春族为个案》，东北师范大学出版社 2015 年版。

110. 薛子奇、于春梅：《达斡尔族对我国边疆地区经济开发的贡献》，《黑龙江民族丛刊》2003 年第 3 期。

111. 杨毅：《从生态语言学的视角管窥中国濒危语言》，《贵阳学院学报》（社会科学版）2014 年第 1 期。

112. 姚玉芹：《鄂温克人与电视》，中国传媒大学出版社 2009 年版。

113. 毅松、涂建军、白兰：《达斡尔、鄂温克、鄂伦春族文化研究》，内蒙古教育出版社 2007 年版。

114. 银杰、张银花：《我国人口较少民族俄罗斯族传统文

化的保护与发展》，《呼伦贝尔学院学报》2013 年第
1 期。

115. 袁春艳：《人口较少民族生存、文化与教育：基于云
南省莽人的人类学考察》，中国社会科学出版社 2013
年版。

116. 张公瑾：《语言的生态环境》，《民族语文》2001 年
第 3 期。

117. 张洪莲：《语言生态观对中国语言规划的启示》，《安
徽工业大学学报》（社会科学版）2011 年第 1 期。

118. 张晓兵编：《内蒙古俄罗斯族》，内蒙古文化出版社
2014 年版。

119. 张艳玲、冯广艺：《语言生态学的几个概念》，《湖北
社会科学》2010 年第 9 期。

120. 赵阿平编：《满—通古斯语言与相关语言比较研究》，
民族出版社 2008 年版。

121. 赵复兴：《鄂伦春族研究》，内蒙古人民出版社 1987
年版。

122. 赵复兴：《鄂伦春族游猎文化》，内蒙古人民出版社
1991 年版。

123. 赵世举主编：《语言与国家》，商务印书馆 2015 年版。

124. 赵淑梅：《内蒙古地区俄罗斯族民族语言生态的历史
演变及现状》，《贵州民族研究》2016 年第 8 期。

125. 中国社会科学院民族研究所、国家民族事务委员会

文化宣传司主编：《中国少数民族语言使用情况》，中国藏学出版社 1994 年版。

126. 中央民族学院少数民族语言研究所编：《中国少数民族语言》，四川民族出版社 1987 年版。

127. 仲素纯编著：《达斡尔语简志》，民族出版社 1982 年版。

128. 周庆生：《国家语言能力的结构层次问题》，《语言政策与规划研究》2016 年第 1 期。

129. 周庆生：《论我国少数民族双语教学模式转型》，《新疆师范大学学报》（哲学社会科学版）2014 年第 2 期。

130. 周庆生：《少数民族语言在社会转型中的挑战与机遇》，《云南师范大学学报》（哲学社会科学版）2013 年第 2 期。

131. 周庆生：《语言保护论纲》，《新疆师范大学学报》（哲学社会科学版）2016 年第 2 期。

132. 周庆生：《语言生活与语言政策：中国少数民族研究》，社会科学文献出版社 2015 年版。

133. 周庆生：《中国跨境少数民族语言类型》，《文化学刊》2014 年第 3 期。

134. 周瑞敏：《自然选择与协同进化——生态语言学及语言生态认知探微》，《河南大学学报》（社会科学版）2006 年第 1 期。

135. 周炜:《西藏的语言与社会》,中国藏学出版社 2003 年版。

136. 朱玉福:《中国扶持人口较少民族发展的理论与政策 实践研究》,民族出版社 2015 年版。

137. 邹嘉彦、游汝杰:《汉语与华人社会》,复旦大学出 版社 2001 年版。

138. 邹莹:《鄂伦春族非物质文化遗产保护与传承研究》, 《西藏民族学院学报》(哲学社会科学版)2014 年第 2 期。

后　记

　　四月的青城已有了许多暖意，万物开始复苏。从 2013 年开始，每年的这个时候，在忙碌的教学之余，我都在规划暑假去呼伦贝尔市调研的事情。呼伦贝尔——这个曾经只在歌声里出现的美丽世界，如今真的成了"我的思念"。

　　2013 年我申报的教育部项目获批，同年 7 月开始着手调研。第一次调研途中，我和几位老师凌晨时分还挤在熙攘的火车上；几次调研下来，我们的足迹几乎遍布大半个呼伦贝尔，从扎兰屯、莫旗，到阿里河、根河、额尔古纳，再到满洲里、海拉尔。这一路上，我们收获的不仅仅是几张问卷、几份录音。这一路上，我们深受民族文化的洗礼和浸染，"中东铁路博物馆""萨满文化博物馆""敖鲁古雅鄂温克族驯鹿文化博物馆""蒙兀室韦文化园"……这些"活态展示"让我们深入了解到这些民族的历史；而与非物质文化遗产传承人近距离的对话，则让我们深切感受到"民族的，就是世界的"是多么精辟的观点。

走进内蒙古人口较少民族，我们注意到，在城市化进程中他们的语言文化正在遭遇猛烈的冲击；我们注意到，在逐渐衰微的民族语言文化面前，很多人"撸起袖子加油干"，他们在和时间赛跑，为的就是让子孙后代看到："我们的文化曾经这样辉煌过！"这种真挚的民族感情一直感染着我，于是我的耳畔总回绕着萨默塞特·毛姆的一句话："文化这东西，不是一件现成的衣服伸手穿上就行，而是要吸收进体内、用来树立个性的养料，就如同食物增强发育期孩子的身体一样；它不是辞藻华丽的修饰，更不是要炫耀你的学问，而是一种丰富灵魂的方式，得来实在不易。"

在呼伦贝尔的调研生活暂时告一段落，回想起来，这一路是艰辛而又美好的。感谢朋友、同事和家人一路上的陪伴。感谢呼伦贝尔民族博物院副院长殷焕良研究员，感谢呼伦贝尔广播电视局郑晓英女士，感谢呼伦贝尔大兴安岭电视台宋占斌副台长，感谢扎兰屯市文物管理所崔东波所长，感谢内蒙古大学校友们对项目的大力支持。感谢我的大学本科同学们——莫旗腾克中心校的敖纳文老师和敖纳丹老师、莫旗民政局的吴昊天先生、内蒙古师范大学科技处的苏玉明老师，感谢同学们让我在莫旗感受到家的温暖。感谢内蒙古大学文新学院书记王俊川研究员、院长李树新教授、新闻系主任刘寒娥教授和王枫副教授、王冲博士，感谢领导和同事们对我科研工作的鼎力相助。

感谢李作南先生和李仁孝女士在研究道路上引领我前行，感谢内蒙古社会科学院冯军胜研究员对研究工作的悉心指导，感谢内蒙古自治区地方志办公室韩泽副编审为研究提供有价值的材料。感谢中国社会科学院王冬梅老师的热忱鼓励。感谢责任编辑郭晓鸿老师对书稿进行的精心编辑。感谢我的家人，感谢你们默默的付出和无私的包容，感谢你们克服各种困难为我撰写书稿提供时间保证。

在写作过程中，我们还参阅了大量著作和论文，在此对各位作者表示深深的感谢，恕不逐一列出。最后，衷心恳请专家和读者批评指正。

2017 年 4 月 9 日

于呼和浩特